U0937712

中国对外经济贸易70年

70 YEARS OF CHINA'S FOREIGN ECONOMY AND TRADE

◎张燕生 陈长缨 逯新红／著

中国财经出版传媒集团
经济科学出版社
Economic Science Press

图书在版编目（CIP）数据

中国对外经济贸易70年／张燕生，陈长缨，逯新红著．
—北京：经济科学出版社，2019.11
（辉煌中国70年）
ISBN 978－7－5218－0588－8

Ⅰ．①中…　Ⅱ．①张…②陈…③逯…　Ⅲ．①对外贸易－贸易史－中国－1949－2019　Ⅳ．①F752.97

中国版本图书馆CIP数据核字（2019）第260835号

责任编辑：齐伟娜　刘明晖　初少磊
责任校对：隗立娜
技术编辑：李　鹏

中国对外经济贸易70年
张燕生　陈长缨　逯新红　著
经济科学出版社出版、发行　新华书店经销
社址：北京市海淀区阜成路甲28号　邮编：100142
总编部电话：010－88191217　发行部电话：010－88191540
网址：www.esp.com.cn
电子邮箱：esp@esp.com.cn
天猫网店：经济科学出版社旗舰店
网址：http://jjkxcbs.tmall.com
北京季蜂印刷有限公司印装
787×1092　16开　17.5印张　260000字
2019年11月第1版　2019年11月第1次印刷
ISBN 978－7－5218－0588－8　定价：68.00元
（图书出现印装问题，本社负责调换。电话：010－88191510）
（版权所有　侵权必究　打击盗版　举报热线：010－88191661
QQ：2242791300　营销中心电话：010－88191537
电子邮箱：dbts@esp.com.cn）

辉煌中国 70 年

编 委 会

编委会主任： 蔡　昉

编委会成员： 高培勇　金　碚　金维刚　王国刚
魏后凯　张车伟　张燕生

总 序

新中国70年经济发展历程和启示

蔡 昉

习近平总书记指出，“无论我们走得多远，都不能忘记来时的路”，“历史是最好的教科书”。回顾和理解中华人民共和国的经济建设和发展的光辉历程、伟大成就和宝贵经验，应该把新中国成立70年、改革开放40年和党的十八大以来三个重要历史时期凸显出来进行考察，弄清楚前后承继创新的有机联系和发展逻辑。

在实现宏伟目标的过程中，通过把握历史发展大势，不断总结经验教训和修正错误，抓住历史变革时机，党领导人民团结奋斗，经过了70年光辉历程，创造了人类历史罕见的发展奇迹，积累了有益的经验并上升为中国智慧，产生了与中国日益提高的国际地位相匹配的世界意义。中国智慧和中国方案不仅对于我们自身进一步前行弥足珍贵，也是对人类社会发展规律探索的中国贡献。

孔子在谈到人的70岁年龄时说：七十而从心所欲，不逾矩。将其用来形容中华人民共和国70年走过的经济发展道路和取得的辉煌成就，可以进行一个引申性的解读，即经过长期的探索我们加深了对一般发展规律的认识，也形成了中国特色社会主义的道路、理论、制度、文化，更坚定树立了“四个自信”。

一、经济发展历程

中华人民共和国成立以来，中国由新民主主义走向社会主义，确立了社会主义基本制度，开创和拓展了中国特色社会主义道路，把社会主义理想在中国大地变为现实，为中华民族实现伟大复兴提供了重要的制度保障。党的十一届三中全会具有深远的转折意义，开启了改革开放和社会主义现代化的伟大征程。党的十八大以来，中国特色社会主义进入新时代，近代以来久经磨难的中华民族迎来了从站起来、富起来到强起来的伟大飞跃，中国特色社会主义迎来了从创立、发展到完善的伟大飞跃。

中华人民共和国成立后，中国共产党领导实施了土地改革，使农业经济摆脱封建土地制度的束缚，近3亿无地少地的农民分到了7亿亩土地和大量的农具、牲畜和房屋等，免除了每年向地主缴纳约350亿千克粮食的地租；完成了对农业、手工业和资本主义工商业三个行业的社会主义改造，奠定了社会主义工业化基础。

在新中国成立后的前30年中取得历史性发展成绩的同时，也犯了急于求成和“左”的错误，使国家发展遭遇了严重的挫折。特别是在经济建设中，忽视客观经济规律的作用，以集中计划代替市场机制，导致在微观层面生产和劳动的激励机制缺失，在宏观层面资源配置效率低下，国民经济结构失衡以及积累与消费比例失调等弊端。特别是在“文化大革命”期间，党的工作重心远离了经济建设。到了“文化大革命”后期，我国的国民经济濒临崩溃的边缘，人民温饱都成问题，国家建设百业待兴。

正视前30年计划经济的体制弊端和经济建设中的错误和挫折，中国共产党勇于拿起手术刀革除自身病症，靠自己解决自身的问题。党的十一届三中全会重新确立了解放思想、实事求是的思想路线，把全党的工作重心转向经济建设，从此中国进入改革开放这个崭新的时期。习近平总书记指出：“改革开放是我们党的一次伟大觉醒，正是这个伟大觉醒孕育了我们党从理论到实践的伟大创造。”改革开放就是革除病症，消除一切阻碍提高社会生产力、增强国家综合实力和改善人民生活水平的体制障碍与弊端。

首先，以从计划经济向社会主义市场经济体制转变为取向不断推进经济体制改革。从实行家庭联产承包制、废除人民公社到农村承包地“三权”分置；从提高农产品价格、取消农业税到打赢脱贫攻坚战；从促进乡镇企业发展到实施乡村振兴战略；从对国有企业放权让利、发展非公有制经济、建立现代企业制度，到深化国资国企改革、发展混合所有制经济，坚持“两个毫不动摇”；通过双轨制过渡的方式推动价格形成机制改革，发育产品市场和要素市场，到使市场在资源配置中起决定性作用和更好发挥政府作用。

其次，不断扩大全方位对外开放，日益走近世界舞台中央。从兴办经济特区、沿海、沿边、沿江、沿线和内陆中心城市对外开放，到加入世界贸易组织；从扩大对外商品贸易到引进外商投资；从“引进来”到“走出去”；从以资源比较优势参与全球分工体系，到国内国际联动开放发展；从共建“一带一路”、设立自由贸易试验区，到谋划中国特色自由贸易港；从多边贸易体制的积极参与者、坚定维护者，到经济全球化的积极推动力量和国际经贸规则改革负责任的参与方。

最后，从以经济体制改革为主转向全面深化经济、政治、文化、社会、生态文明体制和党的建设制度改革。特别是党的十八大以来，一系列重大改革扎实推进。按照党的十九大确定的路线图和时间表，在庆祝中华人民共和国成立70周年之后，2020年我们将全面建成小康社会、实现第一个百年奋斗目标，随后就要乘势而上开启全面建设社会主义现代化国家的新征程，向第二个百年奋斗目标进军。可见，中国正处在“两个一百年”奋斗目标相交汇的历史时点上，面对着实现中华民族伟大复兴中国梦的千载难逢机遇。

二、奇迹般的成就

1949年新中国成立，结束了半殖民地半封建社会的历史，中国人民从此站了起来，从此不断创造伟大的成就。在前30年即1949~1979年期间取得的成就为改革开放时期的发展奠定了不可低估的物质基础。

首先，结束了旧中国战乱频仍的灾难，国民经济迅速得到恢复和发展，人民开始安居乐业，生活状况得到极大的改变。随着死亡率大幅度下降，人口转变从高出生率、高死亡率和低自然增长率的第一阶段，进入高出生率、低死亡率和高自然增长率的第二阶段，成为改革开放以后向低出生率、低死亡率和低自然增长率转变的一个必经阶段。这一时期，健康事业和教育事业得到大的发展，积累了经济发展必要的人力资本，为改革开放后经济高速增长时期收获人口红利，创造了必要的条件。

其次，提出了中国建设社会主义现代化的宏伟目标。在新中国成立前后和20世纪50年代，毛泽东主席就多次提出建设现代化问题。例如，1957年毛泽东在党的八届三中全会上提出，将我国建设成为一个具有现代工业、现代农业和现代科学文化的社会主义国家。后来他在现代化内容中又加上了现代国防。根据毛泽东建议，周恩来总理分别在1964年第三届全国人民代表大会第一次会议和1975年第四届全国人民代表大会第一次会议上正式提出了“四个现代化”（1975年表述）：“全面实现农业、工业、国防和科学技术的现代化。”

第三，建立起独立的比较完整的工业体系和国民经济体系。虽然新中国成立之前已经存在一定比重的工业经济，但真正意义上的工业化是从第一个五年计划时期开始的，并取得了明显的成效。1953年，全国83.1%的劳动力从事农业生产，工业就业比重仅占8.0%，工业增加值占国内生产总值（GDP）比重仅为17.6%。“一五”期间，工业总产值实际增长了81.0%，工业增加值占GDP比重在“一五”结束时增加到23.2%，提高了5.6个百分点。直到改革开放前，我国工业化水平不断提高，工业增加值占GDP比重在1978年达到44.1%。

最后，结束了长期以来经济停滞落后的状况，实现了较快的经济增长。自鸦片战争以后，中国GDP增长率长期处于徘徊不前的状态，经济总量占世界的比重和人均GDP与世界平均水平的比率都一路下降。到中华人民共和国成立之前这两个指标都降到了谷底。根据国际数据进行比较，1913~1950年期间，GDP年均增长率的世界平均水平为1.82%，而中国为-0.02%，也就是说中国经济增长处于停滞状态。由于人口的较快增长，这期间中国的人均GDP反而大幅度下降了20.5%。

新中国经济建设开始以后，这种状况得到根本的改变。1952~1978年期间，中国GDP的年均实际增长率为4.4%，略快于当时被定义为高收入国家的增长速度（4.3%），但是，仍然低于世界平均水平（4.6%）。正是在这个时期，世界上很多国家和地区，特别是日本和亚洲“四小龙”迅速发展，实现了对发达国家的赶超。也就是说，这个时期中国经济和人民生活水平，从纵向比较来看发生了天翻地覆的变化；然而，如果进行横向的比较，仍然落后于世界的发展。

实行高度集中的计划经济体制，造成了劳动和生产积极性不足、资源配置效率低下、经济结构失调等诸多弊端。特别是一系列政治运动干扰了经济建设的正常进行，使得在新中国成立后的前30年里中国经济落后于世界的发展潮流，未能实现对发达国家的赶超，仍然是一个贫穷落后的国家。这一时期的“大跃进”和“文化大革命”对国民经济造成巨大的损害，最终使这一时期人民生活水平的改善甚微。到改革开放前夜的1978年，全国农村有约2.5亿人口未能解决温饱问题，人均年收入不到100元。按照世界银行确定的标准，按照不变价购买力计算，每人每天收入低于1.9美元就意味着处于绝对贫困状态。据此，1981年中国有高达8.8亿绝对贫困人口。

从1978年开始，经济体制改革率先从农村起步，通过调动劳动和生产的积极性显著增加了农产品产量和农民收入，降低了贫困发生率；随后改革推进到城市部门，通过价格改革和发育市场、搞活国有企业和发展非公有制经济，加快了经济增长速度；与此同时，对外开放以多种方式渐进地得到推进。上述改革开放措施，针对了计划经济体制弊端，从改善微观激励机制入手，进而赋予企业和农户自主配置生产要素的权利，在不断消除阻碍资金、劳动力等生产要素流动的体制障碍的条件下，资源重新配置带来效率的改进，也通过引进外资、发展外向型经济和扩大贸易，把资源比较优势转化为国际竞争力。

1978～2018年期间，中国的GDP年平均实际增长率高达9.4%，是同期世界上最快的增长速度。而在世界经济发展的其他历史时期，也未见在如此长的时间里以如此快的速度增长的先例。史无前例的高速增长，使中国的经济发展水平在40年中实现了奇迹般的赶超。根据世界银行数据，从人均GDP来看，1978年中国属于典型的低收入国家。随着改革时期高速增长的持续，中国于1993年跨入中等偏下收入国家行列，继而在2009年跨入中等偏上收入国家行列，并同时在经济总量上超过日本成为世界第二大经济体。2018年，中国现价人均GDP达到9771美元，距离高收入国家的门槛已经近在咫尺。

更为世人所瞩目的是中国减贫事业取得的成就。1981年生活在世界银行绝对贫困标准（按2011年购买力平价计算每天低于1.91美元）以下的全球人口共18.9亿人，其中中国贫困人口高达8.8亿人，占世界贫困人口的46.4%。2015年，全球贫困人口减少到7.5亿人，中国则只剩下960万人，仅占全球贫困人口的1.3%。这期间，中国对世界减贫的直接贡献高达76.2%。实际上，2015年之后中国按照高于世界银行的标准继续实施农村脱贫攻坚战略，2018年末，全国农村贫困人口仅剩1660万人，贫困发生率为1.7%。

在新中国成立以来的70年中，中国社会生产力的提高、综合国力的增强和人民生活水平的改善，都显现出历史性跨越的特点，创造了人类发展历史上罕见的奇迹。英国古典经济学的先驱大卫·休谟在1742年的一篇文章中曾经预言，当艺术和科学的发展在一个国家达到至真至善之后，将不可避免地走向衰微，此后艺术和科学极少有可能甚至永远不会在同一国家得到复兴。

历史上，中华文明曾经达到过辉煌的高峰，科学技术也长期在世界上居于领先地位，然而，在西方国家纷纷跟进工业革命，加快科技和经济发展的同时，近代以来的中国发展却大大落后了。直到新中国成立以后特别是改革开放以来，中国的经济、社会和科技发展才再创辉煌。迄今为止中国在各个领域赶超与发展所创造的奇迹，已经打破了这个“休谟预言”，并且将继续打破这个预言。

三、弥足珍贵的经验

新中国发展和建设的探索历程、改革开放时期取得的经济奇迹，特别是党的十八大以来在“五位一体”“四个全面”全面创造的新辉煌，表现出的是一幅波澜壮阔、气势磅礴的历史画卷。这里仅选择有限角度和一些侧面进行概括，从中观察这个过程所体现的中国智慧和中国方案。

第一，从国情出发进行建设和推进改革开放。中国以建立社会主义市场经济体制为改革取向，是根据自身国情进行的选择，而不是照抄照搬任何先验的发展模式。虽然改革开放也意味着学习和借鉴国际上先进的技术、管理和发展经验，我们在过去的改革开放过程中也的确从各种有益的国际发展经验中得到启发、获得助益，然而，我们从未原封不动地照抄照搬他国的模式和路径，而是服从于发展生产力、提高综合国力和改善民生的根本目的，坚持了渐进式改革方式，秉持了改革促进发展、发展维护稳定、边改革边分享的理念，因而走出了一条符合自身国情的独特改革开放发展分享之路。

第二，发展经济必须形成适用的体制机制，调动各方面的积极性。针对传统经济体制的弊端，改革首先从建立有效的激励机制出发，取得“点石成金”的效果。实行农村家庭联产承包制、价格形成机制改革、鼓励和发展非公有制经济、打破国有企业“大锅饭”、调整中央和地方财政事权和支出责任关系等一系列改革措施，都着眼于改善激励机制，从而立竿见影地取得了调动劳动积极性、增强经营活力、加快经济增长的效果，同时也使改革获得了最广泛的共识，得到社会各方面的拥护、支持和积极参与。

第三，坚持建立社会主义市场经济体制的改革方向。矫正计划经济体制下的资源配置低效率问题，围绕建立和完善产品市场和生产要素市场进行改革，不断消除妨碍资金、劳动力、土地和其他资源要素有效配置的体制障碍，促进了生产要素的积累、流动和重新配置，在使其得到有效利用的同时，提高了劳动生产率。

第四，坚持改革开放发展同步推进，国内经济发展与参与国际分工联动。中国的经济改革与对外开放是同时发生的。始于1979年建立经济特区，先后经历了沿海城市开放到全面开放过程；于1986年提出恢复关贸总协定缔约国地位的申请，到2001年加入世界贸易组织。贸易扩大、引进外资和沿海地区外向型经济发展，为转移劳动力提供了大量就业机会，引导产业结构转向符合资源比较优势，也为制造业产品赢得了国际竞争力。2018年，中国引进的外商直接投资净流入额占到全球的19.0%，出口货物和服务总额占世界的10.6%。

第五，坚持在发展中保障和改善民生，实现共享发展。世界发展经验和教训表明，经济增长、技术变迁和经济全球化，总体上无疑都具有做大“蛋糕”的作用，却并不能自动产生分好“蛋糕”的效果，即不存在所谓收入分配的“涓流效应”。中国经验表明，只有坚持以人民为中心的发展思想，通过体制机制建设和政策体系安排，才能解决好这个做大“蛋糕”和分好“蛋糕”的两难。

四、关于这套系列丛书

这里呈现给读者的“辉煌中国70年”书系共包括八部专著，分别从中国经济的整体、中国财政、中国金融、中国对外经济贸易、中国工业发展、中国农村发展、中国社会保障和中国人口发展等领域，回顾经济发展历程，展示改革开放辉煌成就，提炼世界意义和经验启示。每部著作力图以史实为基础，对中国70年经济建设和社会发展做出简明且全面的梳理，以编年史的手法将我国经济发展的历史经验讲清楚、讲透彻，并对未来做出展望。在习近平新时代中国特色社会主义经济思想的指导下，本丛书力争在总结中国经济发展智慧、提出解决人类发展问题的中国方案方面，从学术角度做出贡献。

本丛书所选择的八个方面，尚不能充分反映新中国经济发展70年的全貌。虽然作者和编者团队分别认真写作和编辑，付出了努力，但是，囿于我们的学识和能力，不足和遗漏之处也在所难免，敬请读者提出宝贵意见和建议。同时作者和编者也愿意承担必要的责任。

在丛书即将付梓之际，还有一些感谢的话要说。

丛书从2017年底开始策划到最终出版，历时近两年时间。期间召开了多次讨论会，就丛书的写作方式、内容安排做出了统一部署。丛书写作过程中，各位作者付出了大量的时间和心力，最终将这套丛书呈现在读者面前。

丛书的选题与出版得到了相关部门的关注与肯定。2018年7月，丛书被国家新闻出版总署列入“十三五”国家重点出版物出版规划项目；2019年，丛书入选中宣部2019年主题出版重点出版物项目。这些荣誉，既是对丛书选题和作者的肯定，也是对我们的鞭策与鼓励，让我们不敢懈怠。

丛书出版得到了中国财经出版传媒集团和经济科学出版社的大力支持。他们以出版人独到的眼光和敏锐的视角捕捉到了这一有意义的选题并以强大的执行力付诸实施，保证了丛书得以高质高效地展现给读者。

最后，当然还要感谢我们的读者，你们的关注和阅读一直是我们前进的动力。

2019年8月

前言

新中国成立70周年了。在中华民族数千年的历史发展过程中，70年可谓是弹指一挥间。然而这70年，却是近现代史上中国经济社会面貌发生最深刻变化的70年，是中国人民经历了从站起来、富起来再到强起来的极不平凡的70年，更是中国经济与世界经济从隔离半隔离到相互联结和碰撞再到深度融合并对亚洲和世界发展做出重要贡献的70年。这70年也是国际环境发生深刻变化的时期，是现代经济全球化从快速推进转向停滞、逆转和倒退，布雷顿森林体系从创立、解体到构建失序的国际货币体系，关税及贸易总协定（GATT）和世界贸易组织（WTO）从创立、陷入困境到现代化改革分歧鸿沟难以弥合的70年；更是欧洲一体化面对英国脱欧僵局，美国转向贸易投资技术保护主义，日本和韩国因三种半导体材料断供引发经济贸易关系破裂的动荡的70年。研究回顾70年来我国对外开放和经济贸易的发展，甚至从更宽广的全球历史的角度观察这一历史进程，对我国未来实现高质量发展具有重要的现实和理论意义。

新中国70年发展历程中，对外开放和经济贸易发展发挥了重要的作用。新中国成立后的前30年，坚持独立自主、自力更生、不依靠外援的指导思想，实施了内向型进口替代的工业化发展战略。20世纪70年代初中美关系得以改善，形成了“三个世界”的理论，推动了国外先进技术和设备的大规模进口，为中国推动改革开放和建设社会主义现代化强国奠定了坚实的物质和技术基础。改革开放40年来，在对外开放这一基本国策的指导下，中国经济从扩大出口和招商引资双轮驱动的外向型经济发展到扩大进口和推动“走出去”促进开放型经济新体制建设，形成了全面开放新格局；从推动“三来一补”发展加工贸易到推动自主知识产权、品牌和营销渠道建设，再到创新成为第一动力、人才成为第一资源、发展成为第一要义的高质量发展；从设立经济特区、新区、海关特殊监管区域、高新区到创办自由贸易试验区，再到打造全球开放层次最高的特殊区域，推动科学、技术、人才和创新发展，促进规则等制度型开放。对外开放和经济贸易发展成为拉动我国国民经济和社会发展的重要引擎。

当前的国际环境和国内条件都在发生新变化。从国际环境看，世界处于百年未有之大变局。现代经济全球化在倒退，贸易投资技术保护主义抬头，全球治理体系面对颠覆性挑战，大国政治经济冲突明显加剧，20世纪二三十年代曾发生过的全球经济失序、混乱和动荡很可能再次重演。在这个重要时刻，习近平主席在二十国集团大阪峰会上指出，要避免因一时短视而犯不可挽回的历史性错误，避免落入冲突对抗的陷阱。从国内条件变化看，从高速增长到推动高质量发展，从传统经济到建设现代化经济体系，从劳动力驱动到基于科学、技术、人才和创新驱动生产率增长，是一个重大的阶段性变化。这需要构建更高层次的要素创造系统和一流支撑体系，构建更加完善的投资环境、营商环境和开放环境，构建更高效率的基础研究、应用基础研究、共性和公共技术研究、开发和试验研究的创新链，提升产业链水平，推动我国新旧动能转换、新旧结构转换、新旧模式转换。

面对未来，中国将启动新一轮高水平开放和高标准改革，推动各个领域的高质量发展。一是打造高水平开放新高地。建设具有国际竞争力和影响力的自贸园区，形成全球开放层次最高的特殊区域，促进全方位国际合作和开放包容共享发展。二是构建开放型经济新体制。推动从商品和要素流动型开放转向规则等制度型开放，推动规则、规制和法治、治理的现代化。三是创立科学、技术、人才以及创新要素和资源集聚新平台。促进形成强大的国内市场，打造全方位开放的生态系统，形成全球新动力源和创新策源地。四是建设适应新时代要求的新“三链”（产业链、价值链、供应链）体系。打造适应新科技革命和新开放浪潮的“三链”综合枢纽和跨境网络，高质量共建“一带一路”，加快推动原产地多元化和出口市场多元化战略，建设新的综合物流和供应链网络，提升产业基础能力和产业链水平。五是打造有国际影响力和竞争力的市场环境，形成政府、市场、企业和社会和谐发力的机制，用高水平开放和高标准改革推动高质量发展。

本书由张燕生、陈长缨、逯新红合作完成。张燕生现任中国国际经济交流中心首席研究员、国家发展和改革委员会学术委员会委员，曾担任国家发展和改革委员会学术委员会秘书长、对外经济研究所所长，长期从事宏观经济和国际经济问题研究。陈长缨现任国家发展和改革委员会对外经济研究所副研究员，长期从事对外贸易、国际投资和自由贸易区等问题研究。逯新红现任中国国际经济交流中心战略研究部研究员，其研究领域是世界经济和金融问题，主持、承担和完成了一些国家有关部门委托的重大研究项目。

感谢经济科学出版社启动了“辉煌中国70年”书系项目。本书能够作为见证中国对外经济贸易发展历程并作为新中国成立70周年献礼系列丛书之一，深感荣幸和责任重大。在此，谨向所有为本书顺利出版给予大力支持和热情鼓励的各位领导与各界朋友们表示衷心的感谢。

张燕生

2019年9月

目　录
CONTENTS

第一章

新中国对外经济贸易发展历程回顾

新中国成立70年了。习近平在庆祝改革开放40周年大会上指出，建立中国共产党、成立中华人民共和国、推进改革开放和中国特色社会主义事业，是五四运动以来中国发生的三大历史性事件，是近代以来实现中华民族伟大复兴的三大里程碑。[①] 研究探索新中国成立70年之变迁，尤其是对外经济贸易发展在新中国经济变迁中所发挥的重要作用，具有重要的现实意义和理论价值。

第一节 新中国70年对外经济贸易发展

一、对外经济贸易发展取得的突出成绩

新中国成立70年来，中国经济社会面貌发生了翻天覆地的变化。1952年，中国国内生产总值（GDP）只有679亿元，人均GDP仅119元；到1978年，中国GDP增至3679亿元，占世界经济的比重达到1.8%，居世界第11位；到2018年，中国GDP超过90万亿元，占世界经济的比重接近16%，居世界第2位。按不变价计算，2018年中国GDP比1952年增

① 习近平：《在庆祝改革开放40周年大会上的讲话》，新华网，2018年12月18日。

长了175倍，年均增长8.1%，其中，1979～2018年年均增长9.4%，远高于同期世界经济2.9%的年均增速。①

中国对外经济贸易也取得了快速发展。1950年中国货物进出口总额只有11.35亿美元；1978年货物进出口总额达到206亿美元；2018年货物进出口总额达到4.6万亿美元，比1978年增长了223倍，连续两年居世界首位，服务进出口总额7919亿美元，比1982年增长了168倍，居世界第2位。1952年末中国外汇储备只有1.08亿美元；1978年末外汇储备为1.67亿美元，居世界第38位；2018年末外汇储备余额为30727亿美元，连续13年稳居世界第1位。②

2018年，中国实际使用非金融类外商直接投资1350亿美元，比1983年增长了146倍，年均增长15.3%。1979～2018年累计吸引非金融类外商直接投资20343亿美元。2018年服务业吸收外资占比达68.1%。2018年，中国非金融类对外直接投资1205亿美元，比2003年增长41.3倍，年均增长28.4%。2018年中国对“一带一路”沿线56个国家（地区）非金融类直接投资为156亿美元，占非金融类对外投资总额的13%。③

二、从历史视野看中国对外经济贸易发展

从历史视野看，中国在自身发展史中的大多数时期执行的都是开放、包容、共享的对外经济贸易政策，由此创造了人类社会唯一没有中断的灿烂的中华文明。④ 然而，在近现代历史上，闭关锁国、重本抑末、缺少内部变革动力、法治和责任制衡等制度性问题，使中国经济发展逐步陷入长期慢性衰退，在世界格局大变动时期错失了搭上世界工业化、现代化这班

①②③ 国家统计局：《沧桑巨变七十载 民族复兴铸辉煌——新中国成立70周年经济社会发展成就系列报告之一》，http：//www.stats.gov.cn/tjsj/zxfb/201907/t20190701_1673407.html，2019年7月1日。

④ 研究结果表明，中国经济在宋朝（公元960～1280年）就达到了鼎盛时期。18世纪中叶英国工业革命的主要基础条件，中国早在14世纪明朝初年就已经具备。然而，这个时期恰恰是中国经济从长期领先西方世界转向长期低速增长甚至停滞状态的历史转折点。其中的原因，既与对外开放相关，也与体制、法治和文化因素相关。参见［英］安格斯·麦迪森：《中国经济的长期表现》，伍晓鹰、马德斌译，上海人民出版社2008年版；林毅夫：《李约瑟之谜、韦伯之问和中国的奇迹》，载于《北京大学学报》（哲学社会科学版）第44卷第4期；福山：《政治秩序的起源》，广西师范大学出版社2015年版。

快车的发展机遇。

经济合作与发展组织（OECD）原秘书长古里亚（Angel Gurria，2008）曾经说过，“当历史学家回顾我们所处的时代时，可能会发现几乎没有任何国家的经济发展可以像中国的崛起那样引人注目。可是，当他们进一步放开历史视野时，他们将看到的那不是一个崛起，而是一个复兴”[①]。中国共产党团结最广大的人民群众浴血奋斗，建立了新中国。经过 70 年艰苦奋斗，中国发展成为世界第二大经济体。习近平在党的十九大报告中指出，中国特色社会主义进入新时代，我们比历史上任何时期都更接近、更有信心和能力实现中华民族伟大复兴。习近平还指出，开放带来进步，封闭必然落后。中国开放的大门不会关闭，只会越开越大。[②]

三、对外经济贸易发展经历了艰难探索

新中国成立之初，在苏联等社会主义国家工业化实践和计划经济影响下，选择了独立自主、自力更生、不依靠外援的进口替代的工业化发展战略。事实证明，采取这种战略的发展业绩总体并不理想。例如，1953～1978 年，中国出口额占世界出口额的比重从 1.23% 下降到 0.75%，在世界贸易中所占的位次从第 17 位后移到第 32 位。[③]

1978 年，党的十一届三中全会做出了把党的工作中心转移到经济建设上来，实行改革开放的历史性决策。坚持对外开放成为中国一项长期的基本国策。从“三来一补”到大力发展对外货物贸易和服务贸易，从积极招商引资到协调推动“引进来”和“走出去”，从创建第一家经济特区到全面构建高层次、宽领域、全方位的开放型经济新体系，扩大对外开放推动了经济体制改革全面深化，促进了国民经济和社会健康持续向前发展。1978～2017 年，中国出口额占世界出口额的比重从 0.75% 上升到 13.6%，在世界贸易中所占的位次从第 32 位前移到世界首位（见表 1－1）。

---

① 古里亚为安格斯·麦迪森所著《中国经济的长期表现》（伍晓鹰、马德斌译，上海人民出版社 2008 年版）一书所作的“序言”。

② 《习近平在首届中国国际进口博览会开幕式上的主旨演讲》，新华网，2018 年 11 月 5 日。

③ 孙玉琴：《中国对外贸易通史》，对外经济贸易大学出版社 2018 年版。

表 1－1　　中国占世界出口贸易的比重及位次

年份	比重（%）	位次	年份	比重（%）	位次
1978	0.75	32	1998	3.3	9
1980	0.9	26	2000	3.9	7
1981	1.1	19	2001	4.3	6
1982	1.2	17	2002	5	5
1986	1.4	16	2006	8	3
1988	1.7	16	2008	8.9	2
1989	1.7	14	2009	9.6	1
1992	2.3	11	2012	11.1	1
1997	3.3	10	2017	13.6	1

资料来源：孙玉琴，《中国对外贸易通史》，对外经济贸易大学出版社 2018 年版。

新中国 70 年对外经济贸易的发展实践证明了一个深刻的道理："开放带来进步，封闭必然落后"。其中有三条重要的发展经验值得强调：一是对外开放的内涵是通过积极参与国际交换、国际分工和国际竞争引入外来竞争压力（即主动"引狼入室""与狼共舞"，激发活力），调动经济社会发展的各种积极因素，取得内生型动态增长效应；二是对外开放的本质是全面深化改革，推动由商品和要素流动型开放转向规则等制度型开放，实现规则、规制和法治的现代化是扩大对外开放、促进制度变迁的内在要求；三是扩大对外开放的动力机制是危机、压力和挑战，要善于在开放中化危为机、转危为安、稳中求进。

在扩大对外开放进程中有三个基本关系需要在实践中妥善处理好。第一，在推动制度型开放、与国际高标准规则衔接的同时，要辩证地处理好全方位开放环境下如何保持"中国特色"的问题。中国特色不是另起炉灶，另搞一套，而是在维护"和平的国际环境和稳定的国际秩序"的基础上探索中国特色社会主义发展道路。第二，在引入外来竞争压力以及先进技术、设备和人才的同时，要辩证地处理好全方位开放环境中如何做到关键技术、设备和人力资源自主可控的问题。这里指三个层次的自主可控：一是"强自主可控"，即涉及国家安全和经济命脉的重大技术、产品、软件和创新生态系统的发展主动权要掌握在自己手中；二是"中自主可控"，即主要关键核心技术和产品有自主知识产权、品牌和营销渠道，但创新生态系统对外依赖；三是"弱自主可控"，指自主基础薄弱，表面上自主可控，实质上严重对外依赖，如技术来源依赖于外部。第三，在不断扩大金融、能源、粮食、科技、信息、生物系统等重要领域对外开放的同时，要辩证地处理好全方位开放环境中国家和其他安全保障与风险防范的问题。目前，中国已经发展成为世界第一大货物贸易国、第一大外汇储备国。今后，中国将通过新一轮高水平开放和高标准改革，推动经济高质量发展，建设现代化经济体系，实现中华民族复兴的宏伟目标。

第二节 新中国成立后对外经济贸易发展历程

新中国成立之初，百废待兴。当时的工业化和现代化发展有以下几种模式：英国、美国、法国工业化发展模式是通过商品对外输出和殖民主义炮舰政策，从轻工业起步，转型到重工业，逐步实现工业化；德国、日本工业化发展模式是利用国家力量形成后发优势，通过对外掠夺和资本积累实现工业化；苏联工业化发展模式是通过内部积累和优先发展重工业，在短短 20 年时间里迅速实现工业化。选择苏联的工业化发展道路，是由当时中国所面临的国际环境及中国国情所决定的。

一、改革开放前对外经济贸易发展

（一）新中国成立初期对外经济贸易是增强自力更生能力的手段

1949～1979 年，新中国经济发展经历了一个内向型倾向不断强化的过程。这一时期，国内普遍有一个共识，就是要坚持自力更生、不依赖外援、独立自主地发展本国工业体系。对外贸易作为互通有无、调剂余缺、增强自力更生能力的一种重要手段，服务于发展大局。

这一时期，国际政治和经济形势也发生了一些意想不到的变化。1950 年 6 月，朝鲜战争爆发，西方国家开始在政治上对中国采取遏制和孤立政策，在经济上实行封锁和禁运政策。1950 年 12 月，美国宣布管制中国在美的全部公私财产，并禁止一切在美注册船只开往中国。1951 年，联合国大会通过了对中国实行禁运的决议案。一直到 1957 年，英、日等国才先后取消了对中国的禁运，但是，美国对中国的资产冻结和全面禁运一直持续到 1971 年。面对西方列强的封锁和禁运，中国内地始终保持了与中国香港的贸易往来，这成为换取外汇和顺差、克服禁运的一条重要途径。[①]

中国作为社会主义大国的初始战略选择，在理论和实践上受苏联成功实现工业化的影响很大。1949 年 3 月，毛泽东在党的七届二中全会上提出，中国工业化的实现必须以“节制资本”和“统制对外贸易”为前提。1949 年 6 月，刘少奇在论述新中国的财政经济政策时指出：“中国要工业化，路只有两条：一是帝国主义；一是社会主义。历史证明，很多工业化的国家走上帝国主义的路”[②]。当时，苏联工业化的成功也给了中国领导人一个信号，即只要像苏联那样通过国家计划集中配置资源，就可以建立只有发达国家才有的相对完整的工业体系。

重工业为国民经济其他部门提供原材料和机器设备。因此，要优先发展重工业和国防工业，打破西方封锁。而优先发展农业和轻工业，完成工业化所需要的资本积累的观点处于下风。[③] 为此，中国选择了实行公有制和计划经济体制，由国家动员和分配资源，进口替代和重化工业优先发展的“内向型”发展战略。

与过去相比，1950～1978 年的中国经济发展依然出现了明显的增长，GDP 增长了 3 倍，人均收入增长了 80%，工业在 GDP 中所占比重由 8% 提高到 30%。直到 1978 年，中国始终保持着既无内债、也无外债的记录，新中国历史上从来没有拖欠过任何债务。

（二）改革开放前选择了进口替代工业化发展战略

新中国经济的内向型发展，大致经历了以下三个时期。

一是 1950～1960 年，是从殖民地半殖民地性质的经济向政治上独立自主、经济上自力更生、不依赖外援的新中国经济内向型发展的转化时期。[④] 这个时期的基本特征是对外经济关系主要限于苏联和东欧等社会主

---

① ［英］安格斯·麦迪森：《中国经济的长期表现》，任晓鹰、马德斌译，上海人民出版社 2008 年版。

② 中共中央文献研究室编：《刘少奇论新中国经济建设》，中央文献出版社 1993 年版。

③ 武力：《中华人民共和国简史》，中国社会科学出版社 2008 年版。

④ 1949 年 2 月党的七届二中全会后提出了新民主主义经济基本政策，即“公私兼顾、劳资两利、城乡互助、内外交流”。1949 年 9 月，写入《中国人民政治协商会议共同纲领》。明确了新民主主义的 5 种经济成分，包括国营经济、合作经济、公私合营经济、私人资本主义经济、个体经济。国家的基本经济政策为：国营经济处于领导地位，优先发展；积极鼓励和扶持合作经济和公私合营经济；利用、限制和改造私人资本主义经济；积极而又慎重引导个体经济的发展。产业政策实行优先发展重工业方针；实行国家统制对外贸易；有关国计民生的重要行业由国家经营或控制。

义世界经济体系，而与西方资本主义世界经济体系基本上处于隔绝状态。在这期间，苏联援助的156个重点项目形成了中国工业发展的基础。① 当时，通过改造旧海关、没收官僚资本、取消外国在中国进出口企业的特权和垄断地位，开始了对外贸易体制的破旧立新工作。1950年，中央贸易部设立了从事对苏东和新兴发展中国家贸易的中国进出口公司，这是以进口替代工业化为主导的贸易模式；从事经营资本主义国家贸易的进出口公司，这是以传统比较优势为基础的贸易模式。此外，还成立了中国畜产、油脂、茶叶、蚕丝、矿产等国营外贸公司。1950年国营外贸进出口额占全国进出口总额的68.4%；到1952年，国营外贸进出口额占全国进出口总额的比重上升到92.8%。尤其是随着社会主义改造运动的深入发展，统制贸易体制占据了主导地位。从表1－2可以看到，1950～1952年，中国与资本主义国家之间的贸易额要大于与苏联和新兴发展中国家之间的贸易额，但后者的增长在加速。

表1－2　　1950～1952年中国国际收支情况　　单位：亿美元

年份	收入			支出		
	资本主义国家	苏联和新兴发展中国家	合计	资本主义国家	苏联和新兴发展中国家	合计
1950	5.17	1.23	6.40	4.25	0.56	4.81
1951	4.73	5.44	10.17	5.79	3.59	9.38
1952	4.58	5.73	10.31	4.01	6.09	10.11
总计	14.48	12.45	26.93	14.05	10.25	24.30

资料来源：中国社会科学院、中央档案馆编，《中华人民共和国经济档案资料选编（1949—1952）》（金融卷），中国物资出版社1996年版。

二是1961～1970年，是中国经济日趋封闭的高度内向发展时期。随着1960年与苏联政治和经济关系的破裂，苏联的经济和技术援助停止，中国经济处于与世界经济基本隔离的状态。中国对贸易和外资的直接控制和限

① 这是“一五”时期（1953～1957年）执行的新中国第一次大规模的引进计划。当时的基本任务是集中力量进行以苏联帮助中国设计的156个建设项目为中心的、由（投资）限额以上的694个建设单位组成的工业建设，建立中国的社会主义工业化的基础。再加上农林水利、运输邮电、文教卫生等，全部限额以上施工单位达1600个。

制不断强化。1959～1970年，中国出口额下降了20%，从社会主义国家进口从1959年的66%下降到1970年的17%。中国与美国没有任何正式的贸易往来，国际信贷仅局限于日本和欧洲的中短期贷款，用于建设化工厂、化肥厂、塑料厂。1950～1964年，海外侨汇年均约3000万美元，只有1929年1.8亿美元的1/6。[①]

三是1971～1977年，是中国经济自我封闭状态开始松动的变化时期。1971年10月中国在联合国的合法席位得以恢复。1972年2月美国总统尼克松访问中国，标志着美国对中国持续20多年的全面经济封锁政策的终止。同时，中国开始与西方资本主义世界经济体系发生经济交往。这个时期实施的“四三方案”[②]，标志着中国对外引进工作的全面开展，这是新中国对外引进的第二次高潮。与第一次对外引进高潮主要是苏东社会主义国家技术和设备不同，这次对外引进主要是欧美西方国家的技术和设备。这次引进最终形成26个项目，计划进口额51.4亿美元，总投资额约214亿元，1982年26个项目全部投产。

（三）中国进口替代工业化战略选择的国际背景

从第一个五年计划起，中国就确定了集中力量发展重工业的基本方针，选择了一条内向型进口替代的工业化发展道路。从全球视野来看，这个工业化发展战略的选择也是当时绝大多数发展中国家做出的共同选择。海伦·休斯曾做出这样的概括：很久以来，工业化一直是民族运动和反殖民主义运动的一个关键问题。至第二次世界大战结束时，工业化已成为发展中国家宏图大略的重要部分。发展中国家逐渐把工业化与发展等同起来。这种趋势在20世纪五六十年代变得更加强烈了。具有尖端技术和高生产率的制造工业被看作欧洲和美国迅速提高生活水平和国家威望的根源，也是促使日本惊人发展的动力源泉。[③] 由此可见，模仿发达国家工业

---

① ［英］安格斯·麦迪森：《中国经济的长期表现》，任晓鹰、马德斌译，上海人民出版社2008年版。

② “四三”方案是在1972年引进一系列项目的基础上，1973年1月5日国家计划委员会建议，在今后三至五年内引进43亿美元的成套设备，其中包括13套大化肥、4套大化纤、3套石化、10套烷基苯工厂、43套综合采煤、3个大电站、武钢1.7轧机等项目的方案，是第二次大规模引进计划。参见武力：《中华人民共和国简史》，中国社会科学出版社2008年版。

③ ［美］海伦·休斯：《工业化与发展的估量》，收录于《现代化理论研究》，华夏出版社1989年版，第199页。

结构已成为广大新兴发展中国家赶超情结的一部分。

中国作为发展中大国的工业化战略选择，也无疑会受到当时国际环境的影响。20 世纪 50 年代，绝大多数刚刚从旧殖民体系独立出来的新兴国家面临着两个不同的战略选择：一个是出口导向的工业化发展道路；另一个是进口替代的工业化发展道路。当时世界上一些最有影响的学者们都认为，发展中国家是无法通过出口或对外开放实现经济起飞的。[①] 例如，当时的普雷维什、辛格和纳克斯等都持这种观点。他们认为，发展中国家的优势是农产品和矿产品，这些产品的相对价格有长期下降的趋势，依靠出口拉动，只能带来贫困的恶性循环。[②] 而早年的美国和德国则是通过保护贸易完成了各自的工业化。在当时经济学家们的发展理论和发展政策的影响下，“二战”后多数发展中国家都选择了进口替代战略，通过本国资本积累、保护性贸易政策和国家干预来建立本国独立自主的工业体系，替代工业制成品的进口。只有东亚一些小经济体在美国援助下转向了出口导向战略。事实证明，出口导向模式的发展业绩要好于进口替代模式。[③] 但一些来自印度、巴西、中国的学者提出质疑：“一切为了出口”的小经济体模式，能否适用于大国的发展实践。巴格瓦蒂指出，外向型经济的激励导向偏向出口，引致资源过度流入出口部门。[④] 这些争论一直持续到 80 年代。

一定程度上受到这种国际发展理论和实践的影响，新中国成立初期选择了进口替代和重工业优先发展战略。与之不同的是，从 1953 年开始，中国还明确了必须走以优先发展重工业为特征的社会主义工业化道路，其特点为：一是将重工业作为工业化的中心环节；二是优先发展国营经济并对其他经济成分实行改造。中国选择了社会主义基本经济制度，实行了公有制和计划经济体制，目标是工业在国民经济中的比重达

---

① 20 世纪 80 年代中期，学界对早期发展经济学的先驱们的观点有了全面的讨论和重新认识。参见［英］杰拉尔德·迈耶、达德利·西尔斯编：《发展经济学的先驱》，经济科学出版社 1988 年版。

② ［英］杰拉尔德·迈耶、达德利·西尔斯编：《发展经济学的先驱》，经济科学出版社 1988 年版。

③ 世界银行：《1987 年世界发展报告》，中国财政经济出版社 1987 年版。

④ Jagdisb N. Bbagwati, “Export – promoting Trade Strategy Issues and Evidence”, *The World Bank Research Observer*, 1988.

到70%。[①]

在这个时代背景下，中国的外贸市场主要局限于苏联、东欧和亚洲的一些国家（地区）。到1959年，中国对外贸易的2/3是与社会主义国家进行的，与苏联之间的贸易约占一半以上。贸易方式主要是政府间的易货贸易，也就是互通有无。中国与西方资本主义世界经济体系保持基本隔绝状态。20世纪60年代以后，情况发生了很大变化。1969年，中国与苏联之间的贸易大幅减少，相应地扩大了与西方发达国家的贸易关系。关于汇率政策，1949～1952年，中国的汇率决定是以出口物质理论比价、进口物质理论比价及侨汇购买力比价综合加权平均计算出人民币的汇率；1953～1971年，由于贸易是根据国家计划统一经营、统负盈亏，不需要汇率这种本币与外币相对价格比率来进行调节，因此人民币汇率主要是与英镑联系，相对固定；1972年以后，由于布雷顿森林体系崩溃导致世界固定汇率制度解体，世界各国汇率开始发生剧烈波动，加上中国在国际结算中试行人民币计价结算，汇率对中国贸易活动才具有了一定限度的调节作用。[②]

以上分析说明，1978年以前中国经济是一个自我封闭的体系，突出表现为产品经济和单一计划经济基础上的外贸体制对外割断了外贸生产企业与世界市场的天然联系，对内统负盈亏的体制使贸易部门和企业失去参与国际交换和竞争的动力。此外，定值明显过高的汇率制度、严格的外汇管制以及多级许可审批手续和相当数量的贸易补贴等，也形成企业参与对外贸易活动难以逾越的屏障。只有打破国家对外贸的统制，采取更有刺激性质的贸易政策措施，并使企业成为真正的贸易利益的创造者和享有者，才可能真正发挥贸易在经济增长中的发动机作用，而传统体制不可能做到这一点。改革和对外开放，为中国经济的发展和增长带

---

① 《为动员一切力量把中国建设成为伟大的社会主义国家而奋斗——关于党的过渡时期总路线的学习和宣传提纲》，收录于《建国以来重要文献选编》（第四册），中央文献出版社1993年版。

② 1949～1980年，中国实施管制汇率，基本上是作为成本核算和记账的手段。1973年布雷顿森林体系崩溃后，为适应国际货币体系形势变化，1973年3月至1984年中国先后7次调整不同货币权重，人民币兑美元从1973年的2.2673人民币/美元调整到1980年7月的1.4525人民币/美元，人民币升值56.1%。参见张涛：《汇率机制改革》，收录于王梦奎主编：《中国改革30年》，中国发展出版社2009年版。

来了真正的契机。

二、改革开放后对外经济贸易发展

1978 年 12 月党的十一届三中全会召开，开启了改革开放的新征程。

（一）主动参与国际分工和交换

万事开头难，1978 ~ 1992 年是改革开放探索最困难的时期。这一时期，是港澳台企业和海外华人企业用“三来一补”的方式[①]，给国家发展送来了市场经济方式参与国际分工、国际交换和国际竞争的第一桶金。在改革开放不断发展的时期，经济全球化形成了开放驱动、市场化驱动和创新驱动世界经济融合发展的大格局。同时，IT 革命也带来综合物流革命和全球供应链管理的发展新契机。中国把握住这个历史性机遇，通过承接制造业外包迅速参与或嵌入跨国公司全球生产体系，形成了全球资本与低成本劳动力、土地和环境容量相结合的产品内分工或国际工序分工方式，创造了市场驱动本地优势通过各种途径参与全球分工、交换和竞争的中国模式。

贸易方式转变是影响中国对外经济贸易结构变化的重要因素。从表 1 – 3 可以看出，1981 年以外资为主、代工贴牌为主、低端为主的加工贸易出口占总出口的比重仅为 5%，一般贸易出口占总出口的比重为 94. 5%；1990 年，加工贸易出口占总出口的比重达到 40. 9%；1993 年加工贸易出口占比达到 48. 2%，超过一般贸易出口比重；1998 年加工贸易出口占比进一步提高到 56. 9%。随着 2005 年人民币进入升值通道、2007 年《中华人民共和国劳动合同法》的出台，以及 2008 年金融危机的影响，加工贸易出口占比开始持续下降。据海关总署公布数据，2019 年前 8 个月，一般贸易进出口占比为 59. 8%，加工贸易进出口占比下降到 24. 9% 左右。

---

① “三来一补”，即“来料加工”、“来料装配”、“来样加工”和“补偿贸易”，最早出现在广东东莞、佛山等地。

表 1-3　　1981～2016 年中国对外贸易出口情况　　单位：亿美元

年份	出口总额	一般贸易	加工贸易	其他贸易
1981	220.07	208	11.31	0.79
1988	475.16	325.96	128.33	20.91
1990	620.91	354.6	254.2	12.1
1992	849.40	436.8	396.07	16.53
1993	917.44	432	442.36	43.04
1994	1210.06	615.6	569.8	24.7
1995	1487.80	713.61	737.18	37.01
1998	1837.10	742.35	1044.54	50.22
2005	7619.50	3150.63	4164.67	304.23
2008	14306.93	6628.62	6751.14	927.17
2009	12016.12	5298.12	5868.62	849.37
2010	15777.54	7206.12	7402.79	1168.63
2011	18983.81	9170.34	8352.84	1460.64
2012	20487.10	9878.99	8626.77	1981.38
2013	22090.04	10873.26	8600.40	2616.38
2014	23422.93	12036.82	8843.60	2547.06
2015	22734.68	12172.53	7977.89	2615.32
2016	20976.31	11293.66	7158.71	2529.52

资料来源：Wind 资讯。

（二）深化改革释放了对外经济贸易增长的巨大潜力

社会主义制度与市场经济体制相结合，是一个世界性的伟大创举。从 1993 年 11 月召开的党的十四届三中全会提出发挥市场在资源配置中的基础性作用，到 2013 年 11 月召开的党的十八届三中全会提出发挥市场在资源配置中的决定性作用，是体制变革的一个历史性飞跃。1994 年，按照市场经济的体制要求，推动了对外贸易管理体制、外汇管理体制、利用外资管理体制、对外经济管理体制等涉外体制改革。1992 年中国实际利用外资突破了 100 亿美元大关；1993 年以外资为主、国际工序分工为主、全球价值链低端为主的加工贸易出口额首次超过以本地企业为主、发挥比较优势为主、低成本为主的一般贸易出口额；1994 年人民币汇率从官方汇率、调剂汇率和黑市汇率并轨成有管理的单一汇率制。中国对外贸易开始从长期逆差转为长期顺差新格局。

从表 1 - 4 可以看出，1978 ~ 1992 年的 15 年中有 10 年中国处于贸易逆差。外汇短缺是新中国成立的前 30 年和改革开放的前 15 年最重要的发展“瓶颈”之一。从表 1 - 5 可以看出，1978 年中国外汇储备余额只有 1.67 亿美元，到 1990 年也只有 110.93 亿美元。相比当时中国严重的短缺经济和对国外先进技术、设备、人才、原材料的巨大需求而言，提升创汇能力和出口购买力是重中之重的头等大事。这种“瓶颈”约束在 1994 年以后得到根本性化解。1992 年邓小平发表了“南方谈话”。1993 年 11 月召开党的十四届三中全会，通过了《中共中央关于建立社会主义市场经济体制若干问题的决定》，明确提出建立社会主义市场经济体制，推进利率和汇率的市场化改革。从 1994 年起，中国货物贸易长期保持顺差，外汇储备资产额在 1996 年突破 1000 亿美元，2006 年突破 1 万亿美元，2011 年突破 3 万亿美元。

表 1 - 4　　1978 ~ 2018 年中国进出口增长情况

年份	进出口总额（亿美元）	进出口总额：同比（%）	出口额（亿美元）	出口额：同比（%）	进口额（亿美元）	进口额：同比（%）	贸易差额（亿美元）
1978	206.4	39.5	97.5	28.5	108.9	51.0	-11.4
1979	293.3	42.1	136.6	40.1	156.7	43.9	-20.1
1980	381.4	30.0	181.2	32.7	200.2	27.8	-19.0
1981	440.3	15.4	220.1	21.5	220.2	10.0	-0.1
1982	416.1	-5.5	223.2	1.4	192.9	-12.4	30.3
1983	436.2	4.8	222.3	-0.4	213.9	10.9	8.4
1984	535.5	22.8	261.4	17.6	274.1	28.1	-12.7
1985	696.0	30.0	273.5	4.6	422.5	54.1	-149.0
1986	738.5	6.1	309.4	13.1	429.1	1.6	-119.7
1987	826.5	11.9	394.4	27.5	432.1	0.7	-37.7
1988	1027.9	24.4	475.2	20.5	552.7	27.9	-77.5
1989	1116.8	8.6	525.4	10.6	591.4	7.0	-66.0
1990	1154.4	3.4	620.9	18.2	533.5	-9.8	87.4
1991	1357.0	17.6	719.1	15.8	637.9	19.6	81.2

续表

年份	进出口总额（亿美元）	进出口总额：同比（%）	出口额（亿美元）	出口额：同比（%）	进口额（亿美元）	进口额：同比（%）	贸易差额（亿美元）
1992	1655. 3	22. 0	849. 4	18. 1	805. 9	26. 3	43. 5
1993	1957. 0	18. 2	917. 4	8. 0	1039. 6	29. 0	-122. 2
1994	2366. 2	20. 9	1210. 1	31. 9	1156. 1	11. 2	54. 0
1995	2808. 6	18. 7	1487. 8	22. 9	1320. 8	14. 2	167. 0
1996	2898. 8	3. 2	1510. 5	1. 5	1388. 3	5. 1	122. 2
1997	3251. 6	12. 2	1827. 9	21. 0	1423. 7	2. 5	404. 2
1998	3239. 5	-0. 4	1837. 1	0. 5	1402. 4	-1. 5	434. 7
1999	3606. 3	11. 3	1949. 3	6. 1	1657. 0	18. 2	292. 3
2000	4742. 9	31. 5	2492. 0	27. 8	2250. 9	35. 8	241. 1
2001	5096. 5	7. 5	2661. 0	6. 8	2435. 5	8. 2	225. 5
2002	6207. 7	21. 8	3256. 0	22. 4	2951. 7	21. 2	304. 3
2003	8509. 9	37. 1	4382. 3	34. 6	4127. 6	39. 8	254. 7
2004	11545. 5	35. 7	5933. 3	35. 4	5612. 3	36. 0	321. 0
2005	14219. 1	23. 2	7619. 5	28. 4	6599. 5	17. 6	1020. 0
2006	17604. 4	23. 8	9689. 8	27. 2	7914. 6	19. 9	1775. 2
2007	21765. 7	23. 6	12204. 6	26. 0	9561. 2	20. 8	2643. 4
2008	25632. 6	17. 8	14306. 9	17. 2	11325. 7	18. 5	2981. 2
2009	22075. 4	-13. 9	12016. 1	-16. 0	10059. 2	-11. 2	1956. 9
2010	29740. 0	34. 7	15777. 5	31. 3	13962. 4	38. 8	1815. 1
2011	36418. 6	22. 5	18983. 8	20. 3	17434. 8	24. 9	1549. 0
2012	38671. 2	6. 2	20487. 1	7. 9	18184. 1	4. 3	2303. 1
2013	41589. 9	7. 5	22090. 0	7. 8	19499. 9	7. 2	2590. 1
2014	43015. 3	3. 4	23422. 9	6. 0	19592. 3	0. 5	3830. 6
2015	39530. 3	-8. 1	22734. 7	-2. 9	16795. 6	-14. 3	5939. 0
2016	36855. 6	-6. 8	20976. 3	-7. 7	15879. 3	-5. 5	5097. 0
2017	41071. 6	11. 4	22633. 7	7. 9	18437. 9	16. 1	4195. 8
2018	46230. 4	12. 6	24874. 0	9. 9	21356. 4	15. 8	3517. 6

资料来源：Wind 资讯。

表 1-5　　1978~1991 年中国外汇储备变化情况　　单位：亿美元

年度	外汇储备	年度	外汇储备	年度	外汇储备
1978	1.67	1992	194.43	2006	10663.44
1979	8.40	1993	211.99	2007	15282.49
1980	-12.96	1994	516.20	2008	19460.30
1981	27.08	1995	735.97	2009	23991.52
1982	69.86	1996	1050.49	2010	28473.38
1983	89.01	1997	1398.90	2011	31811.48
1984	82.20	1998	1449.59	2012	33115.89
1985	26.44	1999	1546.75	2013	38213.15
1986	20.72	2000	1655.74	2014	38430.18
1987	29.23	2001	2121.65	2015	33303.62
1988	33.72	2002	2864.07	2016	30105.17
1989	55.50	2003	4032.51	2017	31399.49
1990	110.93	2004	6099.32	2018	30727.12
1991	217.12	2005	8188.72		

资料来源：Wind 资讯。

（三）特殊区域发挥了促进对外经济贸易发展的重要作用

以创新思维推动经济特区、新区、高新区、海关特殊监管区域等特殊区域改革。1979 年 4 月，在中央工作会议上，习仲勋代表广东省委向中央正式提出创办贸易合作区的建议：“希望中央给点权，让广东先走一步，放手干。”邓小平提出：“可以划出一块地方，叫作特区。”[①] 1979 年 7 月 15 日，中共中央、国务院批转广东省委、福建省委的两个报告，决定在深圳、珠海、汕头、厦门试办“出口特区”，后改为“经济特区”，即实行特殊经济政策和经济体制的地区。1980 年 8 月，第五届全国人大常委会第十五次会议批准国务院提出的在广东省的深圳、珠海、汕头和福建省的厦门设置经济特区，并通过了《广东省经济特区条例》。至此，中国有法律保障的经济特区正式诞生。从兴办经济特区到沿海开放城市、沿海经济开放区再到全面开放沿边内陆地区，从兴办经济开发区、高新区、海关特殊监管区域、综合配套改革试验区到上海自由贸易试验区、海南自贸区

① 《邓小平思想年谱（一九七五——九九七）》，中央文献出版社 1998 年版，第 117 页。

（港）、上海自由贸易试验区临港新片区、深圳中国特色社会主义先行示范区等平台和特殊区域的先行先试，先试点后推广，从点到面，逐步形成了多层次、宽领域、高水平的对外开放新格局。

（四）加入世界贸易组织推动改革开放再上台阶

2001 年中国加入世界贸易组织，是改革开放取得实质性进步的一个重要标志。它标志着中国主动参与和推动经济全球化、把握发展的重要战略机遇期的能力上了一个大的台阶；它标志着中国经济体制机制与国际通行规则接轨、推动社会主义市场经济体制建设上了一个大的台阶；它标志着中国提升综合国力和产业国际竞争力、在扩大对外开放质量方面上了一个大的台阶。2003～2012 年，也就是中国加入世界贸易组织后的 10 年里，按汇率计算，中国 GDP 增量是美国 GDP 增量的 1.4 倍；按购买力平价计算，是美国 GDP 增量的 1.9 倍。其中一条重要的发展经验是，对于一个发展中和转型中经济大国，过程比结果更重要。

1986～2001 年申请加入世界贸易组织的 15 年，是中国大力发展社会主义市场经济的 15 年，是推动市场经济规则与国际通行规则接轨的 15 年，也是在开放条件下提升国际竞争力的 15 年。从表 1－6 可以看出，1980 年，中国出口商品中初级产品比重为 50.3%，1986 年下降到 36.4%，2001 年下降到 9.9%，2012 年下降到 4.9%。从表 1－7 可以看出，随着中国出口购买力持续上升，中国重要大宗商品和原材料的保障能力得到显著增强，初级产品进口比重从 1993 年的 13.7% 上升到 2018 年的 32.9%。

表 1－6　　1980～2018 年中国对外贸易出口商品构成

年份	出口总额（亿美元）	初级产品出口额（亿美元）	初级产品比重（%）	工业制成品出口额（亿美元）	工业制成品比重（%）	出口增速（%）	初级产品出口增速（%）	工业制成品出口增速（%）
1980	181.20	91.14	50.3	90.06	49.7			
1981	220.07	102.43	46.5	117.62	53.4	21.5	12.4	30.6
1982	223.21	100.50	45.0	122.70	55.0	1.4	－1.9	4.3
1983	222.26	96.20	43.3	126.10	56.7	－0.4	－4.3	2.8
1984	261.39	119.34	45.7	142.06	54.3	17.6	24.1	12.7
1985	273.50	138.28	50.6	135.22	49.4	4.6	15.9	－4.8
1986	309.42	112.72	36.4	196.68	63.6	13.1	－18.5	45.5

续表

年份	出口总额（亿美元）	初级产品出口额（亿美元）	初级产品比重（%）	工业制成品出口额（亿美元）	工业制成品比重（%）	出口增速（%）	初级产品出口增速（%）	工业制成品出口增速（%）
1987	394.37	132.31	33.5	262.09	66.5	27.5	17.4	33.3
1988	475.16	144.06	30.3	331.10	69.7	20.5	8.9	26.3
1989	525.38	150.78	28.7	374.62	71.3	10.6	4.7	13.1
1990	620.91	158.86	25.6	462.04	74.4	18.2	5.4	23.3
1991	718.43	161.45	22.5	556.98	77.5	15.7	1.6	20.5
1992	849.40	170.04	20.0	679.36	80.0	18.2	5.3	22.0
1993	917.44	166.66	18.2	750.78	81.8	8.0	-2.0	10.5
1994	1210.06	197.08	16.3	1012.98	83.7	31.9	18.3	34.9
1995	1487.80	214.85	14.4	1272.95	85.6	23.0	9.0	25.7
1996	1510.48	219.25	14.5	1291.23	85.5	1.5	2.0	1.4
1997	1827.92	239.53	13.1	1588.37	86.9	21.0	9.2	23.0
1998	1837.10	204.89	11.2	1632.20	88.8	0.5	-14.5	2.8
1999	1949.30	199.41	10.2	1749.90	89.8	6.1	-2.7	7.2
2000	2492.00	254.60	10.2	2237.43	89.8	27.8	27.7	27.9
2001	2661.00	263.38	9.9	2397.60	90.1	6.8	3.4	7.2
2002	3256.00	285.40	8.8	2970.56	91.2	22.4	8.4	23.9
2003	4382.28	348.12	7.9	4034.16	92.1	34.6	22.0	35.8
2004	5933.20	405.49	6.8	5527.77	93.2	35.4	16.5	37.0
2005	7619.50	490.37	6.4	7129.16	93.6	28.4	20.9	29.0
2006	9689.80	529.19	5.5	9160.17	94.5	27.2	7.9	28.5
2007	12204.60	615.09	5.0	11562.67	94.7	26.0	16.2	26.2
2008	14306.93	779.57	5.4	13527.36	94.6	17.2	26.7	17.0
2009	12016.12	631.12	5.3	11384.83	94.7	-16.0	-19.0	-15.8
2010	15777.54	816.86	5.2	14960.69	94.8	31.3	29.4	31.4
2011	18983.81	1005.45	5.3	17978.36	94.7	20.3	23.1	20.2
2012	20487.10	1005.58	4.9	19481.56	95.1	7.9	0.0	8.4
2013	22090.04	1072.68	4.9	21017.36	95.1	7.8	6.7	7.9
2014	23422.93	1126.92	4.8	22296.01	95.2	6.0	5.1	6.1
2015	22734.68	1039.27	4.6	21695.41	95.4	-2.9	-7.8	-2.7
2016	20976.31	1051.87	5.0	19924.44	95.0	-7.7	1.2	-8.2
2017	22635.22	1177.09	5.2	21458.13	94.8	7.9	11.9	7.7
2018	24874.01	1350.86	5.4	23520.21	94.6	9.9	14.8	9.6

资料来源：根据海关总署统计分析司编著，《改革开放40年——中国对外贸易发展报告》（中国海关出版社2018年版），以及Wind资讯数据整理。

表1-7 1980~2018年中国对外贸易进口商品构成

年份	进口总额（亿美元）	初级产品进口额（亿美元）	初级产品比重（%）	工业制成品进口额（亿美元）	工业制成品比重（%）	进口增速（%）	初级产品进口增速（%）	工业制成品进口增速（%）
1980	200.20	69.60	34.8	130.60	65.2	—	—	—
1981	220.15	80.44	36.5	139.66	63.4	10.0	15.6	6.9
1982	192.85	76.34	39.6	116.50	60.4	-12.4	-5.1	-16.6
1983	213.90	58.08	27.2	155.82	72.8	10.9	-23.9	33.8
1984	274.10	52.08	19.0	222.02	81.0	28.1	-10.3	42.5
1985	422.52	52.89	12.5	369.61	87.5	54.1	1.6	66.5
1986	429.04	56.49	13.2	372.51	86.8	1.5	6.8	0.8
1987	432.16	69.09	16.0	363.01	84.0	0.7	22.3	-2.6
1988	552.75	100.68	18.2	452.07	81.8	27.9	45.7	24.5
1989	591.40	117.54	19.9	473.86	80.1	7.0	16.7	4.8
1990	533.45	98.58	18.5	434.92	81.5	-9.8	-16.1	-8.2
1991	637.91	109.34	17.1	529.56	83.0	19.6	10.9	21.8
1992	805.85	132.60	16.5	673.30	83.6	26.3	21.3	27.1
1993	1039.59	142.10	13.7	897.49	86.3	29.0	7.2	33.3
1994	1156.14	164.85	14.3	991.28	85.7	11.2	16.0	10.5
1995	1320.84	244.16	18.5	1076.67	81.5	14.2	48.1	8.6
1996	1388.33	254.41	18.3	1133.92	81.7	5.1	4.2	5.3
1997	1423.70	286.20	20.1	1137.50	79.9	2.5	12.5	0.3
1998	1402.40	229.49	16.4	1172.88	83.6	-1.5	-19.8	3.1
1999	1657.00	268.46	16.2	1388.53	83.8	18.2	17.0	18.4
2000	2250.90	467.39	20.8	1783.55	79.2	35.8	74.1	28.4
2001	2435.50	457.43	18.8	1978.10	81.2	8.2	-2.1	10.9
2002	2951.70	492.71	16.7	2458.99	83.3	21.2	7.7	24.3
2003	4127.57	727.63	17.6	3399.96	82.4	39.8	47.7	38.3
2004	5612.30	1172.67	20.9	4439.62	79.1	36.0	61.2	30.6
2005	6599.50	1477.14	22.4	5122.39	77.6	17.6	26.0	15.4
2006	7914.60	1871.29	23.6	6043.32	76.4	19.9	26.7	18.0
2007	9561.20	2430.85	25.4	7128.65	74.6	20.8	29.9	18.0
2008	11325.70	3623.95	32.0	7701.67	68.0	18.5	49.1	8.0
2009	10059.23	2898.04	28.8	7161.19	71.2	-11.2	-20.0	-7.0
2010	13962.44	4338.50	31.1	9623.94	68.9	38.8	49.7	34.4

续表

年份	进口总额（亿美元）	初级产品进口额（亿美元）	初级产品比重（%）	工业制成品进口额（亿美元）	工业制成品比重（%）	进口增速（%）	初级产品进口增速（%）	工业制成品进口增速（%）
2011	17434.84	6042.69	34.7	11392.15	65.3	24.9	39.3	18.4
2012	18184.10	6349.34	34.9	11834.71	65.1	4.3	5.1	3.9
2013	19499.89	6580.81	33.7	12919.09	66.3	7.2	3.6	9.2
2014	19592.35	6469.40	33.0	13122.95	67.0	0.5	-1.7	1.6
2015	16795.65	4720.57	28.1	12075.07	71.9	-14.3	-27.0	-8.0
2016	15879.26	4410.55	27.8	11468.71	72.2	-5.5	-6.6	-5.0
2017	18409.82	5770.64	31.3	12639.18	68.7	15.9	30.8	10.2
2018	21356.37	7016.13	32.9	14340.25	67.1	16.0	21.6	13.5

资料来源：根据海关总署统计分析司编著，《改革开放40年——中国对外贸易发展报告》（中国海关出版社2018年版），以及Wind资讯数据整理。

（五）双向投资促进了中国对外经济贸易的发展

中国加入世界贸易组织后，经济国际化程度显著提高。1992年中国实际利用外商投资额首次突破百亿美元大关，2010年突破千亿美元大关（见表1-8）。2005年中国对外直接投资首次突破百亿美元大关，2013年突破千亿美元大关。然而，在加入世界贸易组织后的以开放促改革、以开放促发展的效应基本释放出来后，如何推动新一轮更高水平的开放、更高标准的改革、更高质量的发展成为一个新课题。2018年中国实际利用外商直接投资和对外直接投资的规模分别为1350亿美元和1298亿美元，双向投资进入长期稳定增长阶段。要推动中国经济高质量发展，要取得实际利用外商直接投资和扩大对外投资新的突破，要在更高层次、更宽领域、更高水平上发展开放型经济新体制和新体系，就必须推动新一轮高水平对外开放、高标准体制改革和高质量经济发展。包括：2020年1月1日开始实施的《中华人民共和国外商投资法》及相关行政法规配套措施；落实竞争中性原则，凡是与外商投资法不一致的，都要坚决予以废止或修改；进一步放宽外资市场准入，全面实施准入前国民待遇加负面清单管理制度；银行、证券和保险业对外资全面放开市场准入；对各类所有制企业一视同仁，以公正监管保障中外企业公平竞争、共同发展。

表1-8　　1979~2018年中国利用外资情况

年份	实际利用外资总额（亿美元）	对外借款额（亿美元）	外商直接投资额（亿美元）	外商其他投资（亿美元）	对外借款占比（%）	外商直接投资占比（%）	外商其他投资占比（%）
1979~1984	171.43	130.41	30.6	10.42	76	18	6
1985	44.62	25.06	16.58	2.98	56	37	7
1986	72.58	50.14	18.74	3.7	69	26	5
1987	84.52	58.05	23.14	3.33	69	27	4
1988	102.26	64.87	31.94	5.45	63	31	5
1989	100.59	62.86	33.92	3.81	62	34	4
1990	102.89	65.34	34.87	2.68	64	34	3
1991	115.54	68.88	43.66	3	60	38	3
1992	192.02	79.11	110.07	2.84	41	57	1
1993	389.6	111.89	275.15	2.56	29	71	1
1994	432.13	92.67	337.67	1.79	21	78	0
1995	481.33	103.27	375.21	2.85	21	78	1
1996	548.04	126.69	417.25	4.1	23	76	1
1997	644.08	120.21	452.57	71.3	19	70	11
1998	585.57	110	454.63	20.94	19	78	4
1999	526.59	102.12	403.19	21.28	19	77	4
2000	593.56	100	407.15	86.41	17	69	15
2001	496.72	-	468.78	27.94	-	94	6
2002	550.11	-	527.43	22.68	-	96	4
2003	561.4	-	535.05	26.35	-	95	5
2004	640.72	-	606.3	34.42	-	95	5
2005	638.05	-	603.25	34.8	-	95	5
2006	670.76	-	630.21	40.55	-	94	6
2007	783.39	-	747.68	35.72	-	95	5
2008	952.53	-	923.95	28.58	-	97	3
2009	918.04	-	900.33	17.71	-	98	2
2010	1088.21	-	1057.35	30.86	-	97	3
2011	1176.98	-	1160.11	16.87	-	99	1

续表

年份	实际利用外资总额（亿美元）	对外借款额（亿美元）	外商直接投资额（亿美元）	外商其他投资（亿美元）	对外借款占比（%）	外商直接投资占比（%）	外商其他投资占比（%）
2012	1132.94	–	1117.16	15.78	–	99	1
2013	1187.21	–	1175.86	11.34	–	99	1
2014	1197.05	–	1195.62	1.44	–	100	–
2015	1262.67	–	1262.67	–	–	100	–
2016	1260.01	–	1260.01	–	–	100	–
2017	1310.35	–	1310.35	–	–	100	–
2018	1349.7	–	1349.7	–	–	100	–

注：2000 年及以前，实际使用外资额为对外借款。
资料来源：《中国统计年鉴（2018）》。

（六）推动中国对外经济贸易高质量发展

从 2019 年上半年中国对外贸易形势看，在世界经济增长明显减速、中美政治经济冲突加剧和全球制造业增速显著放缓的条件下，中国民营企业进出口增长 11%，占比 41.7%；外资企业进出口下降 1%，占比 40.4%；国有企业进出口增长 0.3%，占比 17.5%，民营企业进出口贸易有更强的适应能力和调整的灵活性。从表 1 – 9 可以看出，国有企业出口所占比重已经从 1981 年的 99.8% 下降到 2017 年的 10.2%。在 2005 年人民币汇率升值、2007 年新劳动合同法出台劳动力成本持续上升，以及 2018 年以来美国加征关税率等一系列因素作用下，传统劳动密集型企业仍保持了强劲的出口增长。同时，中国对欧盟、东盟和“一带一路”沿线国家（地区）进出口贸易增长率分别达到 11.2%、10.5% 和 9.7%，而对美国进出口贸易增长率为 –9%。当前，中国对外经济贸易发展正在出现一些重大变化。一是从代工贴牌嵌入国际工序分工发展加工贸易，进入发展自主知识产权、自主品牌、自主营销渠道为主的新型贸易方式，一些中国的跨国企业开始构建自己的全球供应链体系；二是从积极利用成本驱动为主、市场驱动为主的外资，进入利用进一步改善投资和营商环境的机遇，引进效率驱动为主的高技术服务和高技术制造业外资的新时代；三是从长期依赖扩大出口和“引进来”为主的外向型经济发展，转向出口与进口并重、“引进来”与“走出去”并重、一二三产协同“走出去”，用人工智能、工业互联网、物联网等新一轮科技革命成果改变传统农业、工业和服务业，构建全球综合运作体系。

表1－9　　中国对外贸易出口情况（分企业性质）

年份	出口总额（亿美元）	国有企业出口额（亿美元）	外商投资企业出口额（亿美元）	其他企业出口额（亿美元）	国有企业占比（%）	外商投资企业占比（%）	其他企业占比（%）
1981	220.07	219.55	0.32	0.2	99.8	0.1	0.1
1991	718.43	597	120.5	0.93	83.1	16.8	0.1
1992	849.40	674.5	173.5	1.4	79.4	20.4	0.2
2000	2492.00	1164.5	1191.43	136.1	46.7	47.8	5.5
2001	2661.00	1132.34	1332.18	196.46	42.6	50.1	7.4
2011	18983.81	2672.22	9953.3	6358.29	14.1	52.4	33.5
2012	20487.10	2562.83	10227.48	7696.83	12.5	49.9	37.6
2017	22635.22	2312.35	9775.59	10547.28	10.2	43.2	46.6

资料来源：海关总署统计分析司编著，《改革开放40年——中国对外贸易发展报告》，中国海关出版社2018年版。

2013年以来，中国对经济贸易转型的探索在不断深化。2013年提出三期叠加（增长速度换挡期、结构调整阵痛期、前期刺激政策消化期）的阶段特征；2014年提出中国经济进入新常态；2015年提出推动经济结构性改革；2016年强调供给侧结构性改革的根本目的是提高社会生产力发展水平。2017年党的十九大提出，“中国经济已由高速增长阶段转向高质量发展阶段，正处在转变发展方式、优化经济结构、转换增长动力的攻关期，建设现代化经济体系是跨越关口的迫切要求和中国发展的战略目标”[①]。这个时期形成了短期稳中求进是总基调，稳是大局，防范风险，稳定信心；中期供给侧结构性改革是主线，即明确最终目的是满足需求，主攻方向是提高供给质量，根本途径是深化改革；长期要主动适应中国经济新常态，从速度和规模转向质量和效益；产业结构从低端转向中高端；增

① 习近平：《决胜全面建成小康社会　夺取新时代中国特色社会主义伟大胜利——在中国共产党第十九次全国代表大会上的报告》，新华网，2017年10月27日。

长动能从汗水驱动转向创新驱动。习近平从供给、需求、投入产出、分配、宏观经济循环五个角度，阐明了“高质量发展，就是能够很好满足人民日益增长的美好生活需要的发展，是体现新发展理念的发展，是创新成为第一动力、协调成为内生特点、绿色成为普遍形态、开放成为必由之路、共享成为根本目的的发展”①，是“发展是第一要务，人才是第一资源，创新是第一动力”② 的发展。

三、结论

新中国成立 70 年来，中国经历了“一个世界、两个体系”的时期，经历了“大引进”推动“洋跃进”的时期，经历了代工贴牌起步的外向型经济发展的时期，也正在经历开放型经济新体制形成和发展的时期。对 70 年来经验教训的总结有重要意义：一是开放带来进步、封闭必然落后。中国对外开放不会也不能“开倒车”，这是要始终坚持的重要原则。二是对外开放的本质是全面深化改革。从创办经济特区、加入世界贸易组织到推动“一带一路”建设，贯彻始终的一条主线是推动体制创新。历史和现实的经验都证明，没有体制创新和社会进步的对外开放，最终只能是在开放条件下被动挨打。三是对外开放最重要的意义是推动科学、技术和创新发展。这是中国经济社会快速发展的最重要经验之一。四是对外开放是一个渐进的生态系统。从“三来一补”的简单模仿到创造性模仿再到科技创新，从开发试验研究到应用研究再到基础研究，是一个渐进动态的发展过程。五是危机、挑战和压力是扩大对外开放、冲破体制障碍的前进动力。中国扩大对外开放的一个重要经验是主动引入外部压力，抓住由危机、冲击和压力促进转型的历史性机遇。六是扩大对外开放意味着开放国际竞争与合作。在开放的动态激励下，中国经济从要素禀赋到要素创造，从开放竞争到共享合作，从中国特色到全球融合，是推动发展的一个重要动力源和活力外溢的来源。七是扩大对外开

---

① 习近平：《决胜全面建成小康社会　夺取新时代中国特色社会主义伟大胜利——在中国共产党第十九次全国代表大会上的报告》，新华网，2017 年 10 月 27 日。

② 习近平：《发展是第一要务，人才是第一资源，创新是第一动力》，新华网，2018 年 3 月 7 日。

放带来的“干中学”的内生发展效应；转变了人们的思想观念，调动和激发出各种积极因素，显著提升了经济发展效率。八是扩大对外开放造就了相互依存的产业链、供应链、价值链，构建了全球利益共同体和命运共同体，在逆全球化和贸易保护主义抬头的条件下，成为抵制贸易战、继续推动全球化前行的重要力量。

第三节 中国对外开放的发展经验

1979年邓小平提出了不平衡开放的思想。他指出，“沿海地区要加快对外开放，使这个拥有两亿人口的广大地带较快地先发展起来，从而带动内地更好地发展，这是一个事关大局的问题。内地要顾全这个大局。反过来，发展到一定时候，又要求沿海拿出更多力量来帮助内地发展，这也是个大局。那时沿海也要服从这个大局”[①]。改革开放初期，由于当时迫切需要西方发达国家的先进技术、设备和人才，中国先扩大了对西方的开放。对此，1984年11月，邓小平指出，“我们还有一些人没有弄清楚，以为只是对西方开放，其实我们是三个方面开放。一个是对西方发达国家的开放；一个是对苏联和东欧国家的开放；还有一个是对第三世界的开放”[②]。从扩大对西方发达国家的开放到高质量共建“一带一路”，中国逐步形成全面开放新格局。

一、经验之一：参与国际分工、培育内生动力

回顾改革开放之初，中国面对严重的外汇短缺、资本短缺、商品短缺的“瓶颈”制约。一方面，要最大限度解放和发展社会生产力，进口或引进国外先进技术、设备和人才；另一方面，要满足人民的温饱和基本需求以及平抑物价，急需进口一些商品和服务，如彩电、洗衣机、电冰箱等。

① 邓小平：《中央要有权威》，收录于《邓小平文选》（第三卷），人民出版社1993年版。

② 1984年11月，邓小平在中央军委座谈会上的讲话。

在供求关系严重失衡以及存在价格、汇率、税率等双轨制的条件下，市场机制很难在资源配置中发挥基础性作用。因此，大力发展鼓励招商引资和货物出口的外向型经济战略，是当时走出困境的有效途径之一。

首先，中国对外贸易经历了从指令性计划管理和国家统负盈亏到简政放权、藏富于民、放水养鱼，再到让市场机制在资源配置中起基础性作用，最后到让市场机制在资源配置中起决定性作用和更好发挥政府作用的体制变迁过程；经历了从外贸经营权高度垄断到逐步放开参与全球生产网络，再到构建自己的全球供应链体系和跨境电商等新型贸易方式的新阶段；经历了从外贸企业吃“大锅饭”到自主经营、自负盈亏成为自主经营主体，再到“走出去”打造共享型混合所有制的跨国公司的演进历程。其中，重要的经验之一是始终坚持改革开放的大方向不动摇。然而，值得吸取的一条重要教训是，渐进式、增量驱动、先试点后推广推动下的改革开放到一定程度，所面对的既得利益将会阻碍改革开放进一步全面深化、攻坚克难、走实走深。因此，需要引入外来竞争压力，尤其是主动有效地借助国际金融危机、区域生产网络危机、大国博弈冲击等各种具有系统性、全局性、战略性影响的重大事件，趋福避祸、化弊为利、转危为机，打破各种既得利益的阻力和障碍，构建面向未来的开放型经济新体制和国际竞争合作新格局。

其次，中国发展社会主义市场经济体制的“第一桶金”是从“三来一补”的加工贸易出口起步的（见表1－10），是从招商引资引入外来竞争压力起步的（见表1－11），是从“摸着石头过河”起步的。其中一条重要的经验是，实事求是，始终坚持实践是检验真理的唯一标准原则，创立了用加工贸易这种嵌入跨国公司国际工序分工体系、小经济体的生产和贸易方式撬动一个大国改革开放并获得经济贸易高速增长的奇迹。一方面，积极参与国际工序分工体系，发展加工贸易，创造了大量的就业机会，高峰期解决了6000多万人的就业问题（见表1－12）。另一方面，直到2008年，中国加工贸易出口的规模仍大于一般贸易出口（见表1－13），招商引资仍是许多地方政府发展经济的重要手段，关键核心技术靠“拿来主义”而不是自主创新获得。2012年以来，科技创新、工业服务、独立自主才开始成为主导的发展趋势。

表 1－10　　中国加工贸易的发展阶段和结构特点

阶段	贸易方式	区域分布	产品结构
第一阶段	来料加工为主（1981～1985 年）	集中于广东、福建、浙江、上海和北京	服装、玩具等劳动密集型产品
第二阶段	来料、进料并重，进料加工超来料加工（1986～1992 年）	集中于福建、浙江、上海、北京和山东	服装、纺织、皮革制品等传统的劳动密集型产品
第三阶段	进料加工为主（1993 年至今）	集中于福建、浙江、江苏、上海、北京、天津、山东和辽宁	从劳动密集型为主向劳动、技术、资金密集型产品并重转型，高新技术产品和机电产品成为主要产品

资料来源：根据历年《中国统计年鉴》《中国对外经济贸易年鉴》《中国海关统计年鉴》，以及《中国对外经济贸易白皮书》整理。

表 1－11　2000～2010 年中国外资企业在加工贸易中的比重

年份	中国加工贸易出口额（亿美元）	外资企业加工贸易出口额（亿美元）	外商投资企业出口额（亿美元）	占加工贸易出口比重（%）	占外资企业出口比重（%）
2000	1376. 5	972. 3	1194. 4	0. 71	0. 81
2001	1474. 3	1066	1332. 2	0. 72	0. 8
2002	1799. 3	1342. 5	1699. 9	0. 75	0. 79
2003	2418. 5	1902. 7	2403. 4	0. 79	0. 79
2004	3279. 9	2663. 5	3386. 1	0. 81	0. 79
2005	4164. 8	3466. 3	4442. 1	0. 83	0. 78
2006	5103. 7	4311. 6	5638. 3	0. 84	0. 76
2007	6176. 5	5214. 6	6955. 2	0. 84	0. 75
2008	6751. 8	5272	6685. 2	0. 78	0. 79
2009	5869. 8	4937	6722. 3	0. 84	0. 73
2010	7403. 3	6205. 4	8623. 1	0. 84	0. 72

资料来源：商务部和海关总署统计数据。

表 1-12　　1995~2009 年中国加工贸易就业人数

年份	加工贸易出口额（亿美元）	工业生产总值（亿美元）	工业就业人数（第二产业就业人数-建筑业从业人数）（万人）	加工贸易就业人数（万人）
1995	737	2960	14157.1	3524.9
1996	843.4	3497.9	14081.1	3395.2
1997	996.9	3909.9	14445.5	3683.1
1998	1044.7	4032.8	14570	3774.4
1999	1108.8	4237.8	14198.9	3715.1
2000	1376.9	4716.8	14289.7	4171.4
2001	1474.6	5119.6	14108.3	4063.6
2002	1799.4	5622.3	13534.8	4331.8
2003	2419	6776.6	13662.7	4877.1
2004	3279.9	7589.6	14362.1	6206.7
2005	4164.8	9427.9	15384.1	6796
2006	5103.8	11451.8	16376.8	7298.8
2007	6176.5	15386.7	17495.3	7022.9
2008	6751.8	19250.6	17794	6240.9
2009	5869.8	19707.9	18011.4	5364.5

资料来源：根据历年《中国统计年鉴》相关数据计算、整理。

表 1-13　　1981~2017 年中国贸易方式的变化

年份	一般贸易出口额（亿美元）	一般贸易差额（亿美元）	加工贸易出口额（亿美元）	加工贸易差额（亿美元）	其他贸易出口额（亿美元）	其他贸易差额（亿美元）	加工贸易出口/一般贸易出口（%）
1981	208	4.34	11.31	-3.73	0.79	-0.71	5.44
1985	237.30	-135.42	33.16	-9.58	3.04	-4.0	13.97
1993	432.00	51.35	442.36	78.76	43.04	-252.52	102.40
1999	791.35	120.95	1108.82	373.04	49.14	-201.67	140.12
2003	1820.34	-56.66	2418.49	789.14	143.45	-477.77	132.86
2008	6628.62	907.69	6751.14	2967.37	927.17	-893.75	101.85

续表

年份	一般贸易出口额（亿美元）	一般贸易差额（亿美元）	加工贸易出口额（亿美元）	加工贸易差额（亿美元）	其他贸易出口额（亿美元）	其他贸易差额（亿美元）	加工贸易出口/一般贸易出口（%）
2012	9878.99	-344.87	8626.77	3814.02	1981.38	-1166.05	87.32
2015	12172.53	2940.65	7977.89	3507.86	2611.47	-494.06	65.54
2017	12300.80	1473.30	7588.00	3275.9	2746.10	-524.1	61.69

资料来源：海关总署统计数据。

最后，对外贸易是连接中国经济和国际市场的重要渠道。为了鼓励出口增长，中国曾实行“奖出限入”的对外贸易政策，并采取了出口导向和进口替代相结合的混合发展战略。出口创汇曾经被作为最重要的绩效考核指标。1992 年明确了改革开放的未来方向，尤其是 1993 年 11 月党的十四大确立社会主义市场经济改革目标后，对外贸易从“互通有无、调剂余缺”转向充分利用两个市场、两种资源，参与国际交换与竞争。例如，中国取消了多重汇率制，实行以市场供求为基础的、单一的、有管理的汇率制度，实行外汇收入结汇制，解决了进出口企业购汇结汇难的问题。从表 1-14 可以看出，中国出口额占世界出口额的位次从 1980 年的第 26 位上升至 2005 年的第 3 位。其中一条重要的经验是，培育内生性增长因素需要处理好市场这只“无形之手”、政府这只“有形之手”、社会这只“和谐之手”之间的关系，并形成合力。光有市场这只手，也许能够有效解决资源配置效率和社会生产力发展的矛盾，但很难解决不平衡、不协调、不可持续的矛盾；光有政府这只手，也许能够有效解决不平衡不协调不可持续的矛盾，但经济缺少活力和效率；光有社会这只手，也许能够解决社会和谐、社会自治、社会合作等问题，但不可能持续下去。因此，在发展、转型中创造政府、市场和社会之间相互补位，不同区域政府、市场和社会之间相互竞争，通过扩大对外开放引入更高层次的新要素、新业态、新模式，促进本地经济社会内生变化，是中国经济发展的一个重要特点。

表 1－14　　1980～2017 年中国出口额占世界出口总额比重的位次

年份	世界出口额（亿美元）	中国出口额（亿美元）	中国出口占比（%）	中国出口位次
1980	19906	181	0.9	26
1985	19277	274	1.4	17
1990	34700	621	1.8	15
1995	51640	1488	2.8	11
2000	62201	2497	3.9	7
2005	104950	7620	7.3	3
2010	153010	15778	10.3	1
2015	165189	22735	13.8	1
2016	160287	20976	13.1	1
2017	177300	22633	12.8	1

资料来源：世界贸易组织发布数据。

二、经验之二：引入外来压力、动态调整战略

从“引进来”角度看对外开放，有几个重要的时点值得重视。从表 1－15 可以看出，第一个重要时点是 1992 年。直到 1992 年邓小平南方谈话明确中国改革开放的方向是发展社会主义市场经济体制，外商直接投资才首次突破百亿美元大关。在此之前，所谓外资主要是港澳台投资和海外华人投资。客观地说，是港澳台投资企业和海外华人投资企业伴随着 1978～1992 年改革开放最困难的时期，作出了历史性贡献。第二个重要时点是 2001 年。2001 年中国加入世界贸易组织，看好中国经济未来增长前景使投资中国成为全球风潮；同时，全球信息技术泡沫破灭，导致全球直接投资金额下跌了 53%。2002 年，中国实际利用外商直接投资金额首次突破 500 亿美元大关。但是，直到 2017 年，外商直接投资金额始终徘徊在 1200 亿～1300 亿美元的水平，中国实际利用外商直接投资增长到了一个“瓶颈”期，投资领域从制造业占 70% 转向服务业占 70%，投资类型从成本驱动、市场驱动转向效率驱动，投资区域从东部转向中部内陆和西部地区。要迎接外商直接投资的新高潮，改善投资环境、营商环境、市场环境、创新环境和治理环境变得更加迫切。

表1-15　改革开放以来外商直接投资和中国对外直接投资 单位：亿美元

年份	外商直接投资	对外直接投资	年份	外商直接投资	对外直接投资
1983	9.2	0.93	2001	468.8	68.85
1984	12.56	1.34	2002	527.4	25.18
1985	19.56	6.29	2003	535.1	28.55
1986	22.44	4.5	2004	606.3	54.98
1987	23.14	6.45	2005	603.3	122.61
1988	31.94	8.5	2006	630.2	211.6
1989	33.92	7.8	2007	747.7	224.69
1990	34.87	8.3	2008	924.0	521.5
1991	43.66	9.13	2009	900.3	565.3
1992	110.08	40	2010	1057.4	688.1
1993	275.15	44	2011	1160.1	746.5
1994	337.67	20	2012	1117.2	878.0
1995	375.21	20	2013	1175.9	1078.4
1996	417.26	21.14	2014	1195.6	1231.2
1997	452.57	25.62	2015	1262.7	1456.7
1998	454.63	26.34	2016	1260.0	1961.5
1999	403.19	17.74	2017	1310.4	1246.3
2000	407.15	9.16	2018	1350	1298.3

资料来源：国家统计局和商务部统计数据。

从“走出去”角度看对外开放，2000年国家提出推动“走出去”战略，中国年度对外直接投资金额只有几十亿美元的水平。直到2005年人民币汇率改革重启，人民币进入快速持续升温通道，中国对外直接投资金额才首次突破百亿美元大关。此后，随着新劳动合同法出台，提高了劳动者工资率；土地和各种资源要素价格上升，外汇储备增量连年超过4000亿美元，中国对外直接投资也进入快速增长阶段。2008年中国对外直接投资金额首次突破500亿美元大关。到2014年6月底，中国外汇储备达到3.9932万亿美元的峰值。2014年下半年美国退出量化宽松货币政策，2015年首次采取加息政策，引起全球资本大量流入美国及其他发达国家。2016年，中国对外直接投资金额为1961.5亿美元，创历史纪录。因对外投资出现非理性增长现象，对外资本流动大量进入境外房地产、酒店、球队、影视院线等领域，中国外汇管理措施进行了调整，2017 年对外直接投资规模回落到 1246.3 亿美元，中国对外直接投资的企业行为回归理性投资。

中国推动“引进来”战略的重要经验之一是引入了外来竞争压力，引入了国内短缺的外汇和资本，引入了国外先进技术设备和人才，促进了就业、外贸、税收和经济发展。20 世纪 90 年代初期，外资企业出口额占中国出口的比重为 16.75%；到 21 世纪初期，外资企业出口占比已超过一半，达到 52%。其意义是在传统计划经济与国际市场经济之间搭建起体制对接的窗口和桥梁，促进了中国经济和贸易体制转型。

而由此带来的问题之一是开放是一个渐进的过程，市场是一个渐进适应性生态体系，但中国经济体制的特点决定了政策和战略很难相应灵活调整。如“引进来”，我们经历了 1979 ~2000 年以引进成本驱动型境外资本为主；2001 ~2011 年以引进市场驱动型境外资本为主；2012 年至今以引进效率驱动型境外资本为主的外资类型和投资动因的阶段性变化。这些变化要求中国的体制机制政策发生相应的变化。事实上，这是很难做到的。要适应这种变化，一是要求中国体制机制和政策要更加贴近市场、贴近投资者、贴近民众；二是要求中国投资环境和治理能力能够加快推进现代化改革；三是要求中国主管部门与境外投资者之间共同与时俱进。

问题之二是如何解决好“引进来”、“本地化”和“走出去”之间协调推进的问题。如推动“引进来”需要构建一个好的投资环境、制定一套好的优惠政策、打造一个好的服务型政府，引进企业主体是境外企业或境内企业。如果优惠政策实施力度过大，就会产生挤出效应，抑制内生增长。同样，推动“本地化”需要构建一个好的市场环境，制定一套简政放权的公平竞争政策，打造一个法治化放管服的政府，企业主体是本地企业或境外企业。而推动“走出去”则需要构建一个全球化运作环境，制定一套国际化政策环境，实施“一带一路”、合作开拓第三方市场和全方位国际合作的“走出去”战略，企业主体包括中国企业、东道国企业和发达国家企业。这三者之间分类管理容易，统筹协调一致则很难。

问题之三是很难保持各项政策的连续性、稳定性和透明性。改革开放不同的发展阶段，战略和体制机制调整的幅度很大。要保证政策的连续性、稳定性和透明性，就必须探索治理体系和治理能力现代化改革。

三、经验之三：把握历史规律、顺应世界大势

中国在1986年7月正式向关税及贸易总协定（GATT）（以下简称“关贸总协定”）递交了《中华人民共和国对外贸易制度备忘录》，提请恢复中国在关税及贸易总协定的缔约国地位。到2001年12月11日中国正式加入了世界贸易组织，历时15年。这15年，既是中国社会主义市场经济体制建立并发挥基础性作用的15年，也是中国对外开放进入高水平、多层次、宽领域的15年，更是中国经济发展取得显著进步的15年。

通过加入世界贸易组织，中国进一步扩大了对外开放，加快了“干中学”进程，跟上世界知识和技术进步的前行速度，开了13亿中国人民发展市场经济、提高国际化和现代化水平的“窍”。因此，加入世界贸易组织是加快改革开放的一项重要战略决策，加快了中国体制与国际通行规则接轨的进程。

在加入世界贸易组织以后，中国的农业、汽车、金融服务业等弱势行业不仅没有出现破产潮，反而提升了产业国际竞争力。同时，经济发展上了一个大台阶。2003～2012年，按照市场汇率计算，中国的GDP净增加6.59万亿美元（见表1－16）。同期美国的GDP净增加4.6万亿美元。如果按照购买力平价计算，中国同期GDP净增加8.35万亿国际元，中国成为赢家。

表1－16　2003～2012年按美元汇率计算的GDP　单位：万亿美元

地区	2003年	2004年	2005年	2006年	2007年	2008年	2009年	2010年	2011年	2012年
世界	37.59	42.29	45.73	49.54	55.88	61.34	58.08	63.41	70.37	71.67
美国	11.09	11.8	12.56	13.31	13.96	14.22	13.9	14.42	14.99	15.68
中国	1.64	1.93	2.26	2.71	3.49	4.52	4.99	5.93	7.32	8.23
巴西	0.55	0.66	0.88	1.09	1.37	1.65	1.62	2.14	2.48	2.25
印度	0.62	0.72	0.83	0.95	1.24	1.22	1.37	1.71	1.87	1.84
俄罗斯	0.43	0.59	0.76	0.99	1.3	1.66	1.22	1.52	1.9	2.01

资料来源：世界银行WDI数据库。

中国加入世界贸易组织的成功案例再次说明以下三点重要经验和教训。

一是对外开放的本质是改革，改革带来了显著的增长和发展效应。张曙光等（1998）的一项研究说明，以 1994 年为基期，中国的贸易自由化程度高于日本，略低于美国。[①] 所以，在加入世界贸易组织之前，中国贸易的实际开放程度就高于名义值。在加入世界贸易组织后，没有出现预期的“狼吃羊”的场景，其原因是开放效应已经预先释放了。那么，加入世界贸易组织后是如何带来经济和社会进步的呢？事实上，中国经历了 15 年按照国际通行规则不断深化体制改革的过程，使中国发展的“软环境”得以显著改善。全球投资者看好中国加入世界贸易组织后的前景，也加大了来中国投资的力度。

二是危机是深化改革的机遇。事实上，由于长期准备、积极应对和全民参与，中国加入世界贸易组织后迎来了发展的黄金时期。然而，真正的挑战和冲击随时都会发生。中国加入世界贸易组织后取得进步的改革效应一步都不能停，否则就无法取得继续积极参与经济全球化、融入世界的长期效应，最终将陷入全球化的矛盾和陷阱之中。

三是加入世界贸易组织引发的反思。我们没有预见到加入世界贸易组织后经常项目顺差和外汇储备余额会如此迅速地增加；没有针对巨量贬值的对外金融资产和升值的对外金融负债所导致的经济福利流失及时采取对策，转变贸易增长方式和外向型经济战略；没有预见到大国之间政治经济关系会提前进入最复杂、最严峻、最困难的挑战期；没有准确把握贸易关系的风险点、分歧点和合作点的变化，把反对贸易保护主义的应对策略及早调整到国内产业政策、人民币汇率、贸易不平衡、知识产权保护、自主创新、政府采购、国有经济部门等问题的交锋较量，全面深化改革，保障自主发展的时间和空间。

---

① Zhang Shuguang, Zhang Yansheng, Wang Zhongxin, “Measuring the Costs of Protection in China”, Institute for International Economics, Washington, DC, 1998.

第二章

新民主主义时期的对外经济贸易发展（1949～1956年）

从1949年新中国成立到1956年基本完成社会主义改造，中国实现了从半殖民地半封建旧社会到民族独立的新社会、新民主主义到社会主义的历史性转变。1949～1952年，中国主要是恢复经济、发展新民主主义经济；1953～1956年，则在党的过渡时期总路线指导下，采取社会主义工业化和社会主义改造并举的方针，既顺利推进了第一个五年计划，奠定了新中国的工业化基础，也对农业、手工业和资本主义工商业进行了社会主义改造，社会主义基本制度在中国建立起来。在此期间，与新民主主义革命相适应的、具有高度集中特色的对外经济贸易计划管理体制也逐步建立起来，对外经济贸易联系的重点转向以苏东国家为主，对外经济贸易在促进国民经济恢复和建设、推动中国工业化进程中发挥了重要作用。

第一节　新中国成立初期的国际环境和国内条件变化

一、国际环境

第二次世界大战之后，国际上形成了以美国为首的资本主义国家阵营和以苏联为首的社会主义国家阵营。1949年美国和英国、法国、加拿大等成立了北大西洋公约组织，1955年苏联和东欧国家成立了华沙条约组织，两大阵营在欧洲对峙，形成了冷战格局。1949年11月，美国等西方国家成立巴黎统筹委员会，专门检查和管制对苏联及其他社会主义国家的贸易。

新中国成立前夕，苏联就表示在政治经济上支持新中国政府，新中国成立后，苏联立即承认中华人民共和国并建立了外交关系，1950年双方签署了《中苏友好同盟互助条约》。而以美国为首的西方国家对新中国采取政治上孤立遏制、经济上封锁禁运的政策，企图扼杀新生政权，不但美国继续支持国民党政府，大多数西方国家也拒绝承认新中国。1950年，抗美援朝战争的爆发，标志着新中国与西方国家的军事对抗，与美国关系进一步恶化，美国对中国的封锁和禁运步步升级，不但贸易管制扩大到所有产品，而且禁止美国船舶驶往中国，经美国港口驶往中国的第三国船舶也要得到美国政府批准。1951年5月，美国操纵联合国通过对中国“禁运”案，到1953年3月，对中国禁运的国家达到45个。

在这种国际环境下，新中国无法与西方资本主义国家发展正常的经贸往来，更无法从西方获得先进的技术和设备，因此新中国只能采取向苏联“一边倒”的政策，也就是在外交上将发展与以苏联为首的社会主义国家阵营的关系摆在首位，在经济上与苏联结盟并积极争取苏联和东欧国家的援助支持，发展与社会主义阵营国家的经济关系。

二、国内条件变化

新中国成立之初，国内面临着复杂严峻的局势。军事上，人民解放战争尚未结束，华南、西南、沿海岛屿等地区的战事仍在持续。经济上，国民经济处于崩溃状态，百废待兴。1949年，与旧中国最高年份相比，农业产值下降了两成以上，工业产值也持续下降，如生铁产量仅为最高时的13.9%。更为重要的是，当时中国是一个落后的农业大国，新中国成立初期，中国人口超过5亿，但人均收入只有66元，按当时汇率计算仅为18美元。[①] 农业

① 萧灼基：《中国经济概论》，经济日报出版社1992年版，第93页。

产值占工农业总产值的比重超过70%，工业内部以纺织、食品等消费品轻工业为主，重工业比重很低，只占工农业总产值的7.9%，重工业落后导致工业生产以手工方式为主，不但生产率低，而且可供出口的产品不多。

新中国成立后，一方面要积极应对新中国成立初期复杂的经济局面，另一方面也要着手建立社会主义经济制度。新中国成立初期，从省（市）到基层的人民政府新政权迅速建立，各行政机关有效运作，为恢复国民经济和社会秩序奠定了基础。这段时间，新生政权为稳定物价、统一财经和恢复经济采取了一系列斗争，如在城市开展了取缔银元的斗争；在全国范围内组织粮食、煤炭、棉布等重要产品的调运，保证市场供应，大力打击投机商；初步建立了新中国的国营经济；在1950年冬到1953年春，开展了大规模的土地改革运动等。同时，人民政府还废除了帝国主义利用不平等条约在中国取得的经济特权，包括收回了由帝国主义长期把持的中国海关。到1952年底，新中国用了三年左右的时间，基本完成了恢复国民经济的任务，工农业生产达到历史最高水平，这为下一阶段有计划的经济建设准备了条件。

1953年，在经济基本恢复、政治趋于稳定、社会较为安定的背景下，加快经济发展成为全国人民的一致要求，中国进入了大规模建设时期。1953年，党中央公布了过渡时期总路线。过渡时期是指从新中国成立到生产资料私有制的社会主义改造基本完成这段时间。过渡时期总路线包括建设和革命两项互相联系的基本任务，一方面要逐步实现国家的社会主义工业化，另一方面要逐步实现国家对农业、手工业和资本主义工商业的社会主义改造。

为实现工业化，当时中国选择的是通过高积累、优先发展重工业的发展模式，希望在短时间内建设一个较为完整的工业体系，将中国由落后的农业国转变为现代化工业国。选择重工业优先发展战略，既是短期内实现经济独立自主的需要，也有利于支持国防工业发展，同时也是当时很多发展中国家选择的普遍模式。在当时收入水平和积累率较低的情况下，要实现重工业优先发展，必须大规模投资和大幅提高积累率，但在私有制为主体的市场经济下，上述目标难以实现，这就要求对私有经济进行改造并实行计划经济体制，通过国家强制压低工业发展成本、引导资源投入工业部门、提高社会积累率，从而实现工业化目标。因此，工业化是过渡时期总路线的主体，而三大改造则是总路线的两翼。

在过渡时期总路线指引下，中国开始了第一个五年计划。在当时中苏关系密切的情况下，中国还有条件利用苏联的资金、技术和设备等，帮助实现重工业化发展目标，因此“一五”计划的重点是以苏联帮助中国设计的156个建设项目为中心、由限额以上的694个建设项目组成的工业建设。

“一五”计划推进顺利，完成或超额完成了计划目标。五年内全国完成投资550亿元，超过原来计划的15.3%；五年新增固定资产460亿元，相当于1952年底全国固定资产的1.9倍。五年内开工的规模以上项目921个，比计划增加227个。到1957年底，苏联帮助中国建设的156个建设项目有135个开工建设，其中68个全部建成和部分建成投入生产。整体来看，“一五”建设大大改变了中国工业的面貌，填补了汽车、发电设备、重型机器、电解铝等工业领域特别是重工业的空白，建立起较为完整的现代工业体系，提升了基础工业实力，大大加快了中国的工业化进程。

第二节　对外经济贸易思想和政策

一、建立新中国的对外经济贸易管理机构

新中国成立初期就着手建立自己的对外经济贸易机构以及体制和政策。1949年10月，中央人民政府任命了中央贸易部部长和海关总署署长，中央贸易部统一领导管理国内贸易和对外贸易。1952年8月，中央人民政府撤销了中央贸易部，新成立了中央人民政府商业部和对外贸易部，分别管理国内贸易和对外贸易。当时对外贸易部的职能包括：编制、检查和执行国家进出口贸易计划和对外贸易外汇收支计划；起草中国和有关国家的经济贸易和技术合作，负责与有关国家的谈判和签订、执行协议；起草和执行对外贸易的基本法规和海关管理法规；签发进出口贸易许可证等。

1950年12月4日，在政务院发布的《关于设立海关原则和调整全国海关机构的指示》中，提出了新中国海关设关的原则，即一反过去海关为服从帝国主义大量倾销外货并廉价吸取原料的经济侵略措施，滥行开放对外贸易，到处设立海关机构的方针，转为严格独立自主精神，根据国家经济情况需要，在应开放对外贸易的地方设立海关机构。根据这个指示，海关总署将原有的173处海关调整为70处，海关数量大大缩小，全国海关统一在海关总署领导之下。1949年10月，中央人民政府贸易部设立了商品检验处，并在上海、广州、天津、青岛等地设立了商检局和商检处，建立了独立自主的国家商检机构。1952年，对外贸易部成立后设立了商品检验总局，统一领导管理全国的进出口商品检验工作，地方也相应设立了商检局，接受中央人民政府对外贸易部和地方政府双重领导。

20世纪50年代初，西方国家开始对新中国实行经济封锁和禁运。1952年5月，国家设立了中国国际贸易促进会（以下简称“贸促会”），其成员由对外贸易企业、经济专家、法律专家、对外贸易工作者等组成。贸促会的主要任务是，密切与国外厂商和贸易团体的联系，加强相互了解，促进与世界各国的民间贸易团体交往，推动发展双边贸易。“一五”时期，贸促会先后邀请接待了英国、法国、意大利等十多个国家的工商界人士和团体来华洽谈贸易，并签订了许多贸易协议。

二、建立国家统制的对外经济贸易管理体制

1949年3月召开的党的七届二中全会，确定了全国胜利后逐步实现由农业国转变为工业国，由新民主主义社会转变为社会主义社会的总任务，其中“对内节制资本和对外统制贸易”是两项基本政策。新中国成立后，人民政府着手建立社会主义对外贸易制度。

第一，建立了国家统一管理的对外贸易体制。1950年12月，政务院会议通过了《中华人民共和国对外贸易管理暂行条例》，此后又陆续出台了一系列法令，形成了外贸管理的基本框架。例如，外贸活动由对外贸易部统一管理；中国经营进出口的公私企业和工厂，必须向所在地区的贸易

管理局申请登记；货物进口和出口，必须向贸易管理局申请许可证；除少数指定商品可采取易货方式外，大部分进出口商品须以结汇方式进行；等等。对外贸易管理部门统一运用贸易商品分类管理、进出口许可证、外贸企业审批、外汇管制、出口限价、保护关税、商品检验、查禁走私等贸易行政管理措施。新体制统一了全国对外贸易管理制度，改变了以往对外贸易“分区立法、分散管理”的状态，将全国对外贸易置于国家统一领导管理下，以独立自主地促进国民经济的恢复和发展，保证社会主义改造和社会主义建设的顺利进行。

第二，实行对外贸易计划管理体制。在1950～1952年国民经济恢复时期，贸易部就开始编制对外贸易计划概要。1953年对外贸易部成立后，设立了综合计划局负责管理全国各项对外贸易计划工作，并制定了1953年完整的对外贸易计划。这几年，中央贸易部（对外贸易部）通过各外贸专业总公司，对主要的外贸活动进行集中计划管理，各地的国营外贸公司的业务由中央掌握，地方不能干预，而外贸计划以苏联和东欧社会主义国家为重点。1953～1957年第一个五年计划时期，外贸计划借鉴了苏联的经验，计划的内容大大增加，除最重要的商品流转（包括收购、内销、出口、调拨、进口订货、到货、交货等）计划外，还包括外汇收支、运输、财务、商品流通费用等计划，显然这是一种与计划经济相适应的外贸管理体制。这段时间，外贸计划管理的特点包括：外贸计划实行“双轨制”，由对外贸易部指导省级外贸计划，专业外贸总公司指导省级外贸分公司计划，以专业外贸公司为主制定全国外贸计划；适应当时贸易主体多种经济成分并存的情况，采取了直接计划与间接计划相结合的外贸计划管理方式，其中国营外贸公司实行的是直接指令性计划，而私营外贸公司实行估算性的间接计划，1956年以后，对外贸易转为国营外贸公司集中经营，相应在全国实行了单一的直接计划管理；贸易实行许可证管理，即对外贸易部根据进出口计划，签发各专业公司的进出口许可证。

第三，设立国营外贸公司。1950年，对外贸易部设立了与社会主义国家进行贸易的中国进口公司，与资本主义国家进行贸易的中国进出口公司，以及畜产、茶叶、矿产等国营专业外贸公司，并设立和完善各地的分公司，至此国营外贸公司成为经营进出口的主体。利用国营贸易公司的方式，中央政府控制了对外贸易。但这个时期仍存在不少私营外贸企业，国家一方面对外贸领域的公私经营范围做了明确划分，另一方面对私营贸易企业采取行政管理加市场调节的管理方式，做到公私兼顾、区别对待。在国营贸易公司的财务管理方面，公司的流动资金由财政调拨，各公司在内部核算和平衡后，盈利上缴财政部，亏损也由财政部补贴，不但外贸公司不负责盈亏，而且出口的生产单位和使用进口物资的单位也同样不负责盈亏。显然，这是一种与计划经济相对应的、统收统支、统负盈亏的财务管理体制。

第四，对私营进出口商进行社会主义改造。新中国成立初期，全国共有私营贸易商4600多家，其经营额约占全国对外贸易的1/3，其中出口约占全国出口的一半。当时，对私营贸易商采取了利用、限制、改造的政策，即利用他们的特殊条件和积极作用，让他们经营部分对资本主义国家的进出口贸易，但也要限制他们的盲目经营、剥削和投机，并引导他们进行生产资料的社会主义改造。1953年，在提出过渡时期总路线之后，对外贸易部加强了对私营贸易商的限制和改造。例如，国营贸易公司加强对私营贸易商的领导，将后者的进出口活动纳入国家外贸计划；对私营贸易商的经营范围、货源、外汇审批、银行信贷等方面进行限制，国家规定对主要农副产品等实行统购统销和统一出口，私营贸易商不得自营一般商品的进口；通过代进代出、公私联营等方式，引导私营贸易商走社会主义道路。到1956年，对私营贸易商的社会主义改造基本完成，全国的进出口业务全部由国营外贸专业公司垄断经营，结束了不同所有制企业并存经营外贸的局面。

第五，建立了对外贸易的法律体系。这一阶段，外贸、海关等有关职能部门制定了一系列关于外贸企业、进出口商品管理、海关、外汇、商检、涉外仲裁等法律法规，形成了一套基本完整的对外贸易法律体系。

整体来看，到1957年“一五”计划完成时，中国逐步实行了指令性计划和统负盈亏相结合的对外贸易管理体制，全国的对外贸易活动由对外贸易部统一领导，出口业务由各国对外贸易专业公司统一垄断经营。

三、新中国成立初期的对外经济贸易思想和政策

1949年9月发布的《中国人民政治协商会议共同纲领》提出，“实行对外贸易的管制，并采取贸易保护政策”，确定了新中国成立初期对外贸易的体制基础和政策导向。20世纪50年代初，在过渡时期总路线确立工业化为核心的任务后，中央提出了对外贸易的目标，即根据进口需要、出口可能和外汇收支平衡的原则，积极地有计划地扩大内外物资交流，扶助国内工业、农业和副业生产的发展，集中力量为中国的社会主义工业化服务；在此基础上，适当地进口一些为恢复和发展轻工业、交通运输业、农业和广大人民生活需要的物资。

外贸管制是指主要用行政办法管理贸易活动，使进出口资源配置能直接体现国家意图。当时外贸管制既是高度集中计划经济的组成部分，也是工业化对外贸的要求，外贸管制能优先保障进口设备、工业原料等，符合重工业优先发展的要求。在新中国成立初期消费品进口需求很大的情况下，如果没有直接的外贸管制，很难为薄弱甚至是空白的国内工业部门配置进口资源。贸易保护则是限制全部或特定产业进口，以防范外国产品对国内产业的冲击。当时中国的贸易保护主要限制消费品、奢侈品等进口，一方面保护中国产业利益，发展独立自主产业，是国家行使主权的重要体现；另一方面也保证有限的外汇资源少投入到那些国内可以生产的产业中。相比之下，对于设备、技术等工业投资品不但没有限制进口，反而作为进口的重点。显然，新中国成立初期的贸易政策是一种管制下主动的开放政策。

为落实外贸发展目标，并考虑到当时存在进口需求旺盛而出口创汇能力不足的矛盾，外贸管制采取了“进严宽出”的政策。“宽出”就是把恢复和发展出口生产作为首要任务，凡是能出口的东西都可以出口，增加出口货源、提高出口质量、改变出口商品结构，支持扩大出口提高创汇能力。“进严”就是对进口严加管制，严格限制奢侈品、消费品、国内能生产产品等进口，将外汇优先换取国家建设所急需的进口工业设备等，这既节约了有限的外汇，也有利于加快国内工业体系建设，还起到保护国内产业的作用。

从具体政策看，一方面是在关税方面，对国内能大量生产的工业品或半成品征收高于进口产品价格与国内同类产品成本之间的关税；对奢侈品和非必需品征收较高关税；对国内不能生产或少量生产的设备、工业原料、粮食、化肥、医药品等征收较低关税或减免关税；对与中国签订贸易条约或协定的国家的进口产品征收正常税率的关税，其他国家征收较高关税；对政府鼓励出口的半成品和加工原料征收较低出口关税或免税。另一方面是严格合理使用外汇，以保证必须和急需的产品进口，如在外汇缺乏时，进口国内生产够用的产品等四种情况不批外汇，在外汇宽裕时则放宽尺度，组织私营贸易商进口。

在这个阶段，对外贸易还突破了西方国家的封锁和禁运。朝鲜战争爆发后，美国操纵英国、法国、日本等 36 国，对新中国采取了封锁和禁运政策，对中国经济造成了很大困难，中国与一些国家的贸易中断或大幅削减，禁运导致部分进口产品价格上涨以及出口西方国家的土产品滞销。为此，中国政府及时采取应对措施，既减少、降低损失，也争取保障必需的物资进口。例如，在美国禁运政策出台后，国家要求贸易公司和政府部门合作采取紧急措施，抢购抢运进口物资，发挥私营贸易商的作用，当时私营贸易商在与西方资本主义国家进口中占有约一半份额，美国禁运后，国家采取增加贷款、解决国内销路等措施支持私营贸易商进口，还组织它们联营以提升国际市场的议价能力；加强外汇管理，在美国对中国冻结资金后，中国人民银行连续调低外汇牌价，提高了人民币的对外购买力。与此同时，中国加强了同社会主义国家的经济合作，扩大对它们的贸易，在有利于中国社会主义建设的条件下，发展同东南亚各国和其他资本主义国家的贸易，以增加一些重要物资的进口。

第三节 对外经济贸易发展情况

一、进出口规模迅速增长

新中国成立后，中国对外经济贸易迅速恢复，进入了一个较快增长期。1950年初，中央人民政府贸易部召开了一系列出口专业会议和全国性的进口会议，有力地促进了进出口恢复，1950年的出口就基本达到了历史最高水平。1950～1956年，中国对外贸易呈现单数年份增长迅速、双数年份增速放缓的态势。1956年与1950年相比，外贸总额由11.35亿美元增加到32.08亿美元，年均增长18.9%；出口由5.52亿美元增长到16.45亿美元，年均增长20%；进口由5.83亿美元增长到15.63亿美元，年均增长17.9%。从贸易差额看，除1956年出现了0.82亿美元的顺差外，其余年份均为逆差，1951年逆差为4.41亿美元，相当于当年出口的58%，这表明当时中国有巨大的进口需求。贸易依存度大体稳定，1952年为9.5%，1956年为10.5%。另外，从国际份额看，这段时间中国出口增速高于全球平均水平，占全球出口比重由1950年的0.91%上升到1956年的1.58%。1950～1956年中国对外贸易的增长情况见表2－1。

表2－1　　1950～1956年中国对外贸易增长　　单位：亿美元

年份	总额	比上年增长	出口额	比上年增长	进口额	比上年增长	差额
1950	11.3	—	5.5	—	5.8	—	－0.3
1951	19.6	73.5	7.6	38.2	12	106.9	－4.4
1952	19.4	－1.0	8.2	7.9	11.2	－6.7	－3
1953	23.7	22.2	10.2	24.4	13.5	20.5	－3.3
1954	24.4	3.0	11.5	12.7	12.9	－4.4	－1.4
1955	31.4	28.7	14.1	22.6	17.3	34.1	－3.2
1956	32.1	2.2	16.5	17.0	15.6	－9.8	0.9

资料来源：根据国家统计局年度数据计算整理。

二、出口以农副产品为主，进口以生产资料为主

新中国成立初期，中国是一个经济落后的农业国，农业在经济中的比重超过一半，工业基础薄弱，加工能力不强。1952年，农业占GDP的比重为51%，工业仅为21%。中国这个阶段的出口结构以农副产品为主，主要出口产品包括大米、大豆、食用油、肉类、桐油、煤、猪鬃、皮毛、丝绸、茶叶等。随着工业化进程的加快和工业体系的初步建立，一方面工业品

出口比重逐渐增加，农副产品出口比重下降；另一方面工业品中，工矿等重工业产品出口比重上升，纺织、食品等轻工产品出口比重逐步降低。1950年，农副产品占出口的比重为57.6%，工业品为42.4%，其中又以农副加工品为主，比重高达33.2%，工矿产品出口比重还不到10%。到了1956年，农副产品出口比重下降到42.6%，工业品比重大幅增加到57.4%，其中工矿产品比重增加到26.1%。1950～1956年中国出口商品构成情况见表2－2。

表2－2　　1950～1956年中国出口商品构成

年份	出口额（亿美元）	农副产品		农副加工品		工矿产品	
		金额（亿美元）	比重（%）	金额（亿美元）	比重（%）	金额（亿美元）	比重（%）
1950	5.52	3.18	57.6	1.83	33.2	0.51	9.2
1951	7.57	4.13	54.6	2.38	31.4	1.06	14.0
1952	8.23	4.88	59.3	1.88	22.8	1.47	17.9
1953	10.22	5.69	55.7	2.65	25.9	1.88	18.4
1954	11.46	5.53	48.3	3.18	27.7	2.75	24.0
1955	14.12	6.51	46.1	4.01	28.4	3.6	25.5
1956	16.45	7.01	42.6	5.15	31.3	4.29	26.1

资料来源：《中国对外经济贸易年鉴》编撰委员会编，《中国对外经济贸易年鉴（1984）》，中国对外经济贸易出版社1984年版。

在进口商品结构方面，中国以工业领域的机械设备和工业原材料为主，生活资料进口比重不大。新中国成立初期，中国工业基础薄弱，又急需发展工业、建立工业体系，因此进口了大量机械设备和钢铁、化工产品等工业原材料。1950年，生产资料占进口比重为83.4%，此后该比重逐渐上升，到1956年已上升到91.6%，而同期以消费品为代表的生活资料进口比重逐步下降。这期间的主要进口产品包括机床、工程机械、工具、五金材料、金属器材、橡胶、化肥、化工原料、船舶、汽车及零部件、农用机械、医疗器械、西药等。生产资料内部的进口结构也发生很大变化，机械设备所占进口比重持续上升，由1950年的22.5%猛增到1956年的53.6%，这表明随着工业化进程特别是“一五”计划的启动，中国对国外先进机械设备的需求不断增长。1950～1956年中国进口商品的构成情况见表2－3。

表2－3　　1950～1956年中国进口商品构成

年份	进口总额（亿美元）	生产资料						生活资料	
				机械设备		生产原料			
		金额（亿美元）	比重（%）	金额（亿美元）	比重（%）	金额（亿美元）	比重（%）	金额（亿美元）	比重（%）
1950	5.83	4.86	83.4	1.31	22.5	3.55	60.9	0.97	16.6
1951	11.98	9.74	81.3	4.21	35.1	5.53	46.2	2.24	18.7
1952	11.18	9.99	89.4	6.22	55.6	3.77	33.7	1.19	10.6
1953	13.46	12.4	92.1	7.62	56.6	4.78	35.5	1.06	7.9
1954	12.87	11.88	92.3	6.97	54.2	4.91	38.2	0.99	7.7
1955	17.33	16.26	93.8	10.88	62.8	5.38	31.0	1.07	6.2
1956	15.63	14.32	91.6	8.37	53.6	5.95	38.1	1.31	8.4

资料来源：《中国对外经济贸易年鉴》编撰委员会编，《中国对外经济贸易年鉴（1984）》，中国对外经济贸易出版社1984年版。

三、贸易伙伴的关系变化

新中国成立初期，新中国与西方资本主义国家存在很强的产业和贸易互补关系，后者既是中国农副产品等的主要销售市场，也是设备、工业原材料进口的主要来源地，因此它们是当时中国的主要贸易伙伴。相比之下，广大亚非拉发展中国家与中国发展阶段相似，资源禀赋、产业结构类似，双方贸易潜力有限。这一时期，中国实现了贸易重心由资本主义国家向社会主义国家的转移。

新中国成立初期采取了向苏联“一边倒”的方针，有意识地调整对外贸易的地理方向，加强了与以苏联为首的社会主义国家的贸易往来。1950年，中、美两国经贸关系尚未中断，中国与美国及西方资本主义国家的贸易仍保持在较高水平，当年中国与西方资本主义国家的贸易比重高达40.3%，超过了苏联和东欧国家31.9%的比重，但与苏联的贸易额已超过美国跃居第一位。抗美援朝战争爆发后，美国等西方国家对中国实施封锁禁运，中美贸易基本中断，与其他西方资本主义国家的贸易也受到重大影响。为应对西方国家的封锁，中国政府进一步扩大与苏联和东欧社会主义国家的贸易，将受封锁禁运前从西方国家的进口转为从苏联和东欧国家进口。1951年开始，中国贸易伙伴发生了很大变化。1951年，中国与西方资本主义国家的贸易比重骤然下降到6.6%，其中，与美国的贸易比重由上年的21%下降到0.4%。与此同时，中国与苏联和东欧社会主义国家的贸易比重有较大上升，1951年即上升到52%，1955年进一步增加到71.9%。应该看到，这一时期中国与社会主义国家贸易比重大幅增加，与资本主义国家贸易比重明显下降，是在封锁禁运状态下被迫形成的特殊结构。

（一）与苏联和东欧国家的对外经济贸易联系

在新中国成立前，与苏联的贸易比重仅占3%~6%左右。而20世纪50年代，苏联成为中国最大的贸易伙伴，是中国的外交关系决定的。1950年2月签署的《中苏友好同盟互助条约》规定，苏联以优惠利率向中国提供3亿美元的贷款，用于中国向苏联购买设备和器材，此后几年又陆续签订了一批新的贷款协议。1951年4月，中、苏两国政府签订了《中苏贸易协定》，这是新中国历史上第一个贸易协定。《中苏贸易协定》规定，中苏贸易采取易货记账结算方式，不用支付现汇，每年两国政府签订换货和付款议定书，并附有进出口货单。1953年，苏联承诺援助中国建设156个大型建设项目，包括钢铁厂、冶金厂、炼油厂、汽车制造厂、机械制造厂等，这些工业项目主要集中在重化领域，填补了中国很多薄弱的工业生产领域，提升了中国工业化水平，也是中国"一五"计划的核心。50年代前期中苏贸易发展迅速，1950年中国对苏联的贸易比重为29.8%，到1955年增加到56.9%，即中国当时一半多的贸易是与苏联进行的，其中从苏联进口的约六成是成套设备和军品。这个阶段，波兰、匈牙利、民主德国、捷克斯洛伐克等东欧国家也成为中国重要的贸易伙伴。1950~1956年中国对外贸易情况见表2-4。

表2-4　1950~1956年贸易伙伴占中国对外贸易的比重　单位：%

年份	苏联和东欧国家	西方资本主义国家	港澳地区	亚非拉发展中国家
1950	31.9	40.3	14.4	13.3
1951	52.0	6.6	31.9	9.5
1952	70.7	3.9	15.7	9.7
1953	68.0	11.8	12.2	7.9
1954	71.7	9.2	9.0	10.1
1955	71.9	11.6	6.0	10.4
1956	63.7	14.9	6.2	14.5

资料来源：石广生主编，《中国对外经济贸易改革和发展史》，人民出版社2013年版，第64页。

（二）与西方国家的对外经济贸易联系

这段时间，中国和西方国家的贸易在经历了大幅下降之后有所恢复。新中国成立前，美国是当时最重要的贸易伙伴，1949年中国与美国的贸易比重高达24.4%，位居各国之首。新中国成立后，中美贸易没有立即受到很大影响，1950年中美贸易还略有增加，但美国对新中国采取了敌视政策，美国宣布对战略物资采取特别许可证管理，受影响的主要是包括中国在内的社会主义国家，甚至中国的香港、澳门也被列入特别许可证管理的地区，以防战略物资经港澳转口到内地；后来，美国又操纵巴黎统筹委员会将对苏东国家的禁运清单适用于中国。朝鲜战争爆发后，1950年12月美国宣布，美国生产和转运到中国内地及港澳地区的物资，都需要领取特别许可证；全球范围内的美国船舶和飞机，均不得运输苏东国家和中国内地及港澳地区的战略物资；管制中国产品进入美国；美国船舶不得停靠中国港口；运货到中国内地和港澳地区的外国船舶，在进入或经过美国港口时均须检查，如果没有特别许可证，物资将被就地截留。1951年，美国操纵联合国通过对中国、朝鲜的禁运提案，并通过巴黎统筹委员会推动西方国家对实施中国全面封锁、禁运。在美国对中国实施全面禁运后，中美贸易断崖式下降，中国与美国的直接贸易在1952年以后完全中断。

这段时间，中国与西欧国家的直接贸易虽也受到很大影响，但中国利用各种途径，积极推动与西欧国家的民间贸易，使双方贸易没有出现大幅下降。例如，1952年莫斯科会议期间，中国代表团与英国、法国、联邦德国等国家的工商团体和企业签订协议；1953年7月，在东柏林设立中国进出口公司代表处，成为中国与西欧国家开展民间贸易的“窗口”；1954年，中国第一个贸易代表团访问英国，中国与西欧国家签订了许多民间贸易协议或合同。整体来看，中国与多数西欧国家的贸易从1953年开始恢复。

中国与日本的贸易关系也与之类似，形成了以民间为主的贸易联系。抗美援朝战争爆发后，日本也对中国采取封锁禁运政策，两国贸易基本中断，双方贸易由1950年的4719万美元下降到1952年的440万美元。中方为突破封锁禁运限制，主动利用中国国际贸易促进委员会（以下简称“中国贸促会”）的平台，与日本贸易促进团体先后签订了四次贸易协议，在推动民间贸易发展方面进行了积极尝试。例如，1952年，中国贸促会与日方日中贸易促进会代表签订了第一次中日民间贸易协议，规定双方各出口3000万英镑的货物，虽然后来由于日本和美国政府的阻挠，协议只完成了计划的5%，但在日本国内引起了热烈反应，迫使日本政府于1953年起放宽对中国的贸易“禁运”。1954年，中日关系出现正常化迹象，日本国会通过了促进日中贸易和邀请中国代表团访日的决议，中国贸促会代表签署了第三次中日民间贸易协定，该协定不但执行情况较好，而且推动双方互设展览会。1954年开始，中日贸易逐渐恢复，到1956年双方贸易额增加到1.28亿美元，约为1950年的3倍。

（三）与发展中国家的对外经济贸易联系

在20世纪50年代初期，中国与大多数发展中国家经济缺乏互补性，很多发展中国家尚未独立或刚刚独立，外交和经济自主性不强，因此中国与发展中国家的贸易比重不高。当时，中国与朝鲜、越南等国的贸易和援助关系比较重要。早在解放战争时期，中国的华北、东北解放区就与朝鲜建立了经贸关系。在抗美援朝时期，中国通过经济援助和贸易渠道向朝鲜提供了大量物资，三年累计向朝鲜出口8745万美元，其中8053万美元的顺差无偿赠予朝鲜；朝鲜战争结束后，双方经贸关系稳步发展，但朝鲜尚处于经济恢复时期，出口物资不多，中国向朝鲜提供了8亿元的无偿援助，1956年两国贸易为6850万美元。中国与越南在1951年建立了政府间贸易关系，在1951~1954年越南抗法战争时期，中国与越南的贸易规模不大且主要为中国单方出口，帮助解决越南人民的战时急需，1953年双方贸易额仅为352万美元。越南抗法战争胜利后，中越贸易增长较快，1956年达到4792万美元，但双方贸易很不平衡，中方出口超过4000万美元，在贸易产品结构方面，中国出口主要是针织品、棉布、牙膏、肥皂等轻工日用品以及少量的小型机器、卡车等，进口主要是茶叶、咖啡、木材等农产品和初级产品。

新中国成立初期，其他一些亚洲发展中国家也与中国进行了贸易合作。1950年，印度、巴基斯坦、印度尼西亚等与中国建立了政府间的双边贸易关系，缅甸、泰国、菲律宾、马来西亚、伊朗等则与中国保持民间贸易往来。朝鲜战争爆发后，印度尼西亚、泰国、菲律宾等迫于美国压力对中国“禁运”，与中国中断了贸易往来。但此后国际市场橡胶过剩、大米短缺，锡兰（今斯里兰卡）、印度尼西亚两国先后不顾美国“禁运”压力，与中国签署大米、橡胶政府间贸易协定。其中，在中国与锡兰的米胶贸易中，中国以高于当时市场行情的价格进口锡兰橡胶，并从国内调剂大米出口满足锡兰急需。

20世纪50年代前期，多数非洲国家尚未政治独立。1950年，中国仅与非洲的埃及和摩洛哥有贸易关系，但规模很小；1953年，中国与埃及和摩洛哥的贸易额只有1156万美元。中国与拉丁美洲距离遥远，双方贸易更低，1950年中拉贸易额为196万美元，后来一些拉丁美洲国家在美国压力下对中国“封锁、禁运”，到1952年双方贸易基本降到零。

（四）与港澳地区的对外经济贸易联系

新中国成立后，内地与港澳地区的贸易关系比较特殊。一方面，港澳地区居民生活所需的鲜活产品和部分日用品，如肉类、禽类、蔬菜、水果等，主要依赖内地供应；另一方面，港澳地区与西方国家有着密切的联系，有条件成为中国与西方国家联系的一扇窗口，因此内地对发展港澳地区的贸易非常重视。新中国成立后，中央将对港澳地区的出口供应作为一项政治任务，1954年，中央人民政府对外贸易部确定了对港澳地区的贸易方针，强调要像保证内地大城市的供应一样，长期稳定供应港澳地区，并积极扩大对港澳地区的出口和经港澳地区转口到东南亚的贸易。这个阶段，内地通过香港地区向一些对中国内地进行贸易限制的国家转销商品，也从西方国家进口了一些禁运物资，对于突破西方国家的禁运、封锁发挥了积极作用，特别是在禁运刚开始的1951年，港澳地区与内地的贸易额由1950年的1.51亿美元猛增到6.12亿美元，在内地贸易占比由14.4%增加到31.9%。此后，美国对中国内地的禁运措施也波及港澳地区，导致内地通过港澳地区的转口贸易受到很大影响，1952年开始，内地与港澳地区的贸易有所下降，基本维持在2亿多美元的规模；1954年，香港地区对内地的出口由原来的第一位下降到第五位。

四、国营公司成为对外经济贸易的主体

国民经济恢复时期，中国实行的是国营经济领导下的多种经济成分并

存的经营体制。当时的贸易企业按经济类型划分为国营、私营、公私合营、合作社经营等几类，以国营和私营为主。国营贸易企业又包括中央国营和地方国营，私营贸易企业包括华商经营、外商经营、中外合营。私营贸易商具有较多资本和过去积累的国际贸易渠道，因此在新中国成立初期，国家允许私营贸易企业经营，并与国营贸易企业分工协作发展对外贸易，但私营贸易企业的主要贸易对象基本限制在资本主义国家。此后，随着中国对外贸易管制的实施，国营贸易公司不但统一经营对社会主义国家的贸易，而且逐步统一了对资本主义国家重要物资的进出口。在西方国家对中国实行封锁、禁运后，中国与资本主义国家的对外贸易大幅下降，私营贸易企业生存空间受到很大压制，加之 1953 年开始对私营外贸企业进行社会主义改造，到 1956 年，私营外贸企业已经不复存在了。1950 年，国营企业贸易占全部贸易的份额为 58. 4%，私营企业占 31. 6%，而到 1951 年，国营贸易的比重跃升到 84. 7%，1955 年进一步增加到 99. 2%，到 1956 年则全部为国营贸易。[①]

第四节　对外经济贸易评价

一、计划贸易体系是重工业优先发展战略的组成部分

第一，对外贸易服务于重工业优先发展目标。在国民经济基本恢复后，1953 年以“一五”计划为标志，中国开始着手建立计划经济体制，其重要目的是实现重工业优先发展战略。重工业优先发展是发展中国家工业化的一种方式，按其设想，重工业优先发展是要建设一套以重工业为主、生产资料或投资品优先生产的工业体系，它比其他方式更能加速工业化进程、建设现代工业体系、追赶西方先进国家。但当时中国是一个落后的农业国，缺资金、缺设备、缺技术，一方面国内人均收入很低，收入多用于消费，储蓄很少，难以支撑重工业化要求的高积累率；另一方面中国

① 沈觉人主编：《当代中国对外贸易》，当代中国出版社 1992 年版，第 11 页。

也缺乏重工业基础和技术，因此通过市场机制很难实现重工业优先发展的目标。实行计划体制，就是要用指令性计划、价格管制等方式，强制性地压低消费、提高积累，把资源要素投向重工业生产领域，短期内形成重工业体系，提高国家的未来生产能力。在这个阶段，对外贸易是为重化工业优先发展服务的，重点解决缺设备、缺技术的问题，因此进口有助于重工业化的投资品和原料等是对外贸易发展的重点。这段时间的对外贸易也具有进口替代的特征，通过指令性计划等进口限制形成了进口的高壁垒，最先替代的是原来大量进口的消费品。在当时与苏联和东欧国家关系良好的情况下，中国也具备通过进口先进设备、技术等加快重工业化的有利条件。

第二，建立独立自主的对外贸易体系。旧中国是被迫对外开放的，对外贸易严重缺乏自主性，海关、口岸、关税、外汇、金融、运输等对外贸易关键部门和环节都被帝国主义把持，对外贸易的产品结构、地理结构、进出口价格等在很大程度上是由帝国主义和官僚资本集团垄断控制的。旧中国大部分时间实施的是自由贸易政策，在当时以农业为主的经济结构下，中国不但是西方国家倾销产品甚至是过剩产品的市场，而且为西方国家提供了大量的初级产品。虽然旧中国的外贸在弥补消费缺口、调剂产品余缺方面发挥了一定积极作用，但在推动旧中国工业化方面没有起到作用，这种体系更不可能实现新中国重工业优先发展的目标。新中国成立之后，用了较短的时间就取消了帝国主义在这方面的特权，彻底改变了对外贸易依附于帝国主义和官僚资本的局面，人民政府将对外贸易管理权和对外贸易活动都牢牢掌握在自己手中。因此，新中国独立自主的对外贸易，不但是政治上独立自主、经济上自力更生在对外贸易领域的体现，而且有条件根据国内发展目标特别是重工业优先发展目标的需要，建立起一套新的对外贸易管理制度体系，是一种主动的对外开放。

第三，建立了外贸计划管理体系。新中国成立初期，人民政府就确立了“对外的统制贸易”方针，并依此着手建立起一套全新的、集中的外贸计划管理体系。主要包括：对外贸易计划由中央和地方共同编制，上级直接指导下级计划编制；国营外贸公司逐步成为对外贸易的主体，成为外贸计划的主要执行者；对大部分外贸货物实行统购统销；外贸实行许可证管理，根据外贸计划签发许可证；外贸财务收支由中央财政负责，外贸公司不负责盈亏；对社会主义国家主要采取易货贸易和非货币结算等方式进行交易。外贸计划管理体制的核心由外贸计划、国营贸易、统购统销、中央负责财务收支“四位一体”组成：外贸计划直接确定进出口产品的数量、流向等；外贸统购统销可以保证进出口产品纳入计划管理渠道；国营外贸公司不以营利为目的，能够履行外贸计划；中央负责收支则使价格仅反映为进出口产品、成本等的记账工具，不具备调节供求的作用。同时，外贸计划作为国民经济计划的一部分，与其他计划，如生产计划也有很好的衔接，如生产产品有多大比例用于出口。1956 年社会主义改造完成之后，外贸完全由国营企业经营，外贸计划也成为指令性计划，至此国家通过高度集中的计划手段配置外贸资源，出口进口什么、出口进口多少、从哪里进口向哪里出口等，都由国家外贸计划确定，直接体现国家意志，服务于国家目标。

第四，用计划手段配置贸易资源。计划和市场都是配置贸易资源的手段。实行计划贸易并不是搞经济封闭，不意味着关上对外经济交往的大门，事实上在建立计划贸易体制的同时，新中国贸易规模增长较快，对外开放程度提高，对外贸易在国民经济中发挥了很大作用，因此新中国成立初期经济仍是比较开放。计划贸易也不等同于贸易保护，在 20 世纪 50 年代，虽然国际上自由贸易渐成趋势，但大多数国家仍有较高的贸易壁垒，很多实行市场经济的国家通过高额关税和非关税壁垒实施贸易保护。在这个阶段，中国采取的是贸易结构政策而非简单的贸易保护政策。只有当计划贸易限制产品进口时，才能称之为贸易保护。从进口来看，进口促进与进口限制并举，进口促进主要针对中国短缺、有利于提高积累率和工业化的投资品，包括进口机器、工业器材、原料、其他重要物资和技术等，这类产品进口大大增加，显然不属于贸易保护；而进口限制则主要针对中国可以生产、不利于提高积累率的消费品，这类产品进口有较大减少，具有贸易保护的特征，但当时中国限制消费品进口的主要目的是压低消费率，保护国内消费品产业不是主要目的。在出口方面，中国主要采取的是出口促进的“宽出”政策，并且扩大出口的主要目的是增加创汇，仍是为增加进口服务的。此外，当时中国为弥补国内资金和外汇缺口，也积极利用苏联和东欧国家的援助，开辟了新的外资来源。这一时期，中国的结构性贸易政策主要是通过外贸计划实现的，它可用行政手段直接决定进出口，调整贸易结构更为直接有效，中国虽然也有关税、许可证等间接贸易调控手段，且关税整体水平较高，但它们在进出口中仅起到次要作用。

第五，汇率在调整进出口结构方面有重要作用。对外贸易是两国之间的产品交换，在市场贸易条件下，进出口价格由国际市场价格决定，也就是国内价格乘以汇率。这一时期，中国与西方资本主义国家的贸易依据国际市场价格，与苏联和东欧国家的贸易也要参考国际市场价格。但在计划经济体制下，国内价格是管制的，不能反映供需关系和成本，如为支持工业发展，国内农产品、初级产品、生活必需品等定价较低，工业消费品定价较高。汇率在为工业化目标服务方面也起到重要作用。在计划经济时期，中国汇率水平由政府确定，并采取高估人民币汇率政策，这样一方面压低了进口设备等的国内价格，降低了工业化成本；另一方面也提高了出口产品价格，既缩小了与国际市场的价格差距，也有利于扩大出口创汇。

二、新中国成立初期对外经济贸易在恢复国民经济中发挥了积极作用

第一，摆脱了旧中国不利的国际分工地位。新中国成立前，在当时发达国家主导的“中心—外围”国际分工体系中，旧中国明显处于“外围”地位，以廉价的资源性产品交换高价的工业制成品特别是消费品，而帝国主义和官僚资本的控制使得不利的贸易条件更加恶化。新中国成立后，很短时间内就构建了独立自主的外贸体系，对外贸易的产品结构、地理流向、贸易主体结构、贸易方式等发生了天翻地覆的变化，彻底改变了外贸依附和服务于帝国主义国家的情况。例如，新中国成立前进口中，烟酒、化妆品等发达国家过剩的消费品进口较多，机器设备等投资品很少进口；而新中国成立后，消费品进口大幅减少、奢侈品进口基本绝迹，取而代之的是投资品等生产资料进口。进口由消费品为主转向投资品为主的结构变化，将提高未来的国内工业品生产能力，有助于改变以资源产品交换工业

品的贸易格局，摆脱“外围”分工地位。

第二，在国民经济中发挥了积极作用。1950～1956年，中国对外贸易发展较快，年均贸易增长率为18.9%，是改革开放前对外贸易增速最快的一个时期。从新中国成立到社会主义改造完成，可以划分为两个阶段，对外贸易在其中都发挥了积极作用。新中国成立初期，国民经济的首要任务是稳定经济，为此，中国既进口了机械设备和原材料，如进口汽车、起重机、拖拉机、有色金属等，以恢复工农业生产，同时也进口了一些生活必需品，消费品占进口比重约为两成，以增加市场供给和稳定物价，保证了新生政权的稳固。1953年“一五”计划开始，国民经济发展的重心开始转向重工业优先发展，机器、设备等资本品和生产资料进口进一步增加，消费品进口比重下降到不足一成。由于中国出口能力不足，虽然采取了鼓励出口创汇的政策，但仍连续几年出现了较大规模的贸易逆差，这个时期中国利用苏联等国家的优惠贷款和援助实现了国际收支平衡。通过扩大进口，中国重工业优先发展取得了明显进展，中国在短期内弥补了资金、技术缺口，工业生产能力大大提升。这表明，对外开放和对外贸易在中国20世纪50年代的工业化进程中发挥了非常重要的作用。

第三，计划贸易是计划经济的重要组成部分。如前所述，旧中国和新中国成立初期，中国经济的对外开放程度都较高，但这两个时期对外贸易在国民经济中的作用却表现迥异。旧中国，帝国主义向中国市场倾销大量消费品，但很少向中国出口机械设备、原料等工业投资品，导致旧中国的贸易条件恶化，用越来越多的本国初级产品换取国外的工业品，不但没有帮助中国建立工业体系，而且还压缩了中国民族工业的生存发展空间。新中国成立后，进口结构发生了很大变化，工业投资品迅速取代消费品成为进口的主要产品，新中国用较短的时间就建立起一套比较现代化的工业体系。比较一下这两个时期，虽然中国对外贸易都符合用初级产品交换工业制成品、符合比较优势的基本规律，但进口的具体工业产品差别很大，旧中国以消费品为主，新中国则以投资品为主。这主要是由不同的贸易体制和贸易主体决定的。旧中国名义上是实行市场贸易体制和自由贸易政策，而实际上贸易被帝国主义和官僚资本所控制，基于贸易一般规律和帝国主义国家的利益最大化目标，旧中国的进口必然以消费品为主。而新中国建立了计划经济体制，对外贸易体制是计划经济体制的组成部分，并与国民经济计划相衔接，通过计划体制用行政方式将国内资源优先配置到重化工业部门，而计划贸易决定了进出口的规模和种类，并通过国有贸易机构加以实施，因此，进口必然以投资品为主。

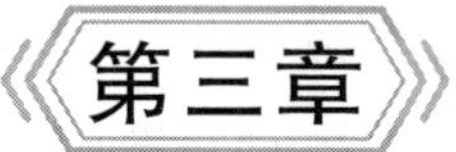

第三章

计划经济时期的对外经济贸易发展*（1957～1965年）

20世纪50年代末，在“大跃进”等思潮影响下，中国对外贸易提出了不切实际的高目标，出现了较大反复和波动。60年代初期，中国和苏联关系恶化，国内经济面临严重困难。在对外贸易方面，中国除继续面临美国等资本主义国家的封锁、禁运外，与苏联和东欧社会主义国家的贸易也大大下滑，加之受自然灾害影响等原因导致出口能力下滑，对外贸易出现了严重下滑，在国民经济中的作用也大大削弱了。

第一节 国内外环境发生的新变化

一、国际环境变化

20世纪50年代末，在美苏关系缓和的背景下，中苏关系出现了重大调整，双方在双边关系和民族利益中的矛盾开始显现。1957年中苏两党在“和平过渡”问题上出现不同看法，1958年中苏在建设长波电台和联合舰队问题上出现争论，此后双方又对另一方的国内和外交政策出现了分歧。1959年6月，在美苏领导人会谈前夕，苏联政府单方面撕毁了中苏双方签

* 如无特别说明，本章数据均来源于历年《中国统计年鉴》。

订的国防新技术协定。1960 年，苏联政府突然单方面撤回在中国工作的专家，并撕毁了两国政府签订的 12 个协定，减少了对中国供应的大量成套设备和关键部件，这对当时中国的经济建设造成了重大损失，至此，中苏关系全面恶化。与此同时，以美国为首的西方资本主义国家仍继续对中国实施封锁、禁运。

二、国内环境变化

（一）“大跃进”引发的经济困难期（1958～1962 年）

1956 年 9 月召开的党的八大正式通过了《关于发展国民经济的第二个五年计划建议的报告》，明确提出了“二五”计划的基本任务，主要包括：继续进行以重工业为中心的工业建设，推进国民经济的技术改造，巩固中国社会主义工业化基础；继续完成社会主义改造，巩固扩大集体所有制和全民所有制；在发展基本建设基础上，进一步发展工业、农业和手工业生产，相应发展运输业和商业等。显然，“二五”计划的核心是继续推进重化工业建设，巩固社会主义工业化的基础。当时提出的 1958～1962 年经济主要指标，包括工业总产值增长一倍，农业总产值增长 35%，基本建设支出占全部财政收入的比重由“一五”时期的 35% 增长到 40% 等。

党的八大以后，中国社会主义经济建设进展较快，党内许多人认为经济建设的速度可以更快一些。1958 年 5 月，中共中央提出了“鼓足干劲，力争上游，多快好省地建设社会主义”的社会主义建设总路线、“大跃进”和人民公社。1958 年 8 月，中共中央提出，在“二五”计划期间完成社会主义建设，为向共产主义过渡创造条件，1962 年建成强大、独立、完整的工业体系，在若干重要产品产量方面超过英国赶上美国；“二五”计划目标也大大提高，如农业总产值增长由原来的 35% 提高到 2.7 倍，钢产量由 1000 余万吨提高到 8000 万吨。

此后，“大跃进”运动迅速展开，农村开始大办人民公社，这大大挫伤了农民的生产积极性。更重要的是，“大跃进”运动造成了国民经济比例的严重失调，加之中苏关系恶化和自然灾害，农业、工业大幅减产，连续出现财政赤字，人民生活遇到很大困难。1958～1962 年，是新中国历史上经济最差的五年，国内生产总值年平均增速为-2%，农业总产值年平均增速为-4.3%，财政收入年均增长0.2%。其中，在“三年经济困难时期”，1960年国内生产总值零增长，1961年和1962年国内生产总值连续出现了27.3%和5.6%的负增长；粮食产量由1958年的19766万吨减少到1961年的13651万吨，人民生活极其困难。

（二）国民经济调整期（1962~1965年）

随着国民经济的恶化，“二五”计划已不能完成，国家决定对国民经济进行调整。1960年9月，中共中央提出了国民经济“调整、巩固、充实、提高”八字方针，主要内容是：调整国民经济各部门比例关系，主要是农轻重、工业内部、生产与基建、积累与消费的比例关系，适当控制工业特别是钢铁工业的发展速度，使国家建设和人民生活统筹兼顾，调整是“八字方针”的核心；巩固已经取得的经济建设成果；充实以工业品为原料的轻工业和手工业生产；提高产品质量，改善企业管理，提高劳动生产率。

“八字方针”提出后，中国开始对国民经济作出全面调整。第一，调整农村生产关系，恢复和发展农业生产。1960年11月，中央要求全党努力纠正“共产风”，重申“三级所有，队为基础，是现阶段人民公社的根本制度”；彻底清理“一平二调”；允许社员经营少量自留地和小规模家庭副业；坚持按劳分配原则；恢复农村集市等。同时，国家大力支持农业发展，一方面压缩农村水利建设规模、精简农村文教等事业，减轻农民负担、充实农业劳动力；另一方面增加农业物资和资金投入，提高粮食等农产品收购价格，促进农业生产恢复和增加，提高农民收益。第二，收缩基本建设战线，压缩重工业生产。各地区、各部门停建缓建了一大批正在施工的建设项目，国家也大幅缩减了投资，使基本建设规模与当时国家的财力物力状况相适应。重工业生产的调整，主要体现在有计划地降低了钢铁、冶金、机械、建材等工业部门的发展速度。缩短基本建设战线，缓和了财政和物资供应的紧张状况，加快扭转了国民经济比例失调的局面。第三，部分工业企业关停并转，精简职工和减少城镇人口。对那些缺乏原料材料、消耗过多、质量低劣、长期亏损的企业，区分情况，分别停止生产、暂时关闭、企业合并或转产。这改变了工业生产战线过长的情况，1962年全国工业企业数量降低到19.7万个，比1959年减少了38%，对保留下来的企业也进行了整顿。1961年，国家精简了“大跃进”时期来自农村的新职工，动员他们回家乡参加农业生产，到1961年中，全国共精简职工1997万人，减少城镇人口2600万人，这有力地加强了农业生产，减少了工资开支和粮食销售。第四，减少财政赤字，稳定市场。在连年出现财政赤字、市场不稳的情况下，国家出台了一系列措施，包括增加日用工业品产量，增加商品供应，减少企业亏损，以提高财政收入；压缩基本建设投资、国防费用以及其他事业费支出，以减少财政支出；在保证生活必需品供应和价格基本稳定的同时，为回笼货币，对纺织服装、自行车、钟表、茶叶、糖果糕点等消费品实行高价政策。第五，党和政府加强了对经济工作的集中统一管理，1961年中央提出将经济管理权集中到中央、中央局和省级。

1962年，国民经济调整工作取得了明显进展，国民经济最困难的时期已经结束。1963年2月的中央工作会议提出，将“八字方针”再贯彻两到三年的时间，并增加了一些内容，如更新一批设备、改善企业经营管理等。1963年起，国内生产总值开始正增长，1963～1965年，国内生产总值年均增长15.1%，到1965年，原定的调整任务基本完成，国民经济发展进入了新阶段。

第二节　对外经济贸易发展的思想和政策

一、“大进大出”的对外经济贸易政策及其反复

在“大跃进”时期，对外经济贸易的指导思想和政策出现过几次较大的反复。为实现“二五”时期重工业为中心的工业化目标，对外贸易要有计划地组织物资出口，换取国家建设所需的设备、原材料进口，中央关于“二五”计划建议提出的对外贸易中心任务是：充分发掘一切潜力，大进大出，大力满足国家建设的需要，积极支持工农业生产“大跃进”。随着“高指标”和“浮夸风”的蔓延，对外贸易也提出了脱离实际的高指标。1958年2月，对外贸易部提出了“大进大出”的口号，即“出口上要多收购、大出、快运、多收汇，进口上要大买、快买、快运、快交货、节约

外汇”。但从后来的实际情况看，外贸“大进大出”存在严重问题，如为了完成高指标，出现了多头对外、自相竞争和进口高价抢购、出口低价竞销的情况，甚至买回国外低劣滞销的产品，导致贸易秩序混乱，高度集中的对外贸易计划体制受到很大冲击，不但导致国内经济损失，而且在国际上也造成了不好的影响。

为应对“大进大出”暴露的问题，中央进行了一系列调整。一是1958年8月，中央强调对外贸易工作必须严格执行统一对外的原则，除对外贸易部所属各总公司及分公司外，任何地方和机构都不得从事对外贸易，主要商品由外贸总公司统一对外成交，其他商品的对外成交价格也由外贸总公司掌握；在外汇方面，规定国家对外贸易外汇实行统一管理和重点使用。显然，这些政策强化了中央对外贸的计划管理。二是1958年12月，周恩来在外贸部口岸局长座谈会上指出，“对外贸易要量力而行，逐步发展，不能大进大出、大跃进”，对外贸易必须“重合同，守信用，重质先于重量”。三是面对外贸收购和出口不利的局面，1959年3月中央确定对外贸易的“五先”原则，即对于出口商品，应做到安排在先、生产在先、原材料和包装物资供应在先、收购在先、安排运输力量在先。四是周恩来在1959年11月的全国财贸书记会议上提出了著名的“外贸工作十四条”，主要内容包括：内销为主，外销为辅；自力更生为主，争取外援为辅；实事求是，量力而行，保证“五先”；重合同守信用，重质先于重量；对兄弟国家要合作互助，共同发展；对民族主义国家要平等互利，帮助他们的民族经济向独立方向发展；对和平中立国家要互通有无，加强往来；对帝国主义国家及其追随者要经济关系服从政治关系，经济斗争服从政治斗争；贸易协定和合同签订要有区别；价格要有原则；等等。“外贸工作十四条”体现了这一时期中国对外贸易的指导思想，对外贸发展起到了重要推动作用。

二、20世纪60年代初对外经济贸易指导思想的调整

1959年夏庐山会议后，对外贸易再次出现追求高指标的现象。1960年2月召开的全国财贸书记会议又提出，财贸工作“一切为了高速度”，说明外贸领域的冒进思想又有所抬头。20世纪60年代初，“大跃进”的不

利后果逐渐显现，中国经济出现了严重困难局面，对外贸易领域的“大跃进”“大进大出”加剧了国民经济的失衡，对外贸易规模出现了明显下滑，1960年上半年，外贸收购和出口计划已经很难完成。

1961年初党中央提出“八字方针”后，为了应对外贸领域的困难局面，1961年2月中央确定了当年外贸工作的原则。在进口方面，要分清轻重缓急，先进急需、后进一般，先出后进、以进养出，进出平衡；从资本主义国家的进口，要“一吃饭、二市场、三基建”，排在第一位的是粮食，第二是化肥、农药、药品、油脂，第三是用于加工成品出口的原料和化工原料，第四是政治性照顾物资，第五是橡胶、石油、铜、铝、钢材以及国防器材、工业设备等，可见在当时国内粮食短缺、外汇不足的情况下，进口粮食成为外贸工作的重点。在出口方面，扩大了“以进养出”的范围，利用进口原料将成品出口，同时加强了出口商品生产和出口货源的组织，中央要求进一步做好出口商品生产基地工作，并责成外贸部门派出驻厂代表严格检查出口商品的质量。1963年以后，国民经济情况开始好转，国内粮食和其他生活必需品生产回升，国家进口也随之调整，重新回到推动工业化的轨道上，技术引进比重增加。

三、对外经济贸易管理体制的变化

这段时期，与高度集中计划经济体制相适应的外贸计划管理体制虽保持不变，但受国内经济大幅调整影响，中央和地方的外贸管理权出现了一些波动，部分外贸管理权曾一度下放到地方。1958年开始，全国范围内出现了“大跃进”以“块块”为主的放权倾向，计划、财务、工业等管理权盲目下放到地方，中央高度集权的计划体制受到影响。对外贸易领域也受到“大进大出”政策的影响，除了财权仍在中央外，对外贸易的计划等管理权都有所下放，地方为了实现高指标也强烈要求扩大地方进出口经营权。在实际贸易活动中，有些地方违反经营分工的规定，相互争抢市场，甚至有的地方绕过贸易机构开展贸易。中央为了应对外贸的这种混乱局面，在1958年8月作出决定，肯定了原有中央集权的对外贸易计划体制，强调加强对外贸易的中央集中统一，制止对外贸易领域的盲目放权，并收回了下放的经营权，由中央开展外贸收购和出口。

这个时期，中国还建立完善了与外贸管理体制相配套的贸易体系。一是在外汇管理方面，1958 年 8 月，中共中央发布了《关于外贸外汇体制改革的决定》，制定了一系列加强国家对外汇资金集中管理和使用的制度，外汇实行收支两条线，各外贸公司的一切外汇收入一律上缴国家，国家对进口用汇和其他外汇支出按计划额度统一拨付。二是继续完善法律体系，如 1958 ~ 1959 年相继公布了一批海关执法法规，设立了贸易和海事仲裁委员会。三是创立了中国出口商品交易会（以下简称“广交会”）。1957 年 4 月第一届广交会成功举办，吸引了来自 19 个国家的客商参加，加上秋季举办的广交会，当年两届广交会的出口成交额占全国出口额的比重高达两成，广交会是中国在不能走出去办展会的情况下请国际贸易商进来的尝试，成为中国打破封锁、主动开展对外贸易合作的第一个平台。四是 20 世纪 60 年代初，中国以出口销路好的商品为重点，设立了一批出口商品生产基地、专厂和专车间，保证出口货源，提高出口商品质量，提升出口创汇能力。

第三节 对外经济贸易发展情况

一、对外经济贸易规模出现了大幅波动

1957 ~ 1965 年，中国对外经济贸易经历了新中国成立以来最大的波动。在 1957 ~ 1959 年“大跃进”时期，外贸规模增长较快，1959 年，进出口规模达到 43. 8 亿美元的历史新高，比 1949 年增长了约 2. 5 倍，但受当时“大进大出”外贸政策的影响，片面追求增长速度，也出现了一些不正常的进出口。在接下来的三年，也就是 1960 ~ 1962 年，对外贸易出现了连续的大幅下滑，1962 年进出口规模仅为 26. 6 亿美元，只相当于 1959 年的 60%。1963 ~ 1965 年，对外贸易开始恢复增长，1965 年进出口规模达到 42. 5 亿美元，但仍未达到 1959 年的规模。这段时间的贸易差额，除 1960 年出现了 0. 9 亿美元的少量逆差外，其余年份均为顺差，1963 年顺差为 3. 8 亿美元，超过进出口总规模的一成多。显然，这与 1957 年以前中国

外贸以逆差为主的特征形成了较大反差，主要原因为：一方面，在20世纪50年代末，受“大跃进”“大进大出”政策影响以及外贸经营权下放，地方出口积极性较高，也存在超越国力的出口；另一方面，中国也开始重视出口，如设立出口商品基地，1957年还提出“以进养出”，即进口原料加工产品出口，也就是加工贸易的前身，这些都使中国出口产品质量有了明显提高，保持了出口的较高增速。到60年代初，中苏两国关系恶化，中国与苏联和东欧国家的贸易特别是进口贸易大幅下降，而国内经济面临的严重困难也使出口不足，造成了低贸易规模下的顺差。1957～1965年，中国对外贸易的增长情况可参见表3－1。

表3－1　1957～1965年中国对外贸易增长　单位：亿美元

年份	总额	比上年增长额	出口额	比上年增长额	进口额	比上年增长额	差额
1957	31.0	－3.4	16.0	－3.0	15.0	－3.8	1.0
1958	38.7	24.8	19.8	23.8	18.9	26.0	0.9
1959	43.8	13.2	22.6	14.1	21.2	12.2	1.4
1960	38.1	－13.0	18.6	－17.7	19.5	－8.0	－0.9
1961	29.4	－22.8	14.9	－19.9	14.5	－25.6	0.4
1962	26.6	－9.5	14.9	0.0	11.7	－19.3	3.2
1963	29.2	9.8	16.5	10.7	12.7	8.5	3.8
1964	34.7	18.8	19.2	16.4	15.5	22.0	3.7
1965	42.5	22.5	22.3	16.1	20.2	30.3	2.1

资料来源：根据国家统计局年度数据计算整理。

中国在全球贸易中的份额也出现了先升后降的变化。1959年，中国出口占全球的比重增加到1.95%，但随着外贸规模的大幅下降，1962年，中国出口占全球的比重下降到1.05%的低点。

二、进出口商品结构的变化

1957～1965年，受国内外环境剧烈变化影响，中国进出口的商品结构发生了重大变化。

（一）进口结构中，设备等投资品比重下降，粮油等消费品比重上升

20世纪50年代末，中国进口仍主要服务于重工业优先发展战略，进

口结构反映了这个目标。1957～1960年，成套设备、机械仪器等投资品，以及化工、矿产等原材料和中间品，成为中国进口的主要类别，这四类产品占进口比重超过1/4，1958～1959年“大跃进”时期，甚至超过总进口的九成。相比之下，消费品进口所占比重很低，如粮油产品进口比重在最高年份也仅有3.1%。

1961年，中国进口商品结构发生了急剧变化。一方面，粮油类进口骤然上升，其所占进口比重由1960年的1.7%猛然增加到35.8%，1962年进一步增加到41.3%，此后两年也保持在很高的水平，直到1965年才降低到30%以下；另一方面，投资品进口明显减少，其中下降最明显的是成套设备和技术产品，其所占比重由1960年的33.2%骤然下降到13.6%，1964年甚至进一步降低到3.5%，机械仪器等其他产品进口比重也出现了一定程度的降低。

导致20世纪60年代初进口商品结构急剧变化的原因，一方面是国内粮食供给出现了严重短缺的局面。受“大跃进”虚报数字等因素影响，中央最初对粮食短缺现象认识不足。而到1960年夏天，全国粮食更为短缺，形势非常危急。1960年底中央决定进口粮食250万吨。1961年3月，中央决定调整进口结构，把粮食列为继续进口物资的首位，其后再依次安排化肥、农药、油脂、工业原料等进口。1961～1965年，中国每年进口粮食500万～600万吨，出口付汇约占外汇总额的1/4。另一方面是中苏关系恶化对中国资本品进口造成严重影响。50年代末，对苏贸易约占中国贸易总量的一半，而从苏联的进口中，有六成是成套设备和军品。两国关系恶化后，双方大部分合作项目和中方的成套设备进口都取消了，导致1961年起成套设备进口比重大幅下降。1957～1965年进口商品结构的变化情况可参见表3－2。

表3－2　　1957～1965年中国主要进口商品结构　　单位：%

年份	粮油食品	成套设备和技术	化工	五金矿产	机械仪器
1957	2.8	28.9	18.6	10.8	17.3
1958	3.1	23.7	28.3	17.4	22.0
1959	1.0	32.5	20.3	16.4	21.3

续表

年份	粮油食品	成套设备和技术	化工	五金矿产	机械仪器
1960	1.7	33.2	19.2	18.9	16.2
1961	35.8	13.6	19.6	9.9	9.4
1962	41.3	9.1	20.4	10.2	6.3
1963	39.3	4.3	22.0	9.2	6.0
1964	39.9	3.5	16.3	11.6	8.4
1965	29.3	4.3	16.4	16.0	15.0

资料来源：根据《当代中国》丛书编辑部编，《当代中国对外贸易》（上）（当代中国出版社1992年版）附录三整理。

（二）出口结构中，工业品出口稳步增加

1957～1965年，中国出口商品结构也出现了一些变化，但没有像进口结构变化那么剧烈。

一方面，粮油食品出口发生了较大波动。20世纪50年代末，粮油食品在中国的出口比重约为1/3，但在1960～1962年“三年经济困难时期”，国内粮食供应非常紧张，根据当时的“八字方针”，不但粮、棉、油、肉等主要农副产品出口大幅减少，而且粮食、食用油等主要品种由原来净出口转为净进口，如粮食由1959年出口83亿斤转为1961年进口106亿斤，猪肉由1958年出口18.4万吨减少到1961年出口3.9万吨，这些都导致粮油出口比重被动减少。此后，随着国内农业生产的好转，1963年开始，粮油出口占比回升，1965年增加到30.4%，已接近50年代末的水平。

另一方面，工业品出口比重逐步上升。1957～1965年，工业品出口增加较快，纺织品出口占比由1957年的19.3%增加到1961年的37.3%，五金矿产则由15.8%增加到17.4%，此后尽管由于粮油出口恢复性增长导致工业品出口占比有所下降，但工业品出口逐步增加的大趋势没有发生变化。这段时间的工业品出口，主要是纺织类的劳动密集型产品和资源密集型工业品，而钢材、机械设备等出口也开始增加。工业品出口比重上升，主要是由中国工业化进程加快、工业生产能力提升决定的，也与当时“以进养出”的政策导向有关，后者主要指用进口的棉花、人造丝、毛条、纸浆、橡胶等加工成棉布、呢绒、纸张、轮胎等之后再出口，据统计，1957

年“以进养出”商品的出口占比为13%，1963年占比提高到30%左右。1957~1965年中国出口商品结构的变化情况可参见表3-3。

表3-3　1957~1965年中国主要出口商品结构　单位：%

年份	粮油食品	纺织品	土产畜产	五金矿产
1957	32.6	19.3	19.5	15.8
1958	34.3	19.0	18.6	14.1
1959	32.1	27.7	15.6	12.2
1960	25.7	32.4	14.1	15.3
1961	17.0	37.3	11.8	17.4
1962	17.0	35.6	12.0	16.8
1963	23.0	31.2	12.7	14.8
1964	26.9	25.9	13.6	14.7
1965	30.4	21.3	14.2	12.7

资料来源：根据《当代中国》丛书编辑部编，《当代中国对外贸易》（上）（当代中国出版社1992年版）附录三整理。

三、贸易伙伴逐渐多元化

1957~1965年，中国对外贸易伙伴的结构也发生了较大变化，在中苏关系恶化后，中国与苏联与东欧国家的贸易大幅下降，与西方资本主义国家和发展中国家的贸易增加，贸易伙伴开始向多元化方向发展。

20世纪50年代后半期，苏联和东欧国家是中国最主要的贸易伙伴，1959年中国与苏联和东欧国家的贸易占比高达64.2%，但60年代初开始，双方贸易下降较快，到1965年，中国与苏联和东欧国家的贸易占比仅为14.3%。中国与西方资本主义国家的贸易稳步增加，60年代初增速进一步加快，贸易占比由1957年的17.5%增加到1965年的41.0%，西方资本主义国家成为中国最重要的贸易对象。中国与亚非拉发展中国家的贸易有了很大发展，其贸易占比稳步提升，由1957年的14.7%增加到1965年的33.4%。中国内地与港澳地区的贸易也有一定增加，1965年与港澳地区的贸易占比为11.3%。显然，中国与主要国家（地区）贸易往来此消彼长的变化，既与中国与其他国家（地区）产业和贸易的比较优势和竞争互补关系变化有关，也与贸易对象的政策调整有关。1957～1965年中国贸易伙伴的变化情况见表3－4。

表3－4　1957～1965年中国对外贸易伙伴的比重　单位：%

年份	苏联和东欧国家	西方资本主义国家	港澳地区	亚非拉发展中国家
1957	61.3	17.5	6.5	14.7
1958	57.8	20.7	6.2	15.3
1959	64.2	16.2	4.8	14.8
1960	59.4	17.4	5.6	17.6
1961	38.4	26.5	6.9	28.2
1962	33.3	27.8	8.9	30.0
1963	25.6	34.2	10.6	29.6
1964	17.1	37.6	12.1	33.2
1965	14.3	41.0	11.3	33.4

资料来源：石广生主编，《中国对外经济贸易改革和发展史》，人民出版社2013年版，第64页。

（一）与苏联和东欧国家的对外经济贸易联系

20世纪50年代中苏友好的大背景使双方经贸关系持续保持在较高水平。50年代后期“一五”计划完成后，中苏贸易仍保持较快增长，1959年中国对苏联贸易规模达到20.9亿美元，占中国对外贸易的比重高达48%。中苏两国为加强贸易往来，还采取了支持边境贸易发展、商业部门日用品交换等活动。双方贸易具有很强的互补性，中国出口主要是农副产品、工矿产品和纺织品等初级产品和劳动密集型产品，进口主要是成套设备等资本密集型投资品。

20世纪60年代初，中苏两国关系急剧恶化，双边经贸往来受到严重影响，两国贸易规模急剧萎缩。1960年双方贸易规模为16.6亿美元，比上年减少了4.4亿美元，1961年进一步下降到8.3亿美元，1965年双方贸易规模仅为4亿美元，占中国贸易比重降到一成以下。1960年7～9月，苏联单方面撕毁合同，撤走全部专家，停止了很多重要设备和物资对中国的出口或供应，撤销了成套设备项目，此外双方消费品互换于1960年终止，边境贸易也先后中断。苏联对中国的援建项目未能全部完成，给中国的经济建设造成较大损失，一些未完成的项目后来不得不用国内设备建设，或者压缩生产规模，也有一批项目被迫终止建设。50 年代，苏联对中国的援建项目以及中国进口的设备、技术、军事装备等，形成了中国对苏联的贸易逆差，这些逆差很多是通过苏联对中国的长期贷款平衡的。50 年代，中国与苏联签署了 11 笔贷款协定，60 年代初是偿债高峰，但由于当时中苏关系恶化，中国没有增加从苏联的新贷款。在 60 年代初中国国内经济非常困难的情况下，中国仍按期甚至提前偿还了苏联贷款，到 1965 年已全部还清。

也需要看到，20 世纪 50 年代中苏经济合作，尤其是苏联对中国援建的 156 个项目，在中国发挥了重要作用。156 个项目集中在重工业领域，包括煤炭、电力、石油、钢铁、有色、化工、机械、医药、轻工、电子、航天、船舶、兵器等 14 个行业，大多属于国民经济的基础行业。156 个项目建成后，中国又兴建了一大批配套项目，形成了鞍山钢铁、长春汽车、兰州石化等多个工业生产基地，这些项目填补了中国的产业特别是重工业的产业空白，在中国初步建成了门类基本齐全、布局比较合理、技术相对先进的基础工业和国防工业体系，大大加快了中国工业化进程，也构成了中国后来甚至改革开放后制造业大发展的基础。同时，156 个项目建成和发挥重要作用，也说明像中国这样一个工业基础薄弱的发展中国家，是可以通过对外开放引入境外资金和先进设备技术，弥补国内资金、产业和技术空白，加快实现工业化的。

这段时间，中国与东欧国家的贸易也经历了类似变化。1959 年，中国与东欧八国的贸易额为 7.2 亿美元，贸易占比曾达到 16.5%，但 1960 年后双方贸易规模明显缩小，1964 年下降到 2.4 亿美元，仅为 1959 年的 1/3。

（二）与资本主义国家的对外经济贸易联系

20 世纪 50 年代后期，中国与西欧国家的贸易往来和人员交往持续恢复。不少国家组织工商业代表团来中国访问开展贸易，一些国家舆论开始呼吁与中国互设贸易代表处。50 年代中后期，中国与西欧国家贸易增长较快，1959 年双方贸易规模达到 6.5 亿美元，比 1950 年增长了 3 倍，在中国对外贸易中的占比上升到14.9%，同时中国对外贸易出现了较大逆差。在进出口产品结构方面，中国出口以纺织品、土畜产品、粮油食品、工艺品、轻工业品、矿产品等初级产品和劳动密集型产品为主，主要的进口品则包括机械设备、机床、船舶、汽车、化纤等劳动密集型产品。

1960年中苏关系恶化后，西方资本主义国家开始成为中国对外贸易发展的重点。这个时期，一些西方大国开始与中国建立外交关系。1964年法国与中国建立了外交关系，这不但加快了中法双边贸易的发展，而且推动其他西方国家与中国发展贸易关系，如意大利、奥地利等与中国互设商务代表处；英国在华举办展览会。当时，为弥补苏联和东欧国家撤走之后留下的空白，中国利用出口信贷、延期付款等方式，积极从英国、联邦德国、法国、意大利、奥地利、荷兰、比利时等西方国家引进有色、石化、机械、电子等行业的成套设备和技术。在当时工业体系已基本建立起来的情况下，引进设备的目的也发生了变化。例如，技术改造和填补缺口成为引进的重要目的，因此引进设备的规模较小；为提高人民生活水平，加大了化工、化肥等中间产品生产设备以及纺织等轻工业生产设备的进口。

这一时期，中国与日本的民间贸易经历了较大波动。1958年3月，中国贸促会与日方代表签署了中日第四次贸易协定，协定不但将双方贸易额提高到3500万英镑，还规定两国互办展览会、加强技术交流、对重要物资保持长期供应关系等。其间，中国与日本钢铁代表团签订了1958～1962年的长期钢铁贸易协定，规定中国出口铁矿石、煤炭等，日本出口多种钢材等。但由于当时日本反华的岸信介政府对协议横加阻挠，加之在长崎发生了侮辱中国国旗事件，中国政府于1958年5月停发了对日本的贸易许可证，中日贸易再次中断。1960年6月岸信介政府下台后，中日关系出现转机。1960年8月中国政府提出中日政治和贸易三原则，其中，贸易三原则的内容包括：一是政府协定，即由于日本政府不能保证中日民间贸易协定的执行，因此要由两国政府签署贸易协定；二是民间合作，即希望与中国进行贸易的日本商社，必须由日本友好团体推荐，并经中国贸促会同意指定为“日本友好商社”后，才能与中国各贸易公司开展贸易；三是个别照顾，即中方对陷入困境的日本中小企业予以照顾。1961年开始，中日间贸易开始恢复，并由50年代民间贸易阶段转为60年代半官半民贸易阶段，也就是备忘录贸易和友好贸易并存的贸易。从具有官方性质的备忘录贸易看，1962 年 11 月中日双方在北京签署了关于发展中日两国民间贸易的备忘录，规定 1963 ~ 1968 年为第一个五年协议，平均每年成交额为 3600 万英镑。为了落实备忘录协议，1964 年中日双方就互设贸易联络办事处和互换记者达成协议。备忘录贸易前期执行得比较顺利。1963 年，日本政府批准了中国与日本公司签订的首个采用延期付款方式的进口维尼纶成套设备合同，突破了西方国家对中国的技术封锁。1964 年，中日双方签订了为期 3 年的化肥长期合同。从友好贸易看，中日贸易三原则发表后，越来越多的日本厂商申请加入“友好商社”，希望与中国发展贸易。1960 年 10 月，中国贸易公司与日本的友好商社在北京开始洽谈贸易，1961 年春季中国出口商品交易会开始邀请日本友好商社参加。1962 年 12 月，中国贸促会与日中贸易促进会、日本国际贸易促进会等签署了发展双边友好贸易协定书。根据这个协定书，1963 ~ 1964 年，在上海和北京举办了日本工业博览会，在东京、大阪举办了中国经济贸易展览会。备忘录贸易和友好贸易大大推动了中日贸易发展，1965 年，中日贸易额达到 4.5 亿美元，是 1957 年两国贸易的 4 倍，日本成为中国第一大贸易伙伴。

（三）与发展中国家的对外经济贸易联系

新中国成立后，中国政府高度重视与亚非拉发展中国家的外交和经贸关系，与中国建交的发展中国家越来越多，外交与经贸形成了良性互动关系。由于地理位置较近，与亚洲发展中国家的贸易是中国与发展中国家贸易的重点。1955 年 4 月，周恩来率中国代表团出席在印度尼西亚万隆召开的亚非会议，扩大了新中国在亚非地区的政治影响，也推动了中国与亚洲国家的贸易发展，对打破当时西方国家对中国的封锁、禁运发挥了重要作用。此后，中国先后同叙利亚、黎巴嫩、南也门、北也门、伊拉克、尼泊尔、阿富汗等建立了政府间的贸易关系。20 世纪 50 ~ 60 年代，亚洲发展中国家在独立后普遍希望扩大出口、促进民族经济发展，但当时这些国家没有形成独立的工业体系，出口商品结构单一，主要是农产品、矿产品等初级产品。中国在与发展中国家的贸易往来中，不但严格遵循平等互利和互通有无的原则，必要时还给予一些国家援助和支持，这增进了彼此的相互了解和友谊，也扩大了新中国在发展中国家的影响。整体来看，中国与发展中国家主要是互通有无式的贸易，中国通过贸易和援助积极支持亚非拉国家的经济发展，甚至在自身非常困难的情况下也援助了一些国家的发展。

1957年，朝鲜开始实施第一个五年计划，为支持朝鲜的经济建设，中朝两国积极推进贸易发展。1959年，中朝两国政府签订了为期四年的长期贸易协定，1959年贸易额达到1.15亿美元，比1957年增加了一倍。即使在中国国内经济困难、粮食出现短缺的1960年，中国仍向朝鲜供应了23万吨粮食。1963年，中朝两国政府签订了为期五年的第二个长期贸易协定，随着中国经济的好转，双边贸易不断增长，1965年贸易额超过1.8亿美元，在中国贸易中的占比达到4.3%。这段时间，中国对朝鲜的贸易一直维持顺差，朝鲜用中国提供的贷款加以平衡。在贸易产品结构方面，中国出口主要是粮食、食用油、棉花等生活必需品，焦炭、原油、成品油等燃料，以及化工产品等；朝鲜出口主要是机床、电动机等机电产品，无烟煤、铁矿石、镁砂等产品，以及钢材、有色金属等。

中国与越南贸易稳步发展。1960年，中越贸易额达到8330万美元，是1954年的5倍多，此后受中国国内经济困难影响，双方贸易额连续几年保持在低位，1965年中越贸易跃上一个新台阶，双边贸易额超过1.5亿美元，在中国贸易中的占比超过3.5%。中越贸易发展也非常不平衡，中国存在大量顺差，这些差额是通过越南货物清偿或双方商定的其他款项来平衡的。1955年，中越双方还签订了边境地方国营贸易公司开展货物交换的议定书。

中国与印度尼西亚贸易发展较快。1956年，中国与印度尼西亚政府签署贸易协定，规定每年双方各出口贸易额为1200万英镑，1959年，双方贸易额增加到1.3亿美元，印度尼西亚成为中国在亚洲地区的第二大贸易伙伴。中国对印度尼西亚出口的主要是大米、棉布、棉纱，以及钢材、化工原料、纸张、玻璃、水泥、缝纫机等，后期也出口了一些机床、发动机、织布机、电焊机、无线电零件等；印度尼西亚主要出口的是橡胶，其余有少量的砂糖、椰子、奎宁等。20世纪60年代初，两国双边贸易下降，1962年双边贸易额下降到6883万美元，此后双方贸易有所恢复，但直到1965年也没有恢复到1959年的水平。缅甸也是当时中国在亚洲的主要贸易伙伴，1954 年和 1958 年，中缅政府签署了两份贸易协定，双边贸易平稳发展，1961 年中缅贸易额超过 6000 万美元，在中国贸易中的占比超过 2%。

20 世纪 50 年代后期，非洲国家的民族独立和解放运动高涨，很多非洲国家相继独立。很多非洲国家为发展民族经济、实现经济独立、摆脱原宗主国的控制和对原宗主国的依赖，希望同中国发展经贸关系，1959 年中国已同 19 个非洲国家和地区建立了政府间贸易关系。1963 年底到 1964 年初，周恩来出访非洲十国，增进了中非友好关系，并在马里举办了中国经济建设展览会，为扩大中非贸易关系创造了条件。1957 ~ 1965 年，中国同非洲贸易稳步增长，1957 年，中非贸易额仅为 6166 万美元，占中国贸易比重还不到 2%；到 1965 年，中非贸易额已达到 2.46 亿美元，占比提高到 5.8%。

20 世纪 50 年代中期，中国与拉丁美洲的贸易关系开始恢复发展。1959 年，中拉贸易额增加到 769 万美元。当时，中国主要从阿根廷进口小麦和栲胶，从巴西进口棉花，从乌拉圭进口毛条和呢绒，中国主要出口茶叶、丝绸、陶瓷、地毯、纯碱等，可见中拉贸易以初级产品和低加工度产品为主，是典型的互通有无的贸易。1960 年中国与古巴建交后，积极发展政府间贸易关系，60 年代古巴成为中国在拉美最重要的贸易伙伴，中古贸易占中拉贸易的比重超过 3/4。

（四）对发展中国家的经济技术援助

20 世纪 50 年代末，中国还开始扩大对亚非拉发展中国家的经济援助。1958 年，中国对外援助实际交付额为 1.9 亿美元，其中，无偿援助占 83%，贷款占 17%。此后中国对外援助规模不断上升，特别是 1963 年之后快速增长，1965 年，中国对外援助实际交付额达到 15.9 亿美元，是 1958 年的 8 倍多，其中，无偿援助占 63%，贷款占 37%。

1958 年 12 月，国务院召开会议研究对外援助工作，会议提出，一方面要援助朝鲜、越南、蒙古、阿尔巴尼亚等社会主义国家，以发展生产和繁荣经济为主适当安排项目；另一方面也要在力所能及的范围内，有重点地援助那些在经济上不够发达的亚非民族主义国家，帮助它们建立自己的工业基础，对这些国家的援助应因地制宜，以中小项目为主。1964 年 1

月，周恩来在访问加纳时，提出了中国对外经济技术援助的八项原则，包括平等互利原则，不把援助看作单方面的赐予；严格尊重受援国主权，绝不附加条件和要求任何特权；以无息或低息贷款方式提供经济援助，需要时可延长还款期限；对外援助目的是帮助受援国走上自力更生发展的道路；保证受援国充分掌握中国援助的技术；等等。中国提出的八项原则，处处为受援国考虑，不附加任何政治条件，充分体现了中国政府平等待人的对外援助理念，在国际关系中塑造了真诚合作的典范，赢得了受援国政府和人民的广泛赞扬，八项原则也成为后来中国对外经济援助的规范。

1958 年，中国的对外经济援助分为对社会主义国家的援助和对亚非拉民族国家的援助。在对朝鲜的援助方面，1958 年和 1960 年，中国与朝鲜签订了三个无息贷款协定；1958～1963 年，中国共承担了朝鲜 29 个成套项目的建设。对越南援助方面，1958～1960 年，中国援助越南建设改造 18 个工业项目，这些项目成为越南经济发展的骨干；同时，中国还向越南提供了一笔无偿援助和两笔长期无息贷款，用于提供越南生产建设和人民生活急需的物资。对蒙古的经济援助方面，1956～1960 年，中国与蒙古签订了三个经济技术援助协定，到 1964 年，中国共在蒙古援建完成 21 个项目。阿尔巴尼亚是中国对外援助的重点，1954 年和 1956 年，中阿签署了两个无息贷款协定；1960 年，阿尔巴尼亚与苏联关系恶化，而中阿双方成为社会主义国家阵营的盟友；1961 年，中阿双方又签订了新的无息贷款协定，用于援建 24 个成套项目和物质援助；1962～1964 年，中国又以无息贷款和无偿援助的方式，向阿方提供了粮食、建材、设备等物资。

20 世纪 60 年代，古巴是中国在拉丁美洲地区经济援助的唯一国家，援助形式主要是优惠贸易和无息贷款。1960 年 11 月，中国与古巴签署了经济、贸易和支付协定及科技合作议定书，中国政府承诺 1961～1965 年给予古巴 6000 万美元无息贷款，用于古巴购买中国成套技术设备。同时，中国以远高于国际市场的价格从古巴进口了 100 万吨原糖，派遣农业、无线电等专家到古巴进行指导，并接受古方人员来中国培训。由于古巴出口商品有限，为解决古巴对中国贸易的逆差，中国政府将 1962 年和 1963 年中国贸易盈余作为对古巴的长期无息贷款。1964 年 12 月，中古两国政府签订第二个贸易和支付协定，中国向古巴出口大米、罐头、化工产品和机器设备等，古巴则向中国出口原糖、镍矿砂、铜矿砂等，中国政府继续在粮价和贸易差额方面给古巴以照顾。显然，这一时期中国同古巴的贸易带有明显的援助性质。

1956年，中国开始对亚非拉民族主义国家提供经济技术援助。20世纪50年代后期的主要援助对象是柬埔寨、尼泊尔、埃及等少数国家；60年代初，随着中国与非洲关系进入新阶段，中国对非洲国家的援助逐渐增加，60年代前半期中国先后援助了阿尔及利亚、几内亚、马里、刚果、坦桑尼亚等国。

（五）与港澳地区的对外经济贸易联系

这一时期，香港地区实现了由转口贸易为主向轻纺工业为主的第一次经济转型。一方面，转口贸易对香港地区经济的重要性下降；另一方面，西方国家对中国的香港地区和内地的禁运、封锁还没有完全解除，在这种情况下，内地与香港的贸易关系也随之变化，也就是内地与香港的直接贸易发展较快，转口贸易发展较慢。

内地与港澳地区最重要的直接贸易是出口鲜活产品。新中国成立后，中央政府对港澳地区的鲜活产品采取长期稳定的供应政策。20世纪50年代，内地市场供应并不充裕，但为了保证对港澳地区鲜活产品的供应，也要多挤出一些出口保障港澳地区。50年代初，内地对港澳地区出口建立了配额管理制度，配额商品包括活猪、活牛、活羊、活家禽、鸡蛋、蔬菜、水果等，由各口岸按照分工经营方案确保完成出口任务。60年代以后，冻肉禽、水产品等被增列为配额产品，内地开始设立供应港澳地区的活猪、蔬菜等生产基地，以保证出口货源和质量，同时对外贸易部根据港澳地区市场需求量和内地货源情况每年向各省（市）下达供港澳地区鲜活产品配额，并在香港地区和澳门地区各指定一家统一的代理销售机构。1962年，内地在湖北、上海、河南开行了三趟供应港澳地区鲜活冷冻产品为主的快运货物列车，解决了运输时间长、不定时、在途损失严重等问题。此外，60年代开始，香港地区和澳门地区的纺织、印染等劳动密集型产品开始迅速发展，对有关原材料需求也迅速增长，内地对港澳地区的棉纱、布匹等出口也随之增加。

20世纪50年代到60年代初期，内地与香港地区的贸易比较稳定，基本维持在每年2亿美元左右，即便在60年代初内地经济非常困难的情况下，对港澳地区的出口也尽量加以保障。1962年以后，随着港澳地区对内地工业原材料的需求增加，以及鲜活产品供应数量和质量的提高，内地与香港地区贸易出现了较快增长。1962年，内地与港澳地区贸易额为2.26亿美元；到1965年，双方贸易额增加到4.65亿美元，占内地贸易比重也增加到近11%。但也要看到，60年代香港地区的对外贸易也开始多元化，东南亚地区对香港地区的农副产品出口增加，而香港地区承接国际劳动密集型产业转移，也使香港地区对工业设备、原材料的进口大大增加，如机械仪器、化工产品、运输工具等，而这些大多只能从发达国家进口。在这种情况下，加之内地出口货源紧张，1962年内地在香港地区进口来源地中排位首次降到第二位，次于日本。

第四节 对外经济贸易发展评价

一、对外经济贸易对工业化的积极作用明显下降

1957～1965年，中国对外贸易规模由31亿美元增加到42.5亿美元，这一时期不但是新中国历史上外贸发展最慢的一段时期，而且对外贸易大起大落，经历了几年的混乱，对外贸易在国民经济中的积极作用明显下降。

在1958～1959年“大进大出”的外贸扩张期，外贸秩序比较混乱。为了“大进”，开始盲目扩大进口，不讲求进口产品质量，甚至把国外低劣的产品买了回来，浪费了宝贵的外汇资源，不利于推动国内工业化；为了“大出”，签订大量出口合同但没有认真落实货源，使出口履约率严重下降，在国际市场上损害了中国产品和出口的信誉，削弱了中国出口创汇能力。

1960～1962年，中国国民经济进入非常困难的阶段，1960年出口计划已经不能完成，出口创汇能力大大下降。同时，在中苏关系恶化后，中国需要加快偿还所欠债务，导致本已短缺的外汇更加捉襟见肘。当时中国

出现了严重的粮食短缺，不得不大幅增加粮食以及化肥、农药等农用物资进口，这样就必须压缩工业化所需的资本品进口，加之苏联和东欧国家对中国出口和援助的减少，中国成套设备和技术进口严重下降。1960 年，中国成套设备和技术进口所占比重为 33.2%，而到 1964 年比重仅为 3.5%。因此，1957～1965 年，受客观因素影响，对外贸易在推动中国重工业优先发展方面的作用明显下降，但也要看到，当中国粮食等生活必需品发生严重短缺时，对外贸易在调剂余缺方面发挥了重要作用，避免了人民生命财产损失的进一步扩大。

二、对外经济贸易伙伴被动转移

1957～1965 年，虽然中国对外贸易规模增长较慢，但贸易伙伴出现较大扩展。20 世纪 50 年代中期，和中国建立贸易关系的国家和地区只有 50 多个，其中和中国签订政府间贸易协定的国家有 17 个；而到了 60 年代中期，上述两个数字分别增加到 125 个和 38 个。在对外贸易伙伴多元化的同时，中国的外贸伙伴出现了第二次转移，也就是同新中国成立初期由资本主义国家转向苏联和东欧社会主义国家相反，外贸伙伴重新又回到资本主义国家。

造成这种现象的主要原因，一方面是中苏关系恶化后，苏联和东欧国家对中国的贸易急剧减少；另一方面是中国在这个阶段主观上仍希望发挥对外贸易的积极作用，加强与各国的贸易往来，在与苏联和东欧国家的贸易减少后，被迫加强了与其他贸易伙伴的关系。抗美援朝战争爆发后，中国一直想方设法突破西方国家对中国的禁运和封锁，20 世纪 50 年代中期，中国就开始积极发展与西方资本主义国家和亚非拉发展中国家的贸易关系。1957 年 7 月，大部分西方国家先后放宽了对中国的贸易限制，1958 年 9 月，美国对战略物资出口的限制也有所放宽，至此，西方国家对中国的贸易禁运和封锁已经破产。60 年代初期，中国与西欧、日本的贸易取得了突破性进展。同时，不能忽视的事实是，在这个阶段，中国与美国、苏联这两个超级大国的关系都不正常，与它们各自阵营国家的贸易发展也受到各种限制。1957 年，苏联和东欧国家与西方资本主义国家一共占中国贸易的比重为78.8%，到1965年，上述比重下降到55.3%，显然这种结构并不符合中国与这些国家的经济互补性，也不符合中国工业化发展的要求。

还要看到，20世纪60年代中苏关系恶化后，中国不但要承受苏联撤走专家、停止援助项目的巨大损失，还要在国内经济极为困难的情况下偿还苏联等国家的债务，这对中国国民经济正常发展和工业化进程造成了严重不利影响，显现了对外开放和国家安全之间存在的矛盾和风险，也引起了国内部分领导人对扩大开放的担心，为中国在60年代中期强调自力更生、强调建设比较独立完整的工业体系和国民经济体系埋下了伏笔。

三、高度集中的对外经济贸易体制缺乏活力

20世纪50年代中期，高度集中的对外贸易管理体制确定后，一直到改革开放前，虽然经历过一些小的调整，但这套管理体制的基本架构和主要内容并没有发生过大的变化。随着这套体制的延续，其弊端也逐渐暴露出来。一是严格的外贸计划管理不利于调动出口企业积极性。在外贸指令性计划下，外贸生产经营行政包揽、政企不分，对外贸企业限制过多、统得过死，外贸企业不但没有外贸经营权，而且缺乏自主生产管理权，企业一切生产经营活动都由计划安排，这导致外贸企业没有动力参与国际竞争、扩大出口。二是统收统支的外贸财务体制导致外贸企业没有提高效率的积极性。外贸企业由国家统一收支、统负盈亏，企业缺乏自我发展、自我约束的机制，增加出口创汇、节约进口成本都不能为企业带来利益，“干好干坏一个样”，加之进出口价格和汇率都由国家制定，企业不但扩大出口缺乏动力，而且进口需求往往过度，导致出口效益很难提升。三是外贸专业公司的统一经营容易造成工贸脱节、产销脱节。高度计划的外贸体制下，进出口渠道和经营方式非常单一，生产厂商只能依靠外贸公司进出口，这使得生产企业不能直接了解国际市场的变化，难以生产适销对路的优质出口产品，出口竞争力也很难提高。

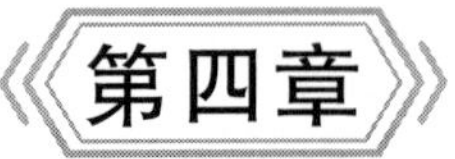

“文化大革命”到改革开放前的对外经济贸易发展（1966～1977年）

1966～1976年的“文化大革命”，对中国国民经济造成了严重负面影响。“文化大革命”爆发到20世纪70年代初，对外贸易受到极“左”思潮的干扰而出现连续下滑，这一时期是新中国成立后经济最为封闭的一个时期，中国错失了全球产业转移的重大机遇，与很多发展中国家的差距拉大了。70年代初期，随着国内政治环境的变化和外交的重大突破，中国对外贸易出现了新转机，与西方国家的贸易越来越多，对外贸易出现了一个较快的增长期，在国民经济中的积极作用也提高了。

第一节　国内外环境变化

一、国内环境变化

20世纪60年代中期，国民经济调整基本完成，国家开始执行第三个五年计划。但1966年“文化大革命”开始了。

“文化大革命”期间，中国国民经济不断下滑。1967年和1968年，国内生产总值连续出现5.7%和4.1%的负增长，1976年出现1.6%的负增长。1965～1977年，中国国内生产总值年均增速为5.8%，这个增速无论是与

"文化大革命"前十余年相比，还是与改革开放初期相比，都是比较缓慢的。与此同时，中国经济主要比例关系长期失调，经济管理体制僵化，人民生活水平基本上没有提高，全国职工人均工资下降，住宅、教育、文化、卫生保障都供不应求，到1978年全国农村还有2.5亿人没有解决温饱问题。

但也要看到，"文化大革命"期间，中国粮食和工业品产量保持了稳定增长，在工业交通、基本建设和科学技术等方面也取得了一批重要成果。1977年，中国粮食总产量达到28272万吨，比1965年增长了45%；主要工业品方面，1976年与1966年相比，钢产量增长了33.5%，原煤产量增长了91.7%，原油产量增长了499%，发电量增长了146%，农用化肥产量增长了117.7%，塑料产量增长了148.2%。在这期间，主要依靠自力更生，一些经济建设和国防科技项目取得重大成果，如南京长江大桥竣工通车、葛洲坝一期工程开工、宝成铁路建成，"两弹一星"研制成功、世界首次人工合成结晶胰岛素等。

"文化大革命"结束后，经过广大干部、群众的努力，国民经济停滞、倒退的局面迅速扭转，工农业生产得到了比较快的恢复。但在1977～1978年，由于经济工作指导思想上"左"的错误还没有全面清理，加之当时的中央领导急于把经济搞上去，因此经济建设中仍然存在着急于求成的倾向，追求不切实际的高指标和盲目扩大建设规模，出现了新的"跃进"。从年度计划看，1977年工业总产值增速被定为8%，1978年增加到12%；国家直接安排的基本建设投资，1977年为250亿元，1978年增加到310亿～332亿元。在1978年2月召开的五届人大一次会议上，提出到1985年以前要建设120个大项目，包括十大钢铁基地、九大有色金属基地、十大油气田等高指标。受这个方针影响，中国长期形成的积累与消费比例关系更加失调，财政和外汇收支严重不平衡。例如，1978年中国基建投资479亿元，同比增长31.5%，占当年财政收入的40.7%；基建投资中，农业占10.6%，轻工业仅占5.8%，重工业占48.7%，这使当时日用品匮乏的局面更加严重。

二、国际形势变化

"文化大革命"初期，中国的国家安全环境非常严峻。在中苏关系恶化后，东欧等一大批社会主义阵营国家与中国的关系也恶化了。中国和以美国为代表的西方资本主义阵营继续处在对抗状态，中美关系持续紧张。越南战争爆发后，美国军事飞机不断侵入中国领空，中国开展了抗美援越战争。另外，在西南方，中国和印度的小规模冲突也时有发生。当时紧张的国际形势对中国经济建设非常不利，同时面临来自多个方向的压力，中国采取了以内地“三线”建设为重点发展工业的方针。

20世纪70年代初，中国逐步实现与美国、日本等资本主义国家关系的正常化。60年代后期，美国的国际实力相对下降，同时国内经济也不景气，因此开始重新考虑和新中国关系的问题。而此时中国也希望缓和与美国的关系。1971年，中美两国先是进行“乒乓外交”，接着美国总统国家安全事务助理基辛格秘密访华，1972年尼克松总统访华，双方在上海签订了《中美联合公报》，两国关系开始走向正常化，这也标志着中国成功打破了美苏两个超级大国对中国十余年的封锁。尼克松访华对日本产生了很大影响，新中国成立后日本政府一直采取的敌视中国的政策开始松动，加之20多年中日民间交流的努力，1972年9月日本首相田中角荣访华，宣布中日邦交正常化。

在第三世界国家的支持下，中国在1971年恢复了在联合国的合法席位，取得了重要的外交突破，中国的国际地位和国际影响力大大提高。这段时间，中国同其他西方国家的外交关系也出现很大进展。1970～1971年，中国先后与加拿大、意大利、奥地利和比利时等国建交；1972年以后，中英、中荷的外交关系由代办级提升为大使级，中国与联邦德国、西班牙等许多西方国家建交；1975年5月，中国与欧洲经济共同体建立了正式关系，形成了新的建交高潮。至此，中国外交路线实现了由封闭向开放的转变。

“文化大革命”期间，世界经济发生了较大变化。一方面，20世纪60年代中后期，世界经济保持较快增长，但70年代前期，全球经济先后受到发达国家滞涨、布雷顿森林体系崩溃和石油危机的巨大冲击，50年代初以来近20年的资本主义大发展的“黄金时代”结束。不过据统计，1966～1976年间，全球经济仍保持了中高速增长，全球经济平均增速为4.4%，虽低于“二战”结束后头20年的增速，但比后20年也就是1976～1996年年均3.1%的增速高很多。1966～1976年，美国、西欧、苏联等发达国家（地区）经济增长放缓，但一些新兴经济体经济增速很快，如日本十年年均增速为7.3%、巴西达到8.7%，相比之下，中国在“文化大革命”期间经济大起大落，年均增速只有3.8%，不但低于全球平均水平，而且与新兴工业化国家的差距明显拉大。[①] 不过，70年代初期的经济危机也为中国摆脱外交困境带来了机遇。当时，西方资本主义国家为摆脱国内经济萧条的困扰，开始关注中国广阔的国内市场，纷纷表示出愿意与中国友好相处、加强合作的愿望，中国与很多国家建立了外交关系，为中国扩大对外贸易创造了条件。另一方面，60～70年代，全球还出现了第三次产业革命和第二次产业转移浪潮，以电子计算机、原子能、航天、遗传生物等为代表的第三次科技和产业革命正在兴起，发达国家加快产业升级步伐，美、欧、日等发达国家（地区）在集中力量发展钢铁、化工和汽车等资本密集型产业，以及电子、核能、航空航天和生物医药等技术密集型产业的同时，把大量纺织服装等劳动密集型传统产业向外转移；以“四小龙”为代表的亚洲新兴工业化国家（地区）则抓住了这一轮产业转移机遇，积极发展出口导向的轻纺工业，不但实现了经济起飞，并且为进入发达经济体的行列奠定了基础。受此影响，全球贸易额也大幅飙升，1966～1976年，世界商品出口额由2070亿美元增加到10248亿美元，年均增长16.7%。而中国在“文化大革命”期间，未能抓住这一轮国际产业转移的重要机遇，失去了追赶发达国家的一个有利时机。

第二节　对外经济贸易发展的思路和政策

一、“独立自主、自力更生”作为对外贸易的指导思想

“文化大革命”期间，中国对外贸易的指导思想是“独立自主、自力

① 裴长洪：《共和国对外贸易60年》，人民出版社2009年版，第127～128页。

更生”，这是由外部因素和内部因素共同决定的。

从外部因素看，当时中国对外贸易发展的国际环境相当艰难。整个20世纪60年代，不但西方发达国家整体上继续对中国进行贸易封锁，而且原来社会主义阵营的绝大多数成员也与中国减少甚至停止了经济往来，这个时期中国已不具备从发达国家引进设备、技术等加快实现工业化的外部条件，60年代后期是中国对外贸易发展外部环境最差的一段时期。这段时间，中国与广大发展中国家虽保持较好的外交关系，但中国与这些国家产业和贸易结构相似，发展水平都不高，不具备大规模发展互补性贸易的基本条件，多以互通有无为主。

从内部因素看，国内极“左”思潮也影响到对外贸易的指导思想。新中国成立以来，鉴于旧中国经济被帝国主义国家控制的历史教训，中国在经济发展上选择了自力更生的路径，但同时也抓住各种机会加强同其他国家的贸易交流，特别是通过引进先进技术设备加快中国的工业化进程。中苏关系恶化不但导致很多援助项目中断、技术专家撤走，而且在国内很困难的情况下还要集中偿还苏联等国债务，这使中国再次意识到对外开放引发的安全风险，特别是工业发展、军事技术等受制于人，因此在指导思想上重新强调自力更生。“文化大革命”期间，极“左”思潮不但不重视发展经济，而且在对外经济合作方面更是片面把“独立自主、自力更生”的方针混同于闭关自守，否定对外贸易，歪曲自力更生为主的方针，对中国对外经济贸易发展也造成了不良影响。

因此，在“文化大革命”初期尤其是20世纪60年代末期，在内外因素共同作用下，中国对外贸易停滞不前甚至倒退，走上了一条经济封闭的道路。70年代以后，随着中国外交突破，外部环境有了很大改变，与西方发达国家建立贸易关系成为可能；“文化大革命”结束后，国内极“左”思潮也受到抑制，恢复和发展经济成为国内工作的主要任务，对外贸易也重新开始发挥积极作用，甚至在“文化大革命”结束后的一段时间，出现了技术引进和对外贸易发展的小高潮。70年代中前期，中国虽然仍坚持自力更生为主的外贸发展方针，并没有实施主动扩大开放战略，但为1978年开始的波澜壮阔的改革开放做了重要的准备。

二、对外经济贸易政策的调整

“文化大革命”时期，20世纪50年代建立起来的高度集中的对外贸易计划管理体制没有发生大的改变。

整体来看，“文化大革命”期间，中国进出口贸易仍然在国家的集中安排下按照国家计划进行，计划管理和行政命令仍是国家管理控制对外贸易的重要手段。对外贸易部每年仍编制下达外贸计划，国营各外贸专业总公司根据对外贸易部下达的货单和通知开展进出口业务，基本保障了国内生产和市场所需要的物资进口。

1976年“文化大革命”结束后，加快经济发展的任务十分迫切。在对外开放方面，已经有了20世纪70年代中前期扩大贸易、积极引进的有益探索，特别是制定出“四三方案”，因此，1977年开始中国加大了对发达国家的考察，加快了引进先进设备和技术的步伐，1978年不但外贸进出口大幅增长，更是为年底拉开波澜壮阔的改革开放序幕做了铺垫。

“文化大革命”时期，中国对外贸易政策主要做了以下几方面调整。

第一，支持进口棉花加工成棉布出口。1972年，外贸部门利用国际市场上棉布价格较高、棉花价格较低，而国内棉花歉收、加工能力较强的时机，进口一批棉花加工成棉布之后出口，这样既解决了国内的棉布紧缺，又利用了国内的生产能力，赚取了外汇。

第二，支持出口商品按国际市场价格作价。“文化大革命”期间，许多出口商品不顾国际市场行情乱提价，导致失去出口市场。例如，1971年中国出口生丝大幅提价，结果不但使中国生丝销路大减，而且促使韩国、巴西等大力发展蚕丝生产，最终使中国生丝出口被迫大幅度降价。陈云同志指出，出口产品在国际市场的价格应随行就市。在他的推动下，中国出口商品价格过高的问题得到解决，失去的出口市场也逐步得到恢复。

第三，恢复国内出口基地。20世纪70年代初，周恩来提出了“外贸要立足于国内，要把生产、使用和科研结合起来，推动国内生产的发展”的方针。中国积极恢复“文化大革命”初期被严重破坏的出口生产工作，工艺美术品、农产品等出口基地较快恢复起来。

第四，利用国际金融手段支持外贸发展。受计划经济思维影响，20世纪70年代以前，中国对外进出口往往只为完成任务采取现货交易方式，不考虑国际市场价格变化对盈亏的影响，经常以较高的价格进口。1973年4月，中国粮油食品进出口公司下属的香港丰润公司通过期货市场的远期操作，不但完成了采购任务，还为国家赚取了240万英镑的外汇。陈云同志闻讯后提出应该研究和利用商品交易所，中国对外贸易开始采取期货贸易的方式。

第三节 对外经济贸易发展情况

一、对外经济贸易规模“前低后高”特征明显

1966～1978年，中国对外贸易大落大起、先落后起，可划分为两个阶段：1966～1971年为停滞阶段；1972～1978年为恢复发展阶段。具体数据见表4－1。

表4－1 1966～1978年中国对外贸易和增速 单位：亿美元

年份	总额	比上年增长额	出口额	比上年增长额	进口额	比上年增长额	差额
1966	46.2	8.7	23.7	6.3	22.5	11.4	0.0
1967	41.6	－10.0	21.4	－9.7	20.2	－10.2	1.2
1968	40.5	－2.6	21	－1.9	19.5	－3.5	1.2
1969	40.3	－0.5	22	4.8	18.3	－6.2	1.5
1970	45.9	13.9	22.6	2.7	23.3	27.3	3.7
1971	48.4	5.4	26.4	16.8	22	－5.6	－0.7
1972	63	30.2	34.4	30.3	28.6	30.0	4.4
1973	109.8	74.3	58.2	69.2	51.6	80.4	5.8
1974	145.7	32.7	69.5	19.4	76.2	47.7	6.6
1975	147.5	1.2	72.6	4.5	74.9	－1.7	－6.7
1976	134.3	－8.9	68.5	－5.6	65.8	－12.1	－2.3
1977	148	10.2	75.9	10.8	72.1	9.6	2.7
1978	206.4	39.5	97.5	28.5	108.9	51.0	3.8
1979	293.3	42.1	136.6	40.1	156.7	43.9	－11.4

资料来源：根据国家统计局年度数据计算整理。

1966～1971年，中国对外贸易基本处于停滞状态。"文化大革命"爆发的1966年，中国对外贸易还基本延续前几年的增长势头，进出口总额较上年增长8.7%。但从1966年下半年开始，一些正常的对外贸易活动开始受到干扰。1967～1969年，对外贸易进出口总额连续三年下降，尤其是1967年比上年下降了10%。1970～1971年，"文化大革命"造成的影响有所减弱，对外贸易开始恢复性增长。1971年，中国对外贸易规模为48.4亿美元，仅略高于1966年46.2亿美元的水平。

1972～1974年，中国对外贸易经历了3年高速增长期，1973年对外贸易增长超过70%，其余两年增长也超过30%，1974年对外贸易规模高达145.7亿美元，是1971年的3倍多。1975年底中国再次出现了政治混乱的局面，加之连续几年快速增长所带来的高基数，使当年对外贸易增速大大下降，仅为1.2%。1976年国内政治动荡加剧，对外贸易出现了9%的负增长。1977～1978年，中国对外贸易重新回到较快增长的轨道，这两年的对外贸易增长分别达到10.2%和39.4%，1978年对外贸易进出口总额达到206.4亿美元，约为1950年贸易额的18倍，第一次达到了新中国成立后最高的年份。

整体来看，1966～1978年中国对外贸易年平均增速为12.9%，是改革开放前对外贸易增速最高的一个时期，但时间分布极不平衡，1971年之后对外贸易的快速增长拉高了这12年的平均水平。从贸易差额看，总体上进口和出口基本平衡，多数年份维持小额顺差，但也有一些年份由于设备、技术等进口增长较快出现一定逆差，其中，1978年逆差达到11.5亿美元，是改革开放前逆差最高的一年。贸易依存度更可以反映出这段时间中国对外贸易的发展趋势。"文化大革命"前期，中国对外贸易依存度连年下降，由1968年的6.6%下降到1971年的4.1%，而在"文化大革命"后期，对外贸易依存度明显上升，1976年对外贸易依存度增加到12.2%，对外贸易在国民经济中的重要性显著提高。

从国际比较看，1966～1976年是全球贸易大发展的十年，全球贸易年均增速高达16.9%；虽然这十年中国贸易年均增速也不低，但在全球贸易中的地位明显下降。1966年，中国进口和出口在全球的占比分别为1.14%和1.13%，国际排名分别是第20位和第16位；但1976年，这两个比重分别下降到0.68%和0.64%，国际排名分别下降到第33位和第35位。

二、对外经济贸易商品结构

“文化大革命”期间，中国进出口商品结构变化并不大，整体上，出口以初级产品和简单加工产品的消费品为主，进口则以资本密集型的投资品和中间产品为主，进出口结构符合欠发达发展中国家的特征，仍是用初级产品、劳动密集产品交换工业制成品。

（一）出口商品结构

“文化大革命”期间，中国出口最多的一直是粮油食品类产品，占比最高的1967年曾达到36.9%，此后占比不断下降，到1976年下降到21.5%；其次是纺织品，出口占比大致围绕20%波动；第三是土产畜产类产品，出口占比大致围绕15%波动。五金矿产、轻工产品、工艺品、机械产品出口占比在10%以下，其中，轻工产品、工艺品出口占比略有上升，五金矿产出口占比略有下降。变化较大的是化工品出口，20世纪60年代后期，化工类产品出口不多，出口占比多年维持在3%多一点的水平，有几年甚至是中国出口最少的产品类别，但1971年后，化工产品出口增长很快，特别是1974年以后，出口占比都超过10%，1975年甚至高达17.1%，成为出口第三大类产品。这说明，一方面，中国“文化大革命”期间的出口主体仍为初级产品，以及依托资源和劳动力的简单加工品为主，出口结构较为低端，附加值不高；另一方面，新中国成立以来的重化工业优先发展战略的成效在70年代中期开始显现，中国化工等工业制成品的国际竞争力有所提升。1966～1976年，中国出口商品结构见表4－2。

表4－2　　1966～1976年中国出口商品结构　　单位：%

年份	粮油食品	纺织品	土产畜产	工艺	轻工	五金矿产	化工	机械
1966	35.1	21.9	13.5	4.4	6.3	11.5	3.6	3.7
1967	36.9	22.1	13.2	5.0	6.8	9.9	3.6	2.5
1968	34.8	23.1	15.5	6.1	6.8	7.7	3.1	2.9
1969	30.5	23.5	17.1	7.0	7.4	7.8	3.3	3.4
1970	30.7	23.0	16.1	6.5	8.0	8.9	3.5	3.3

续表

年份	粮油食品	纺织品	土产畜产	工艺	轻工	五金矿产	化工	机械
1971	29.6	21.4	16.2	6.1	8.0	10.4	4.5	3.8
1972	28.5	24.6	15.2	6.6	7.5	9.0	5.2	3.4
1973	33.6	23.5	13.6	6.4	7.2	7.4	5.3	3
1974	32.7	14.7	13.5	5.3	7.4	8.5	12.1	2.8
1975	26.6	19.4	12.5	5.6	7.3	8.4	17.1	3.1
1976	21.5	21.6	15.3	6.7	7.7	8.7	15.9	2.6

资料来源：《中国对外经济贸易年鉴》编撰委员会编，《中国对外经济贸易年鉴（1984）》，中国对外经济贸易出版社 1984 年版。

（二）进口产品结构

"文化大革命"期间，中国进口以资本密集型和资源型产品为主。其中，进口最多的类别是五金矿产类资源性产品，这类产品进口占比变化较大，1966 年占比为 22.1%，此后不断上升，1970 年增加到 39.9%，再往后占比又有所减少，1976 年占比为 31.6%。"文化大革命"初期，由于国内经济出现混乱局面，中国增加了粮食进口以保证安全，1966 年粮油食品进口比重达到 24.9%，是当年中国进口最大的产品类别，但此后随着国内经济渐趋稳定和粮食自给率提高，粮油食品的进口占比逐渐下降，1976 年所占比重只有 10%。机械仪器和化工品是典型的资本密集型产品，它们在进口中一直占有较高比重，其中，机械仪器进口波动较大，占比最高是 1971 年的 23%，最低是 1976 年的 14%；化工产品进口占比最高是 1969 年的 26.4%，最低是 1974 年的 13.5%，随着中国化工产业的发展，化工产品进口比重出现下降趋势。值得注意的是成套设备和技术进口，"文化大革命"初期，这些产品的进口占比大致在 4% 的水平，但 1969～1973 年，受极"左"思潮片面强调"自力更生"等因素影响，进口大大减少，甚至有两年基本没有进口；1974 年开始，随着对外关系的改善和"四三方案"开始实施，成套设备和技术进口开始出现爆发式增长，1976 年进口占比达到 17.1%，成为当年第二大进口类别。"文化大革命"期间，中国也进口了一定的纺织品，其占比最高是 1973 年的 11.5%，最低则是 1970 年的 4.8%。土畜产品、轻工产品、工艺品等也有一些进口，但所占比重不大。1966～1976 年中国进口商品结构情况见表 4－3。

表4-3　　1966~1976年中国进口商品结构　　单位：%

年份	成套设备和技术	机械仪器	五金矿产	化工	轻工	工艺	纺织品	粮油食品	土产畜产
1966	4.5	18.8	22.1	16.7	1.7	0.4	6.8	24.9	4.1
1967	5.3	15.8	26.8	18.3	2.4	0.3	7.3	21.1	2.7
1968	4.0	14.9	27.1	22.7	2.2	0.1	5.8	20.8	2.4
1969	0.4	16.0	31.8	26.4	1.4	0.2	6.5	15.5	1.8
1970	0.0	17.5	39.9	18.9	1.4	0.0	4.8	15.4	2.1
1971	0.0	23.0	33.8	18.3	1.8	0.0	7.3	13.6	2.2
1972	0.6	20.0	30.7	17.4	2.6	0.0	9.0	17.9	1.8
1973	1.4	14.6	32.9	14.2	2.6	0.0	11.5	20.9	1.9
1974	4.1	16.9	27.9	13.5	2.6	0.0	11.1	21.9	2.0
1975	13.0	19.2	29.2	16.5	2.4	0.0	5.9	12.5	1.3
1976	17.1	14.0	31.6	15.0	2.2	0.0	8.3	10.0	1.8

资料来源：《中国对外经济贸易年鉴》编撰委员会编，《中国对外经济贸易年鉴（1984）》，中国对外经济贸易出版社1984年版。

以上进口结构说明，“文化大革命”期间中国进口仍主要是为工业化服务的，进口最多的是扩大生产投资所用的机械设备产品，以及作为原料的中间投入品，消费品进口不多，粮油食品等进口也更多是从安全角度考虑的。另外，中国与国外在粮油食品、五金矿产、纺织品等产品上互有进口和出口，贸易主要起到互通有无、调剂余缺的作用。

三、主要的贸易伙伴

“文化大革命”期间，中国对外贸易伙伴比较稳定。从进出口总额看，1966年中国的前十大贸易伙伴分别是日本、中国香港、英国、苏联、加拿大、朝鲜、联邦德国、法国、古巴和越南，它们合计占中国进出口比重为64.4%；1976年，中国的前十大贸易伙伴分别为日本、中国香港、联邦德国、法国、罗马尼亚、英国、澳大利亚、苏联、朝鲜、加拿大，合计占中国进出口比重为65.5%。

贸易伙伴最明显的变化是，美苏以外的“第二世界”国家尤其是资本主义国家（地区）与中国的贸易联系进一步加强。1966 年，中国前十大贸易伙伴中，社会主义国家占了四个，苏联居第四位，对苏贸易在中国贸易中的占比为 6.6%。而 1976 年，社会主义国家在前十大贸易伙伴中只有三个，其中贸易最多的罗马尼亚在中国贸易中的占比仅有 3.3%。1966～1976 年，中国与社会主义国家的贸易总额由 11.7 亿美元增加到 22.5 亿美元，年均增速为 6.8%，大大低于中国此期间对外贸易年均 11.3% 的增速。相比之下，中国与资本主义国家的贸易往来增长很快，1966～1976 年，中国与资本主义国家的贸易总额由 19.2 亿美元增加到 63 亿美元，年均增速为 12.6%。日本一直稳居中国与资本主义国家贸易的首位，其次是联邦德国、法国、英国等一些西欧国家。1976 年美国是中国第 11 大贸易伙伴，还没有进入前十位，但此后双方贸易发展很快，到 1978 年，美国已成为中国第三大贸易伙伴了。1966 年和 1976 年中国主要贸易伙伴贸易占比情况见表 4－4。

表 4－4　1966 年和 1976 年中国前十大贸易伙伴占贸易比重　单位：%

1966 年				1976 年			
地区	进出口	出口	进口	地区	进出口	出口	进口
日本	13.1	11.4	14.8	日本	22.6	17.8	27.6
中国香港	12.5	23.7	0.7	中国香港	13.1	25.3	0.4
英国	7.4	5.9	9.1	联邦德国	7.0	3.3	11.0
苏联	6.6	5.9	7.3	法国	4.5	1.9	7.3
加拿大	5.5	1.0	10.2	罗马尼亚	3.3	2.8	3.9
朝鲜	4.4	4.8	3.9	英国	3.2	3.9	2.6
联邦德国	4.0	2.7	5.4	澳大利亚	3.2	1.3	5.2
法国	3.9	2.5	5.3	苏联	3.1	2.5	3.7
古巴	3.7	3.7	3.6	朝鲜	2.9	3.6	2.2
越南	3.3	5.8	0.6	加拿大	2.6	1.3	3.9

资料来源：《中国统计年鉴（1984）》。

（一）与日本的对外经济贸易联系

"文化大革命"期间，日本一直是中国最大的贸易伙伴，与中国贸易关系经历了"前低后高"的过程。1966 年，中日贸易规模为 6 亿美元，在中国贸易中的占比为 13.1%，1971 年双方贸易规模达到 8.76 亿美元，贸易占比增加到18.1%。此后两国贸易加速发展，1976年双方贸易规模达到30.4亿美元，贸易占比提高到22.6%，而1978年双方贸易规模已达到48.2亿美元，贸易占比提高到23.4%。“文化大革命”到改革开放前的这段时间，中国对日本的机械设备、运输工具、化工产品等进口需求很大，对日贸易一直有较大的逆差。

1964年日本佐藤内阁上台后，采取了敌视中国的政策。1965年1月，佐藤内阁没有批准日本公司利用政府资金向中国出口第二套尼纶设备和货船。1968年，中日五年长期贸易协议到期后不再续签，改为仅在每年商定一次贸易协议事项，这导致备忘录贸易受到很大影响。友好贸易也出现了新情况。1970年中国提出了中日贸易“四项条件”，对日本厂商造成了较大影响，不少子公司与违反“四项条件”的母公司断绝关系。

中日邦交正常化之后，日本经济界对中国的关注明显升温。1974年1月，中日两国签订中日政府贸易协定，规定双方要遵守已有民间贸易积累的成果，相互给予关税最惠国待遇。此外，中日双方还签署了航空、海运、渔业、科技、投资保护、商标保护等一系列协定，为两国全面发展经贸关系奠定了基础，除原来的友好商社外，中国还与越来越多的日本厂商开展了贸易往来。至此，备忘录贸易和民间贸易完成了历史使命，双方贸易进入了正常、快速发展时期。

（二）与西方资本主义国家的对外经济贸易联系

20世纪60年代初中苏关系恶化后，中国与西方发达国家贸易关系出现升温趋势。一方面，中国希望通过扩大与西方发达国家的贸易联系弥补与苏东国家贸易下降的缺口；另一方面，西方发达国家经济受“滞胀”等困扰，纷纷谋求与中国建立外交关系、开展经济贸易往来。1964年，中国和法国建立外交关系，这不但推动了两国贸易发展，而且掀起了西方发达国家与中国开展贸易的热潮。然而，随着“文化大革命”的发生，中国与西方发达国家贸易发展受到很大干扰，甚至出现倒退。70年代初开始，随着中国国内环境的变化，以及与中国建交的西欧国家越来越多，中国与西方发达国家贸易进入较快发展的时期。这段时间，中国先后与意大利、联邦德国、西班牙、奥地利、瑞士、希腊等国签署了政府间贸易协定，与荷兰等国签订了成立贸易混合委员会的协定，与芬兰签订了经济、工业、科技合作协定。1975年5月，中国与欧洲经济共同体（以下简称“欧共体”）建立了外交关系，1978年4月，中国与欧共体签署了贸易协定。这段时间，中国与欧共体贸易往来加快，与欧共体成员的贸易占中国与西欧国家贸易的80%以上。从此时起，欧洲成为中国进口先进技术、设备的另一个重要来源地。

1966年，中国与西方资本主义国家的贸易额为19.5亿美元，1976年双边贸易额增加到63亿美元，年均增长12.6%，略高于同期中国对外贸易年平均11.3%的增速。其中，1966～1976年，中国与联邦德国的贸易额由1.9亿美元增加到9.5亿美元，年均增长17.7%；与法国的贸易额由1.8亿美元增加到6.1亿美元，年均增长13%。此外，中国与澳大利亚的贸易额由1.3亿美元增加到4.3亿美元，年均增长13.1%。这段时间，欧洲制造强国成为中国进口设备和技术的主要来源，这造成中国和一些西欧国家的贸易逆差大大攀升，如1966～1976年，中国与联邦德国的贸易逆差由0.56亿美元扩大到5亿美元，与法国的逆差由0.59亿美元扩大到3.5亿美元。

（三）与苏联的贸易濒临中断

“文化大革命”时期，中国与苏联的贸易继续萎缩。20世纪60年代末期，中苏关系更加紧张，中苏贸易受到很大影响。60年代前中期，中苏经济技术合作中止后，苏联不再对中国出口设备、技术等重要物资，而中国发现内陆油田后，也减少了对从苏联进口石油的依赖。1967年，苏联开始对两国贸易设置障碍。例如，苏联以猪瘟为借口，拒绝接受中国出口的冻猪肉，并停止向中国供应木材，使中苏冻猪肉交换木材的长期合同不得不中止；此后又停止了1967年两国议定书项下中国26种产品的出口，中方为平衡进出口，相应停止接受苏联出口的石油、机械等出口产品。1968～1969年，中苏双方停止了互派贸易代表团商签年度换货议定书的惯例。加之早在1960年两国商业部门之间的消费品互换就已经中止，1962～1967年双方边境贸易也相继中断，到60年代末，中苏双方的贸易濒临中断。1966年，中苏贸易规模尚有3亿美元，但1968年已下降至1亿美元，1970年进一步减少到0.47亿美元，仅相当于1959年双方贸易的2.9%，占中国外贸的比重甚至不足1%。60年代末，中国从苏联的进口中，机械约占两成，工业原料约占四成；中国对苏联的出口中，轻纺产品约占六成，工矿产品和农副产品各占约两成。过去农产品是中国对苏联出口的主要产品，60年代前期出口农产品曾被用来偿还中国所欠苏联债务，而60年代末债务还清后，中国陆续停止了对苏联的农产品出口。

1970年以后，中苏关系有所缓和，双方贸易也有一定的恢复。1970年，中苏恢复了1968年中断的两国互派贸易代表团商签年度换货议定书的做法。1971年，中苏双方协商确定，两国开始用瑞士法郎进行贸易计价和结算。在贸易商品作价方面，1950年中苏贸易协定签署后直到1974年，两国贸易实际上都是按照双方商品交换的固定价格执行的，每年个别调整，1975年开始则改为以国际市场现行价格为基础，由两国外贸机构本着平等互利原则协商确定。1976年，中苏贸易额回升到4.1亿美元，但占中国贸易的比重仍很低，只有3.1%。

（四）与东欧国家贸易有所回升

1966年以后，中国同东欧八国的贸易逐步回升，1973年，中国与东欧国家的贸易额达到8.05亿美元，已超过20世纪50年代的最高水平。这段时间，双方在贸易方面进行了一些调整。例如，70年代初，中国与东欧国家的贸易计价货币先后由卢布改为瑞士法郎；作价原则由固定价格改为按国际市场价格；双方可根据需要，在年度贸易协定外商谈补偿贸易和长期合同；个别商品可以进行现汇贸易等。整体看，中国对东欧国家出口以粮油食品、五金矿产、土畜产品、轻纺产品等初级产品和劳动密集型产品为主，进口则以工业设备、交通工具、钢材、化工品等资本密集型产品为主。

“文化大革命”时期，受政治外交关系影响，中国与东欧不同国家贸易发展并不平衡。其中，中国与罗马尼亚的贸易关系，随两国政治外交关系紧密而发展得最好。双方在原来单一的协议贸易基础上，增加了现汇贸易、易货贸易、补偿贸易等多种方式。1971年，中国与罗马尼亚政府签订了5年长期贸易协定，5年间两国贸易年平均增长高达23%。1976年，罗马尼亚成为中国第五大贸易伙伴，居社会主义国家的第一位。

（五）与发展中国家的对外经济贸易联系

在对朝鲜贸易方面，1968年，中朝第二个长期贸易协定执行完毕后，双方没有再签订新的贸易协定，1970 年两国边境贸易也中断了，中朝贸易额明显下降。1970 年，周恩来访问朝鲜后，中朝贸易发展进入了新阶段，两国政府签订了为期 6 年的第三个长期贸易协定。此后，中朝贸易发展迅速，1976 年双边贸易额达到 3. 95 亿美元，比 1970 年增长 3. 4 倍，但占中国贸易的比重下降到 2. 9%，朝鲜在中国贸易伙伴中的排名也由 1966 年的第六位退居第九位。1977 年，中朝两国政府签订了为期 5 年的第三个长期贸易协定。

在对越南贸易方面，"文化大革命"期间正是越南战争阶段，中国对越南采取了援助为主、贸易为辐的方针。1966 年，中越贸易额为 1. 25 亿美元。1967 年开始，中越贸易额逐年下降，1972 年仅为 498 万美元。

在与其他亚洲发展中国家的贸易方面，20 世纪 70 年代初中国恢复联合国合法席位后，许多亚洲国家与中国建交，一些曾中断与中国贸易的东南亚国家也开始与中国改善关系、恢复和发展贸易。1971 年，马来西亚首先与中国恢复了直接贸易。70 年代中期，受石油危机影响，泰国、菲律宾原油短缺，中国以优惠价格将石油出口给这两个国家。与此同时，中国与约旦、科威特、沙特阿拉伯等国家政府加强了贸易往来，双方贸易大幅增长，70 年代末，中国与海湾国家贸易额达到 7 亿美元左右，是 70 年代初期的 6 倍多。

在与非洲发展中国家的贸易方面，20 世纪 60 年代以前，中国对非洲的贸易主要集中在北非国家，60 年代以后开始与撒哈拉沙漠以南国家发展贸易，到 60 年代末，与北非国家的贸易占中国对非洲贸易的 2/3，对撒哈拉沙漠以南国家的贸易占 1/3。70 年代初，在中国恢复联合国合法席位后，越来越多的非洲国家与中国建立了外交关系，中国外贸部代表团先后访问了几内亚、阿尔及利亚、苏丹等国，为中非贸易进一步发展奠定了基础。70 年代，中国与埃塞俄比亚、卢旺达、塞拉利昂、尼日利亚、扎伊尔、乍得、塞内加尔等 18 个非洲国家签订了政府间贸易协定，到 70 年代末，与中国有政府间贸易协定的国家增加到 32 个，与中国建立贸易关系的国家增加到 47 个。中国除与北非各国的贸易继续发展外，对撒哈拉沙漠以南国家的贸易也有较快增长，特别是对坦桑尼亚、赞比亚、尼日利亚等国的出口曾一度占有比较重要的位置。1979 年，中国与非洲贸易额达到

8.17亿美元，比1969年增长了3.5倍，其中出口额为4.93亿美元，进口额为3.24亿美元，但非洲在中国贸易中的比重仍较低，仅有2.78%。这段时间，由于非洲国家对中国的轻纺、粮油、土特产品等进口需求旺盛，但出口产品有限，若沿用过去的记账贸易方式，则会使进出口不平衡不断扩大，为此中国与大部分非洲国家将记账贸易改为现汇贸易。另外，中国也利用非洲国家与欧洲的经贸联系，通过欧洲国家的转口开展对非洲的贸易。

在与拉丁美洲国家的贸易方面，也出现了一些新变化。20世纪60年代中期以后，中国与古巴关系恶化，双方贸易额由1965年的2.2亿美元降低到1969年的1.2亿美元，但古巴仍是中国在拉丁美洲的第一大贸易伙伴。60年代后期，中国与阿根廷和智利开始发展贸易关系，1965年中国贸促会在智利设立了商务代表处。70年代以后，和中国建交的拉丁美洲国家不断增加，中国先后与智利、秘鲁、墨西哥、阿根廷等国签署了经济和贸易协定，在秘鲁、阿根廷、委内瑞拉、牙买加、巴拿马等国举办了中国经济贸易展览会，中国和拉丁美洲国家的贸易额也大幅增长。1979年，中国与拉丁美洲国家的贸易额达到12.6亿美元，比1969年增加了8.7倍。这段时间，中国与拉丁美洲国家的贸易品种也大大增加，中国从拉丁美洲进口的主要是铜、铁矿石、生铁、钢材、锌等各类矿产品，以及小麦、玉米、大豆、鱼粉等农产品，出口的主要是轻纺产品、粮油食品、工艺品等。

（六）与香港地区的对外经济贸易联系

自20世纪60年代中期特别是70年代开始，香港地区的经济开始了以服务业为主的第二次转型。在这个过程中，香港地区集聚的国际贸易商越来越多，国际贸易所需的各类业务也发展起来，香港地区国际航运、贸易中心发展初见雏形。这段时间，西方国家对中国内地和香港地区的各类禁运、封锁基本取消，内地与香港地区的贸易关系也出现了新变化，间接的转口贸易取代直接贸易，成为内地与香港地区贸易的主要方式。

“文化大革命”时期，在内地商品出口中，香港地区仍继续发挥重要的中介作用。内地对香港地区的贸易以出口为主，进口很少，在对香港地区的出口中，大部分是转口贸易，也就是内地产品先出口到香港地区，再通过香港地区出口到世界其他地区。内地通过香港地区转口，既可以通过香港地区的国际商业网络找到合适的国际买家，也可以利用香港地区特殊的地位与没有外交关系的国家进行贸易；而香港地区发展与内地的转口，则推动了香港地区贸易中心的形成和经济繁荣。1966年，内地对香港地区的贸易额为5.78亿美元，其中出口额为5.62亿美元，进口额只有0.16亿美元。到1976年，内地对香港地区的贸易额增加到17.66亿美元，是1966年的3倍多，其中出口额为17.37亿美元。1976～1978年，内地对香港地区出口增速进一步加快，1978年内地对香港地区出口额已增加到25.3亿美元。"文化大革命"发生到改革开放前的这段时间，与香港地区的贸易特别是出口变化，与内地对外贸易整体变化基本相当，对香港地区的出口占内地出口的比重一直在1/4上下。对香港地区的贸易一直稳居内地对外贸易进出口的第二位、出口的第一位。

四、对外经济技术援助显著增加

"文化大革命"时期，中国对外援助不但没有停滞，反而出现了快速增长。"文化大革命"初期，受国内经济混乱影响，中国对外援助产品和项目出现下降，为此，周恩来指示要对各项援外项目进行全面检查，以保障外援需要。20世纪70年代，中国恢复在联合国合法席位后，中国外交进入了一个大发展时期，到1978年，有52个国家与中国建立了外交关系，其中绝大多数是发展中国家。这些发展中国家在与中国商谈建交时，都希望中国向其提供援助和派出援外人员。1971～1974年，中国先后向塞拉利昂、卢旺达、加纳、扎伊尔、塞内加尔、马达加斯加、尼日尔等国家派出600多名农业技术人员，及时接替了有关项目。1971～1978年，中国在继续向原来32个受援国提供援助的同时，还向36个新受援国提供了对外援助。整体来看，"文化大革命"时期在中国国内经济比较困难的情况下，对外援助的数量和规模急剧增长，已经超过了当时国民经济的承受能力。1967年，中国对外经济援助占国家财政支出的比重为4.5%，1973年这一比重增长到7.3%，已大大超出了发达国家对外援助的比重。

这一时期，中国对外援助形式越来越丰富，除传统的双边援助外，从

1972年起，中国还参与了联合国框架内的多边援助，除传统的无息贷款和优惠贸易援助方式外，还开始出现成套项目援助。与此同时，中国对外援助的范围也不断扩展。例如，20世纪70年代后，中国开始对古巴以外的拉丁美洲国家进行援助。1972年，中国政府决定五年内向圭亚那提供1000万英镑的无息贷款，1975年，中国政府再向圭亚那提供2000万元人民币的无息贷款，同时，中国还派出专家援助圭亚那发展水稻种植业。1976年，中国决定帮助牙买加建立一座涤棉纺织厂，总投资额达1650万元人民币。此外，中国红十字会也向中美洲受灾国提供了多笔人道主义援助，如1972年12月尼加拉瓜遭受严重灾害后，中国红十字会捐赠了价值50万元的物资和50万元现款，开辟了对拉丁美洲民间外交的新渠道。此外，中国还有一些广义的经济援助，中国对外贸易并不仅从经济利益角度考虑，还要考虑政治因素。中国在发展中国家遇到困难时，给予必要的帮助，例如，当1971年秘鲁鱼粉销售困难时，中国进口了15万吨鱼粉，相当于秘鲁当年出口量的15%。

对外经济援助不但提高了中国对全球政治的影响力，而且推动了中国与受援国的经贸关系发展。在政治影响方面：一是对外援助支持了亚非拉国家的经济发展，20世纪60年代后期和70年代前期，正是第三世界国家掀起反殖反霸、争取民族独立运动的高潮期，但是新独立的亚非拉民族国家普遍经济落后，急需发展经济，以摆脱帝国主义国家的经济控制和剥削。中国的经济援助有力地支持了第三世界国家的民族解放运动，帮助了受援国的政治独立和经济发展，推动了发展中国家成为国际舞台上一支维持和平发展的重要力量，这反过来又为后来中国现代化建设提供了稳定的国际环境。二是对外援助提高了中国的国际地位，60年代中国外交的首要目标是打破外交孤立，而广大亚非拉国家是国际上支持中国的主要力量，中国通过对阿尔巴尼亚等国家的慷慨援助，使这些国家多年在联合国会议上提议恢复中国的合法席位，并最终在1971年使中国以压倒性胜利恢复了在联合国的席位，扩大了中国的政治影响。三是对外援助也有助于保障中国的国防安全。中国在五六十年代恶劣的国际环境下，通过对朝鲜、越南的经济援助，对保障中国国家安全发挥了重要作用。在经济影响方面，对外援助使中国在广大受援的发展中国家获得了良好的声誉，为建立稳定的双边经贸联系打下基础。例如，中国对外援助项目用到的成套设备、主要材料、零部件等大都由中国提供，起到了在受援国和其他国家推介中国产品、技术和工程的作用，有助于中国拓展国际市场出口；再如，受援国通过中国的经济技术援助，提高了自身的经济发展能力，人民生活水平也有了很大提升，这也会进一步带动中国的出口。

非洲的坦赞铁路是“文化大革命”期间乃至中国对外援助史上的里程碑事件。1964年，坦桑尼亚和赞比亚相继独立，它们迫切需要经济上独立，特别需要修建一条通往坦桑尼亚出海口的铁路。坦赞政府先后向世界银行和苏联请求修建坦赞铁路，但都被拒绝。1965年和1967年，坦桑尼亚和赞比亚总统相继访华，并希望中国政府帮助修建坦赞铁路。中国表示支持，并于1967年9月与坦桑尼亚、赞比亚签订了修建坦桑铁路的议定书，中国将提供无息的、不附带任何条件的贷款，并派专家对铁路进行修建、管理、维修，以及培训技术人员。1970年10月，坦赞铁路动工兴建，1976年7月全线完成运营，是中国最大的援外成套项目之一。中国政府为修建坦赞铁路提供了无息贷款9.88亿元，发运各种设备材料近100万吨，先后派遣工程技术人员近5.6万人次，并为坦赞两国培养了1.2万多名技术工人，高峰时期在现场施工的中国员工多达1.6万人。中国援建坦赞铁路，体现了对外援助的八项原则，赢得了非洲国家的广泛赞同，为中国恢复联合国合法席位创造了条件。

第四节　对外经济贸易发展评价

一、“文化大革命”后期开辟了对外经济贸易的新局面

（一）对外经济贸易在国民经济中的作用加强

中国对外经济贸易在“文化大革命”后期迎来了发展的新局面。1971～1978年，是改革开放前中国外贸增速最快的一段时间。对外贸易由“文化大革命”前期的互通有无、调剂余缺的低层次作用，转变为“文化大革命”后期的引进先进技术、推动经济结构升级、加快工业化等高层次作用。

首先，推动了国民经济发展。在当时短缺经济条件下，中国经济增长主要受供给制约。20世纪60年代后期受“文化大革命”影响出现经济下滑后，70年代开始进口先进技术设备，提高了中国投入产出效率和生产能力，扩大了供给水平，促进了工农业生产的回升，使国民经济发展恢复到正常的轨道上，经济增速明显提高。

其次，提升了产业结构。引进一批先进的成套设备和技术，利用外部资源扩大中国的工业投资，较大提高了中国工农业技术水平，加快了中国工业化、现代化进程，缩短了与世界先进水平的差距。

再其次，提高了产品质量。为了增加出口创汇，出口部门必须提高出口竞争力，由此推动出口厂商提高产品质量、更新生产设备、优化生产工艺、增加花色品种等，同时也学习到国际市场上好的出口经验和做法，在一段时间内，中国出口产品质量高于内销产品。

最后，增强了对国际形势的了解。“文化大革命”后期，扩大进出口促使中国了解国际市场的变化趋势、国外技术的先进程度，突破了封闭经济下狭隘的眼光。

更重要的是，“文化大革命”期间，经济开放和经济封闭几经反复，从实践上证明了，当对外开放程度较大时，经济发展就较好；当对外开放程度减小时，经济发展就容易出现问题。在“文化大革命”后期，党和国家的主要领导人也意识到“关起门来搞建设”是不行的、是不能成功的，这为1978年改革开放后坚定不移地实施对外开放政策打下了基础。

（二）拓展了新的贸易伙伴

新中国成立时，美国是中国第一大贸易伙伴，1949年与美国的贸易约占中国外贸的1/4，但朝鲜战争爆发后，中美贸易迅速陷入停滞。20世纪50年代，中国与苏联结成了政治军事同盟关系，苏联很快就成为中国最大的贸易伙伴，50年代后期，苏联和东欧国家占中国贸易比重曾经超过65%，但随着60年代初与苏联关系恶化，对苏贸易也迅速萎缩，1970年对苏贸易比重降到只有1%的水平。60年代中期，中国与美、苏两个超级大国的贸易几乎全部停止，外贸发展的外部环境非常严峻。70年代初，中美关系恢复，但并未立即带来两国贸易发展，而中苏关系依然比较紧张。不过，随着中国外交取得突破，外贸发展的外部环境得到改善，加之对外贸易的指导思想也进行了调整，中国与第二、第三世界国家的贸易开始发展，并成为中国外贸发展的重心，尤其是日本、欧洲等国家（地区）成为中国出口的主要市场和技术引进的主要来源地。这段时间，中国贸易伙伴数量大幅增加，贸易不再依赖于苏、美两个超级大国，降低了中国对单个国家的贸易依赖，客观上起到了减少对外开放风险的作用。

对外贸易的发展，还改善了中国的对外关系。一方面，中国与很多国家在建交前就开展了民间、半官方和官方的贸易，外贸为建立外交关系起到先行作用。建交之后，正式的外交关系更可以保证经贸往来的稳定发展，经济和外交形成了良性互动发展的局面。另一方面，中国对亚非拉国家的慷慨支持和援助，也获得了政治外交方面的积极回报，如 20 世纪 60 年代中期在西方和苏东国家同时孤立中国的情况下，中国与亚非拉国家的关系有了较大发展，1971 年依靠这些国家的帮助，中国恢复了在联合国的合法席位。

二、“关起门来搞建设”放慢了工业化和国民经济发展进程

“文化大革命”时期可以划分为两个阶段，前一阶段是比较封闭的时期，后一阶段则是有限开放的时期。通过对这两个阶段的比较可以发现，封闭经济下的工业化必然是高成本的工业化，开放条件下的工业化是低成本的工业化。在推动工业化、加快国民经济发展等方面，开放经济明显优于封闭经济。

“文化大革命”前期，是新中国成立以来经济最为封闭的时期。1967～1969 年，中国外贸规模连续三年下降，1969 年的外贸规模还不及 1959 年的水平，也就是说，对外贸易在十年中几乎没有发展。20 世纪 60 年代中期到 70 年代初，极“左”思潮不重视国民经济发展，国民经济甚至出现了负增长。在对外开放上，片面强调自力更生，实际上采取了内向型的发展战略，也就是“关起门来搞建设”，基本上不参与国际经济分工，更无法发挥比较优势。这段时间，中国由原来借助国外资源实现工业化，转为依靠国内资源推进工业化，大幅减少了先进的技术设备和国外便宜的资源、原材料等进口；出口也受到很大干扰，一些传统出口市场被其他国家占领，出口创汇积极性和创汇能力都明显下降，反过来更不可能支撑进口。其结果是，这段时

间对外贸易的作用大大下降，基本上只停留在互通有无的低层次状态。“文化大革命”后期，历经几次反复，中国逐步回到“文化大革命”前有限开放的工业化道路上。这段时间，中国对外贸易增长明显加快，特别是“四三方案”等实施后，中国积极从发达国家进口先进设备和技术，同时也加大了出口创汇的力度，以保障扩大进口所需要的外汇，对外贸易的作用明显增强。

比较“文化大革命”前后两个阶段可以发现，“文化大革命”前期，虽然中国依靠自力更生，对于建立和完善完整的工业体系有推动作用，在某些工业、国防和科技项目上甚至取得了世界级的成果，也有利于保障国家经济安全，但整体来看，在封闭条件下进行经济建设付出了比开放条件下高得多的成本和代价。例如，中国自主设计生产机械设备等时，由于缺乏知识技术、产业基础、生产经验、相关人才等，不得不投入大量人财物，成本大大高于进口，功能质量等也不及进口的机械设备，利用国内设备生产的下游消费品也普遍质次价高。另外，在工业技术分工不断深化的情况下，内向型发展还不得不自我配套，几乎所有的东西都自己生产，进一步抬高了生产成本。在计划经济体制下，原来就是通过强制压低消费、增加积累来支持工业化发展的，而在“文化大革命”封闭经济状态下，由于工业化成本上升，不得不进一步压低消费，导致人民生活水平长期得不到改善。封闭起来搞建设，还会导致国内对全球经济、产业、科技等发展趋势和最新成果缺乏了解，拉大与世界发展的差距。“文化大革命”后期，中国调整了指导思想，通过有限开放开始参与国际分工并发挥比较优势，引进国际先进资源加快国内工业化进程。这段时间，中国通过出口有比较优势的初级产品和劳动密集型产品，换回了不具有比较优势的资本技术密集型产品和短缺的原材料、零部件等中间产品，与封闭状态下相比成本要低很多，更重要的是在短期内提高了中国工业水平和生产能力，加快了中国的工业化、现代化进程，通过直接利用国外先进成果，缩小了中国科技与世界先进水平的差距。

三、主要问题和教训

第一，错失了全球产业转移的重大机遇。“文化大革命”时期，在全球范围内出现了第三次工业革命和第二次产业转移浪潮，全球分工格局深化。这段时间，一些发展中国家（地区），抓住了全球产业转移的机遇，实施了出口导向型发展战略，一方面积极支持扩大出口，另一方面以鼓励外商投资、扩大对外借款等方式吸引外资，承接了发达经济体以劳动密集型产业为主的产业转移，融入国际分工体系，在较短的时间内完成了工业化，并迈进了发达经济体行列。相比之下，"文化大革命"时期，中国外贸发展基本停滞，不再鼓励出口创汇；在"文化大革命"前期也停止了对外借款，外商投资一直没有放开。这样，中国在"文化大革命"时期错失了承接全球产业转移的重要机遇，被排除在国际产业分工体系之外，与其他国家（地区）的经济差距拉大了。在科技发展方面，虽然举全国之力在核能、航空航天、生物等科技前沿的某些领域取得了突破，但却没有大规模产业化应用，在第三次全球科技革命中与主要国家的差距也被拉大了。

第二，改革开放前的"洋跃进"超出了当时中国发展阶段的能力。"文化大革命"结束后的前两年，国家加快发展经济的愿望十分迫切，加之实施"四三方案"已初见成效，出现了不顾实际情况盲目扩大引进技术设备的倾向。1978年开始上马和进口宝山钢铁、金山化纤、3个化工基地、4套化肥设备等大型项目，一年的对外进口订货额高达78亿美元。为集中进口大量的设备和项目，一方面，继续压缩国内消费，使国民经济失调问题更为严重；另一方面，在当时对外资还未开放的情况下，大规模进口大大超出了外汇支付能力，不但贸易逆差和外债规模大量增加，而且有的订货部门拖欠进口货款，到后来甚至推迟和撤销部分项目，造成了不良的国际影响。此外，大规模的设备和技术引进，也超出了中国当时的消化和配套能力。"洋跃进"的教训说明，中国这样一个发展中大国的对外开放是比较复杂的问题，既不能搞自我封闭，失去利用国际资源加快发展的机会，也不能盲目贪大求快，超越发展阶段的实际国情，而应该根据实际情况，逐步扩大对外贸易的领域和范围，平衡对外贸易的收益和风险。

第三，极"左"思潮对对外贸易发展造成了很大的负面影响。"文化大革命"时期的极"左"思潮，造成了中国对外开放的大倒退，削弱了中国的国际经济地位。"文化大革命"之前，中国在发展中国家中的技术和经济是比较领先的，但经过"文化大革命"，中国与一些新兴发展中国家相比落后了。极“左”思潮还体现在中国的国际援助领域。一方面，中国对外援助过多，超过了当时的援助能力，部分国家对中国省吃俭用的援助资金援助项目并没有好好利用；另一方面，在对待其他国家给予中国援助的时候，却片面强调自力更生。

第五章

改革开放初期探索尝试阶段（1978～1991年）

1978年12月，党的十一届三中全会召开，正式拉开了中国改革开放的历史序幕。改革开放初期，中国对外经济贸易发展处于探索尝试阶段，这一阶段的主旋律是：简政放权、出口导向、引进外资。

第一节　国际国内环境

改革开放初期，国际国内政治经济格局都发生了重大变化，这为中国对外开放提供了良好的机遇。

第一，国际经济格局变化为中国提供了良好的发展机遇。这一时期，国际上和平与发展成为世界的主题，世界多极化趋势明显。美国经济霸权地位受到日益崛起的日本和西欧的挑战，20世纪80年代末逐步形成美日欧三足鼎立的国际经济格局。美苏两极争霸激烈，为80年代末90年代初雅尔塔体系瓦解埋下伏笔。第三世界国家的国际影响力不断增强，以“亚洲四小龙”（韩国、新加坡、中国台湾、中国香港）为代表的亚洲新兴经济体迅速崛起。

第二，经济全球化为中国融入全球产业链提供了机遇。第二次世界大战后到20世纪70年代初，以国际金融、国际贸易体制和跨国公司为特征的经济全球化浪潮出现。70年代以来，随着经济全球化联系增强和以电子信息技术为代表的高科技的发展，发达国家面临新的一轮产业升级。例如，日本在50～70年代通过对外开放承接“二战”后的第一次产业转移，实现了经济高速发展之后，70～90年代，为推动自身产业结构不断转型升级，加快了对外投资步伐，加快以东亚为中心的全球产业链分工布局，在东亚地区建立了以日本为核心的“东亚雁行国际分工体系”。60年代后期到80年代，“亚洲四小龙”通过对外开放，承接了第二轮国际产业转移，主要承接来自日本的劳动密集型产业，经济获得高速增长。80年代后期，当“亚洲四小龙”发展资本和技术密集型产业以后，又将原来承接自日本的劳动密集型产业整体转移至以“亚洲四小虎”（泰国、印度尼西亚、马来西亚、菲律宾）等为代表的东盟（ASEAN）国家。日本及亚洲新兴经济体为中国对外开放树立了成功典范。中国廉价的劳动力和巨大的潜在市场成为承接劳动密集型产业、融入全球产业链的优势。

第三，建立全面的外交关系为中国对外开放提供了良好的国际政治环境。中国对所有国家、所有市场的全方位的开放，促进了新中国同西方国家外交关系的改善。中国与大批西方发达国家建立了外交关系，中美关系解冻、中日建交、中国与西欧全面建交，恢复了中国在联合国的合法席位，中国外交局面发生重大变化与改善，为中国对外开放提供了有利的国际环境。

第四，对外开放政策的确立与初步实施有效促进了中国经济贸易的对外开放。1978年党的十一届三中全会为中国改革开放指明了方向，改革开放成为中国的基本国策，以经济建设为中心成为全党和全国人民的共识。1982年12月，对外开放政策被正式写入中国宪法。1984年10月，党的十二届三中全会通过了《中共中央关于经济体制改革的决定》，正式将对外开放确定为中国的长期基本国策。在对外开放政策的推动下，中国对外贸易快速发展。

第二节　对外经济贸易政策的调整变化

改革开放初期，由于国内生产能力和出口创汇能力严重不足，外汇极度缺乏，中国对外贸易体制改革的最初目的是扩大出口创汇，以购买国民经济发展所需的原材料和关键设备。为扩大出口生产和创汇能力，中国积极招商引资，外商投资企业被直接赋予进出口经营权。

一、实施出口导向战略

贸易战略的选择决定着对外贸易体制改革的基本方向。1978～1991年，随着中国改革开放政策的实施，中国对外贸易战略从进口替代贸易战略逐步转向出口导向战略。在战略转变初期，仍是以进口替代战略为主。1986年中国提出"复关"申请，为适应关贸总协定的自由贸易原则，中国实行以进口替代和出口导向相结合的混合贸易战略，充分发挥这两种战略的优势，利用进口替代战略保护本国传统产业，利用出口导向战略增加外汇收入。20世纪80年代后期，实施"大进大出""两头在外"的国际大循环战略，推动中国产业融入国际产业链分工体系中。

这一时期，实施了一系列鼓励出口措施，包括出口补贴、减免关税、出口退税、外汇留成、出口信贷、出口配额和许可证等措施，限制外资企业的内销。对进口实施严格的限制措施，仍采取严格的审批制度，通过关税、进口许可证、外汇管制、进口商品分类经营管理、国营贸易等措施限制进口。

二、调整对外经济贸易政策

中国的对外贸易体制改革是在对外贸易战略转变的基础上进行的。这一阶段，中国主要实施出口导向型战略，对外贸易政策围绕扩大出口制定。

（一）进口政策

这一时期，一是主要进口先进技术和关键设备，对一般商品的进口特别是消费品的进口则采取了严格的控制。1986年国务院《关于第七个五年计划的报告》和1990年《中共中央关于制定国民经济和社会发展十年规划和"八五"计划的建议》中都强调，按照有利于技术进步、有利于增强出口创汇能力和有利于节约使用外汇的原则，合理安排进口，把有限的外汇集中用于引进先进技术和关键设备，进口国家重点生产建设所需物资。严格限制奢侈品、高档消费品和烟、酒、水果等商品的进口。二是对国内能生产的产品，争取少进口或不进口。例如，国内能够生产供应的原材料和机电设备，要积极组织生产，保证质量。三是积极发展进口替代，加快国产化进程，保护和促进民族工业的振兴和发展。四是必须十分重视对引进技术的吸收、消化和创新。制定全国引进技术及其消化吸收的规划和政策，防止盲目引进和不必要的重复引进。

（二）出口政策

增加出口创汇是更大规模扩展对外经济贸易与技术交流的基础和关键。这一阶段，为解决中国外汇短缺的突出问题，出口创汇成为中国对外贸易的首要目标。为扩大外贸出口、创造更多外汇，一是注重提升出口产品质量。逐步建立健全在国外的推销系统和服务网络，重点扶持一批在国际市场有发展前景、竞争力强的拳头产品出口，做到主要依靠提高出口商品的质量和信誉来增加外汇收入。二是改善出口商品结构。逐步由主要出口初级产品向主要出口制成品转变，由主要出口粗加工制成品向主要出口精加工制成品转变，提高轻纺出口产品的质量，增加新型食品、机电产品和高技术产品的出口。三是进一步改善出口商品的生产布局。在沿海地区和其他有条件的地区建立各种不同类型、各有特色的出口商品基地和出口专厂，逐步形成完善的出口生产体系。这是提高出口经济效益、增强出口商品竞争能力的一项具有长远意义的战略措施。四是积极开拓国际市场。在巩固发展已有市场的同时，进一步开拓国际市场，做到出口市场多元化。五是支持出口创汇企业。这一阶段，许多产品外销不如内销盈利多，严重影响出口企业的生产积极性，政府对生产出口产品的企业予以鼓励和支持，使出口创汇多的企业和职工得到应有的实际利益。

（三）外汇政策

随着中国经济体制改革的推进，中国采取了官方汇率和市场汇率并存的双重汇率制，即企业出口收汇中上缴国家的外汇按官方汇率计算，企业所得的留成外汇可按市场汇率折算。企业可以在外汇调剂市场买卖兑换外汇。这样可以使外贸企业弥补部分汇价损失，以鼓励出口。在进口用汇方面，关系到国计民生的重要物资和必需品的进口，按官方汇率计算；一般商品的进口按市场汇率计算，以限制进口。双重汇率制缓解了中国既要扩大对外贸易又要稳定物价的矛盾，调动了外贸企业出口的积极性，推动了出口贸易的发展。但双重汇率只是在一定历史条件下才采用的过渡性措施，具有一定的时限性。①

（四）外资政策

改革开放初期，中国经济发展缺乏外汇和先进技术，通过吸引外商直接投资，达到充分利用两种资源、两个市场和引进先进技术推动中国经济与技术发展的目的。一是重点用于能源、交通、通信和原材料特别是电力、港口、石油等方面的建设，以及机械电子等行业的技术改造。二是用于发展出口产品和实行进口替代，以增加外汇收入和节约使用外汇。三是给予外资特别优惠政策。为更好地引进外资、引进先进技术、扩大出口，1986 年 10 月国务院出台《国务院关于鼓励外商投资的规定》，给予外商投资企业中的产品出口企业和先进技术企业，在场地使用费用、水、电、运输条件和通信设施、信贷资金、所得税、工商统一税、出口许可证、进口许可证、外汇余缺调剂、自主管理权、快速审批等方面的特别优惠。四是吸引外资进入外贸领域，打破国有外贸企业的垄断。

三、对外经济贸易体制改革的探索和巩固阶段

改革开放初期，中国对外经济贸易体制改革主要是改革单一计划管理体制，从计划手段向国际通用的商业手段调整，目的是逐步减少国家对对外经济贸易的直接控制、调动外贸部门的积极性，增强出口创汇的能力，促进经济发展。通过这一阶段的改革，中国对外经济贸易政策开始向自由贸易方向发展。

（一）减少国家对对外经济贸易的直接控制

改革开放前，中国的对外贸易由国有外贸公司独家经营。为减少国家

① 张建平、师求恩：《中国对外贸易概论》，机械工业出版社 2016 年版，第 167 页。

对对外经济贸易的直接控制，这一阶段，一是下放对外经济贸易管理权和经营权，调动外贸部门经营积极性。对外贸易管理权和经营权由中央向地方、由外贸部门向其他部门、由政府向企业下放。二是国务院批准有关部委成立进出口公司，这些公司可以在各地设立子公司或办事处。三是开展了多种形式的工贸结合试点，设立了各种形式的工贸公司。批准广东、福建两省在对外经济贸易活动中实行特殊政策和灵活措施，给地方以更多的自主权。批准广东、福建、北京、天津、上海、辽宁等省（市）成立外贸总公司，进行进出口贸易活动。成立了一批经济技术开发公司，负责高科技产品的进出口业务。1987 年，全国设有外贸公司达 2200 多家，比 1979 年增加了 11 倍多，使中国对外贸易长期高度垄断的局面发生了根本性的改变，行业集中度大大降低①。四是减少计划管理手段。综合运用税收、进出口许可证和配额宏观调控手段进行管理。缩小进出口商品指令性计划的管理范围，实行指令性计划、指导性计划与市场调节相结合，取消外贸出口收购和调拨计划。

（二）实施鼓励出口措施

改革初期，实施外汇留成、出口补贴和出口退税等鼓励出口的措施，1988 年实施全面出口退税政策。同时，进一步采取鼓励加工贸易、建设出口商品基地、扩大出口信贷等措施鼓励出口，以推动经济增长和工业化进程。

（三）推行对外贸易经营承包制

党的十一届三中全会后，中国对包括对外贸易领域在内的国有企业初步采取“放权让利”形式，调动企业的积极性。1984 年新一轮对外贸易体制改革中，明确提出在对外贸易部门实行政企分开。1984 年党的十二届三中全会通过的《中共中央关于经济体制改革的决定》提出国有企业所有权与经营权适当分离的原则。1987 年外贸企业推行全行业承包经营责任制。1988 年国务院出台《关于加快和深化对外贸易体制改革的若干问题的规定》，全面推行对外贸易承包经营责任制。通过对外贸易承包试点鼓励对外贸易发展，外汇留成按照地区实施，对外贸易企业获得了较大的经营

① 张建平、师求恩：《中国对外贸易概论》，机械工业出版社 2016 年版。

自主权。1991年开始，中国实施第二轮对外贸易承包制改革，开始实施自负盈亏的对外贸易承包制，取消对对外贸易企业的出口补贴，实行全行业的自负盈亏，外汇留成按照大类商品实行统一比例留成。

（四）改革进口体制

这一时期，实施较严格的传统进口限制措施，通过关税、进口许可证、外汇管制、进口商品分类经营管理、国营贸易等措施实施进口限制。尽管这一阶段中国进口保护水平较高，但仍采取降低关税水平、取消进口调节税、削减进口配额和进口许可证管理范围、缩减计划管理范围、取消进口替代清单并承诺不再制定类似的措施等，逐步改革进口体制，推动进口贸易发展。

第三节　对外经济贸易发展情况

改革开放带动了中国对外贸易的快速发展。随着中国对外开放迈出重大步伐，对外经济技术交流与合作迅速扩大。中国经济摆脱了原来的封闭半封闭状态，大踏步走上世界舞台。1978～1991年，中国对外贸易规模增长近6倍，对外开放领域不断扩大，形成了"经济特区—沿海开放城市—沿海经济开放区—内地"逐步推进的对外开放格局，为20世纪90年代的经济和社会发展奠定了比较坚实的基础。

一、进出口规模迅速增长

通过这一阶段的改革，中国对外贸易取得了飞跃式发展。一是贸易规模扩大。1978～1991年，中国贸易总额从206亿美元增长至1357亿美元，增长了5.6倍。二是对外贸易承包经营责任制的实施在一定程度上提高了中国外贸出口企业的积极性。中国出口总额由1978年的98亿美元增长到1991年的719亿美元，增长了6.4倍，出口贸易年均增长率为18%。三是对外贸易呈现逆差。改革开放初期，国内企业对长期抑制的进口消费品表现出强烈的需求，使得这一时期进口总额总体上高于出口总额，外贸逆差情况较多，1978～1991 年，中国逆差累计额达 306 亿美元（见图 5－1）。四是外汇储备大幅增长。外汇储备由 1978 年的 1.67 亿美元增长到 1991 年的 217 亿美元，增长近 130 倍（见图 5－2）。五是中国的国际贸易地位提升。中国进出口贸易在世界进出口贸易中的比重由 1978 年的 0.8% 上升到 1991 年的 1.9%，位次由世界第 30 位上升到世界第 14 位。

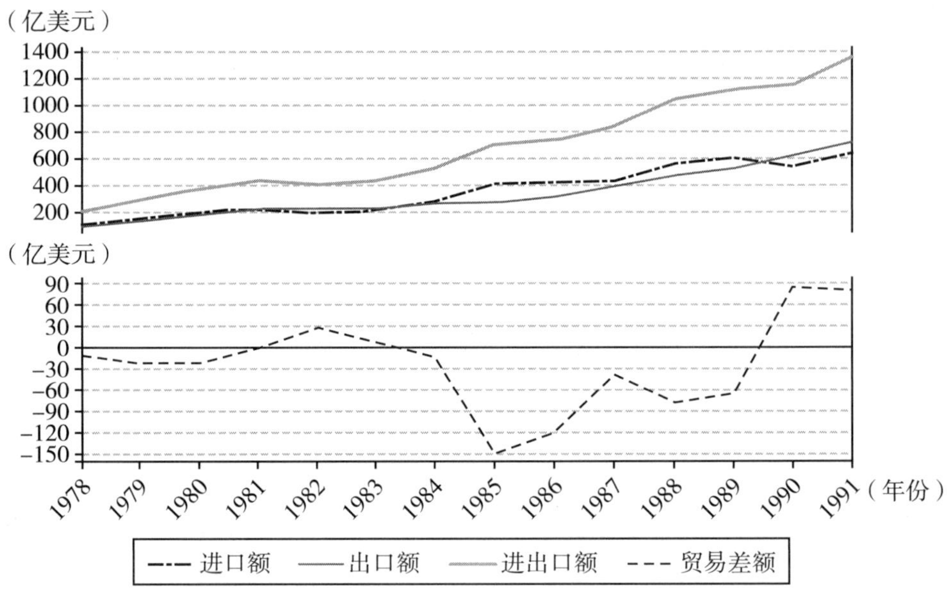

图 5－1　1978～1991 年中国进出口增长情况

资料来源：Wind 资讯。

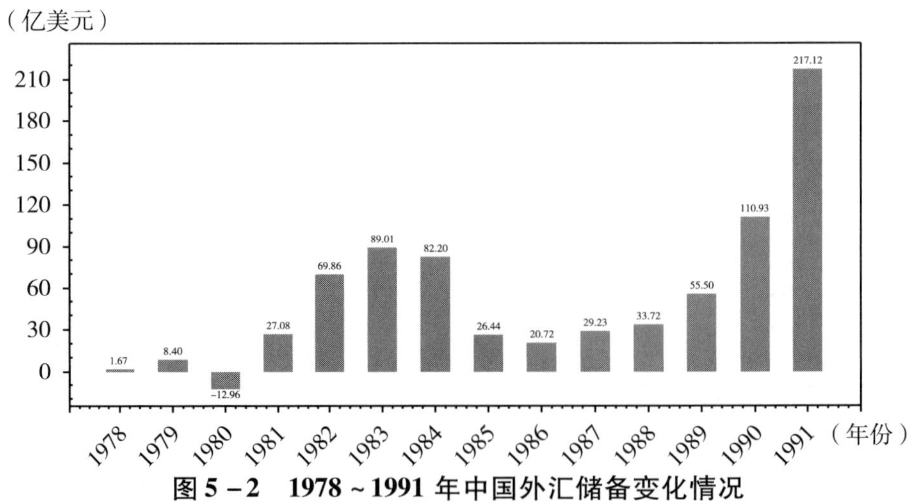

图 5－2　1978～1991 年中国外汇储备变化情况

资料来源：Wind 资讯。

二、商品结构明显优化

一国对外贸易商品结构的变化反映了该国比较优势的变化，反映了该国国际竞争力的变化和对外贸易增长的质量。改革开放以来，随着中国对外开放政策的实施和外贸体制改革的推进，中国逐步由封闭型经济向外向型经济转变，中国对外贸易的“质”和“量”得到大幅提升。

对外贸易“量”的增加主要体现在贸易依存度上，中国外贸依存度由1981年的22%上升到1991年的35%（见图5－3）。对外开放政策促进外贸“质”的提升，体现在中国出口商品结构优化上，工业制成品出口比重迅速上升，初级产品所占比重大幅下降，实现了由主要出口初级产品向主要出口工业制成品的转变。此后，工业制成出口增长始终显著高于初级产品出口增长，中国工业制成品成为支撑中国出口贸易高速增长的主力军。1981～1991年，中国出口总额年均增速为13.7%，工业制成品出口额年均增速18.9%，工业制成品出口增速快于出口整体增速5.2个百分点。工业制成品出口额占出口总额比重由1980年的49.7%上升到1991年的77.5%，初级产品出口额占出口总额比重由1980年的50.3%下降到1991年的22.5%（见图5－4）。1980～1991年中国初级产品与工业制成品出口额的变化见图5－5。

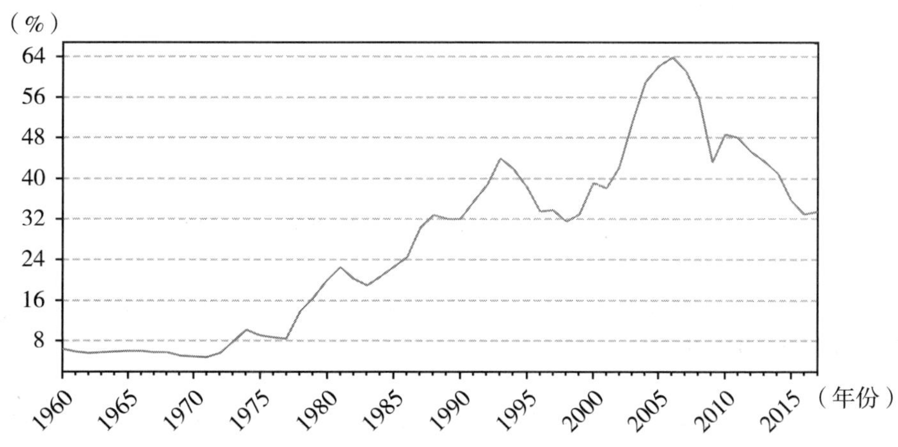

图5－3　1960～2015年中国贸易依存度

资料来源：Wind资讯。

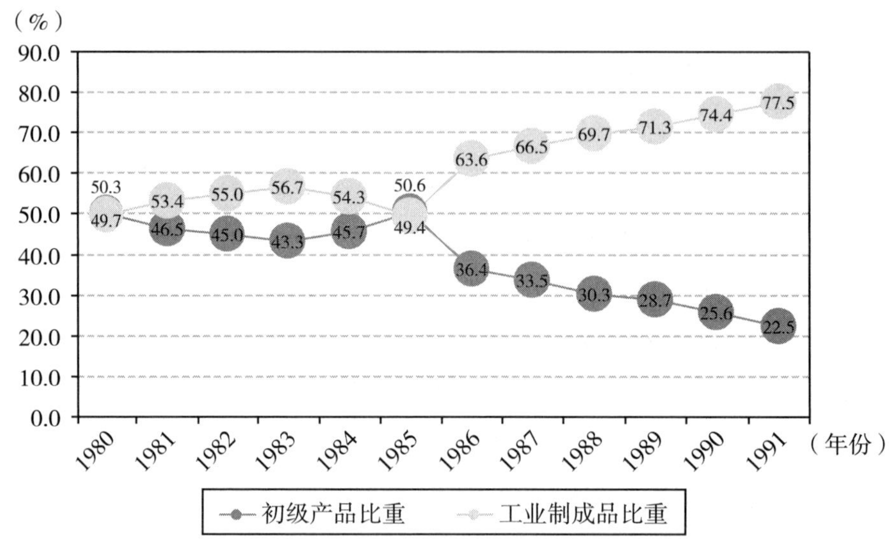

图 5－4　1980～1991 年中国对外贸易出口商品比重构成

资料来源：根据 Wind 资讯数据计算。

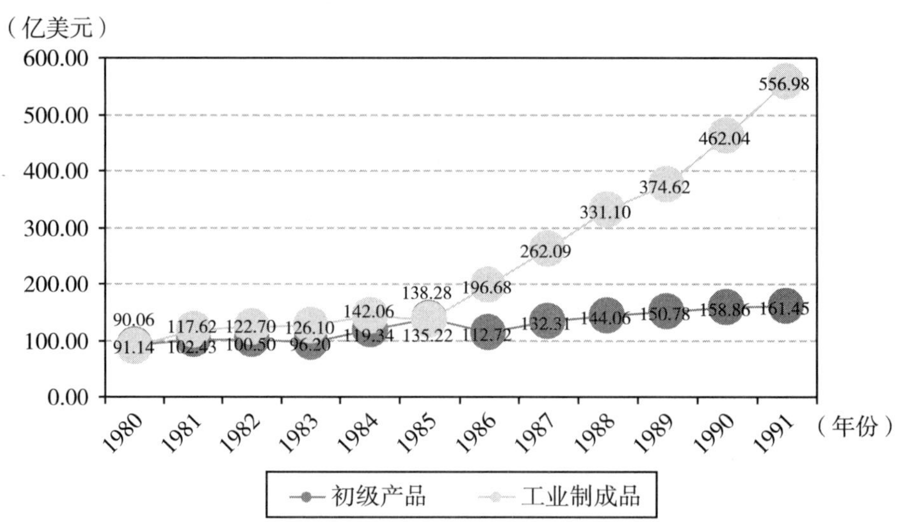

图 5－5　1980～1991 年中国对外贸易出口商品构成

注：按《国际贸易标准分类》划分。

资料来源：海关总署统计分析司编著，《改革开放 40 年——中国对外贸易发展报告》，中国海关出版社 2018 年版。

进口结构逐步调整。工业制成品进口加快，初级产品进口下降。1981～1991 年，中国进口总额年均增速为 12.5%，工业制成品进口额年均增速为 15.8%，工业制成品进口增速快于进口整体增速 3.3 个百分点。工业制成品进口额占进口总额比重由 1980 年的 65.2% 上升到 1991 年的 83.0%，初级产品进口额占进口总额比重由 1980 年的 34.8% 下降到 1991 年的 17.1%。1980～1991 年中国初级产品与工业制成品进口额的变化见图 5－6。

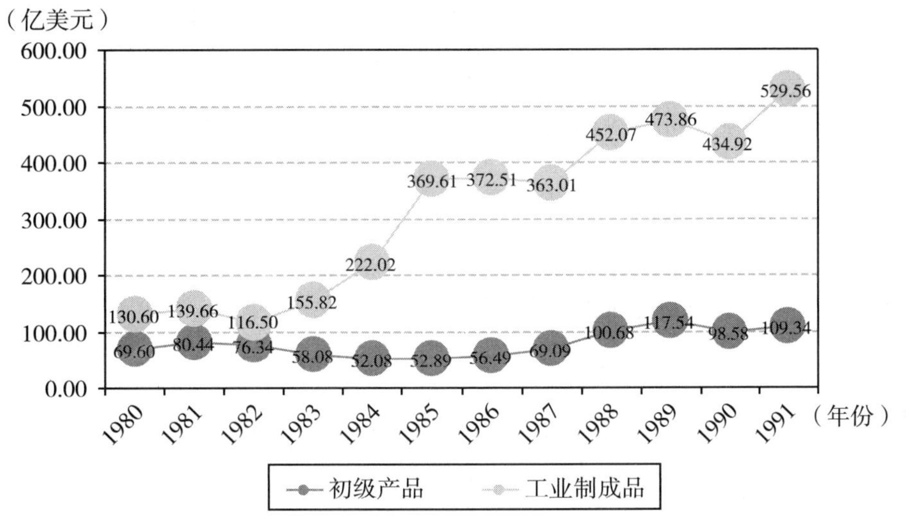

图 5－6　1980～1991 年中国对外贸易进口商品构成

注：按《国际贸易标准分类》划分。

资料来源：海关总署统计分析司编著，《改革开放 40 年——中国对外贸易发展报告》，中国海关出版社 2018 年版。

三、对外经济贸易经营主体变化

改革开放前，中国对外贸易主要是国家垄断经营，改革开放初期，国有企业是中国对外贸易的主要参与者，1981 年国有企业出口额占中国出口总额的比重为 99.8%。随着中国对外开放的发展，中国逐步改革高度集中的对外贸易管理体制，外商投资企业越来越多地参与到国际贸易中。1991 年国有企业出口额占中国出口总额的比重下降为 83.1%，虽然仍是中国对外贸易经营主体，但外商投资企业出口额占中国出口总额比重上升为 16.8%，外资企业的地位显著上升。

四、对外经济贸易市场格局变化

改革开放之前，中国外贸市场主要集中在少数发达国家（地区）。改革开放后，中国对外经济贸易市场很快扩展到200多个国家（地区），到20世纪80年代末，中国对发达国家贸易额和出口额均占中国贸易总额和出口总额的70%（香港地区80%转口到发达国家），对苏联和东欧国家的贸易额和出口额分别占4.6%和3.6%，对170多个发展中国家的贸易额和出口额分别占25.4%和26.4%。[①] 随着对外开放的规模和领域不断扩大，中国形成了“经济特区—沿海开放城市—沿海经济开放区—内地”逐步推进的对外开放格局。

第四节 对外经济贸易评价

改革开放推动了中国对外经济贸易关系从封闭半封闭向积极利用国际交换的开放型经济转变，推动中国对外贸易飞跃发展，但也出现了与国际接轨困难、开放意识不足、市场经济尚未建立等阻碍对外贸易发展的问题。

一、主要特点

（一）具有高增长特点

改革开放后，中国对外贸易平均增速高于同期GDP平均增速和世界贸易增速，显著提高了中国对外贸易依存度和在国际贸易中的地位。1978～1991年，中国对外贸易平均增速为17.9%，世界贸易平均增速为9.5%。中国对外贸易依存度由1981年的22.5%上升到1991年的35.4%。

（二）进出口贸易具有明显阶段性

第一阶段，1978～1981年，改革开放初期，进出口贸易都呈现了高速增长。其中，出口平均增速为30.7%，进口平均增速为33.2%。这一阶段的高增长是对原有聚集能量的释放，特别是国内企业对长期抑制的消费品需求强烈，导致这一阶段进口平均增速高于出口平均增速，连续4年出现

① 张建平、师求恩：《中国对外贸易概论》，机械工业出版社2013年版。

贸易逆差。第二阶段，1982～1986年，进口扩大导致外汇储备危机，中国努力扩大出口，出口增速由1982年的1.4%上升至1986年的13.1%。由于前期积聚的能量释放完毕和1984年中国经济体制改革的全面启动，进口波动较大，1982年进口增速为-12.4%，1986年仅为1.6%，但在1984年和1985年分别达到了28.1%和54.1%。第三阶段，1987～1991年，承包制所形成的激励机制和以出口为考核指标的做法，推动出口贸易快速发展。这一阶段，出口平均增速为18.5%，进口平均增速为9.1%，出口贸易超过进口贸易9.4个百分点。

（三）进出口贸易总体上增速均衡

总体来看，1978～1991年，中国进出口总额年均增长17.9%，其中，出口贸易年均增长18%，进口贸易年均增长18.6%，进出口贸易整体增速较为均衡。1978～1991年的13年间，累计进出口总额9626.3亿美元，累计出口总额4660.2亿美元，累计进口总额4966.1亿美元，逆差总额305.9亿美元。

（四）对外经济贸易仍存在的问题

一是对外经济贸易体制改革取得成效，但尚未形成有效激励机制。外贸企业仍处于统付盈亏状态，出口鼓励措施仅限于广东、福建等沿海地区和某些国有外贸公司，出口鼓励效果有限。二是由于经济长期封闭运行，难以快速与世界经济接轨，出口商品种类缺乏。三是开放意识不足，许多制度推行过程中遇到较大阻碍。四是市场经济体制尚未建立，投资环境对外资的吸引力较低。[①]

二、重要作用

（一）推动中国经济飞跃发展

1978～1991年，中国贸易总额增长了5.6倍，出口总额增长了6.4倍，外汇储备增长近130倍，中国在国际贸易中的排名从第30位上升到第14位。

① 倪沙：《改革开放40年来中国对外贸易发展研究》，载于《现代财经（天津财经大学学报）》2018年第12期。

（二）推动中国对外经济贸易关系从封闭半封闭向积极利用国际交换的开放型经济转变

这一阶段，中国在对外经济关系上从封闭半封闭开始转向积极利用国际交换的开放型经济。通过有效利用国内国外两种资源、开拓国内国外两个市场，学会组织国内建设并发展对外经济关系，引进、学习国际先进技术和经济发展经验，提升中国经济发展水平，加快中国现代化建设的进程。

（三）加工贸易模式促进中国快速融入国际产业分工体系

中国发展的是传统的加工贸易模式，“两头在外”“大进大出”，国内增值率低，并且给中国环境、能源、运输等带来了巨大压力，阻碍了中国产业结构的优化升级。尽管中国利用廉价劳动力和资源优势发展劳动密集型产业，快速融入国际产业分工体系，但中国产业处于较低的国际分工层次，处于产业链低端，参与产品内分工低端环节不利于中国产业发展，也不利于中国经济的长期发展。

第六章

社会主义市场经济下的转型与发展阶段（1992～2000年）

1992年，以邓小平南方谈话和党的十四大的召开为标志，中国的改革开放和现代化建设事业进入从计划经济体制向社会主义市场经济体制转变的新阶段。在建立社会主义市场经济体制的过程中，中国对外贸易体制改革也在逐步深化，对外贸易在贸易总量和贸易结构上均有较大改善，在推动国民经济发展中的作用愈加凸显。中国抓住经济全球化发展机遇，积极参与国际分工，主动与国际市场贸易规则接轨，为加入世界贸易组织做好了准备。

第一节 国际国内环境

20世纪90年代初，世界处在大变动的历史时期。两极格局终结，各种力量重新分化组合，世界朝着多极化方向发展。中国同周边国家的睦邻友好关系处于新中国成立以来的最好时期，同广大发展中国家的团结合作进一步巩固和加强，同世界各国包括西方发达国家的关系在和平共处五项原则基础上得到了改善和发展。中国的国际影响不断扩大，国际地位不断提高。这一阶段，国际政治形势趋于缓和，经济全球化和区域一体化趋势增强。发达国家跨国公司蓬勃发展，逐步梯次向发展中国家转移产业链。1998 年亚洲金融危机导致世界经济与贸易发展的减速，对中国对外经济贸易发展带来较大冲击。1998 年中国出口增长率由前一年的 21% 猛跌至 0. 5%，1999 年利用外资额跌到 20 年最低。中国采取积极有效措施，化解不利因素，积极扩大出口，使进出口年均增速仍维持在 15% 的水平。

面对错综复杂的国际国内经济环境，中国坚持用发展的办法解决前进中的问题，经过努力，中国在有效治理通货膨胀、成功实现经济“软着陆”后，实行扩大内需的方针，果断实施积极的财政政策和稳健的货币政策，抑制了通货紧缩趋势，克服了亚洲金融危机和国内有效需求不足带来的困难，国民经济和社会发展取得巨大成就。经济体制改革继续深化，社会主义市场经济体制初步建立。全方位对外开放格局基本形成，对外贸易和利用外资的规模扩大、结构改善、质量提高，外向型经济迅速发展。

对外贸易作为国民经济的重要组成部分和对外开放的重要内容，起着连接国内经济与世界经济桥梁和纽带的作用，是推动整个国民经济持续、快速、健康发展的重要因素。中国在实行出口导向型外贸战略过程中，依据不同的国际政治经济形势，陆续推出了市场多元化、大经贸、“引进来”和“走出去”相结合、以质取胜、科技兴贸、积极参与区域经济合作和多边贸易体系等战略思想。这一阶段，中国在对外贸易发展的推动下，建立起一定的海外销售渠道。中国对外经济技术合作和援外在改革中发展，经济技术合作领域更加宽阔，援外的方式更加灵活，国际竞争力进一步提高。

1992～2000 年，中国处于加入世界贸易组织前的改革开放阶段，不断探索社会主义市场经济下的转型和发展。一是继续推进市场体系建设，发展资本、技术和劳动力等要素市场，增强市场在资源配置中的基础性作用。二是推动外向型经济迅速发展，基本形成全方位对外开放格局，进一步改善对外经济关系。党的十四大提出建立社会主义市场经济体制的改革目标后，对外贸易从“互通有无、调剂余缺”转为市场经济条件下充分利用国际国内两个市场、两种资源，积极参与国际分工，积极参与国际竞争与国际经济合作，发挥比较优势。对外经济贸易体制改革稳步推进，外向型经济迅速发展。2000年中国进出口总额达4743亿美元，其中，出口额为2492亿美元，分别比1992年增长187%和193%。出口商品结构改善，机电产品和高技术产品所占比重提高。对外开放领域逐步扩大，投资环境继续改善，吸收外资规模增大、质量提高。1992～2000年累计实际利用外资3233亿美元，除1999年外，平均增速为45%。1984～2018年中国实际利用外资情况见图6－1。国家外汇储备2000年底达1656亿美元，比1992年底增加1461亿美元。三是中国生产力水平迈上了一个新台阶，1997年提前3年实现了20世纪末国民生产总值比1980年翻两番的目标，人民生活总体达到了小康水平。这一阶段，经济体制改革全面推进，社会主义市场经济体制初步建立。

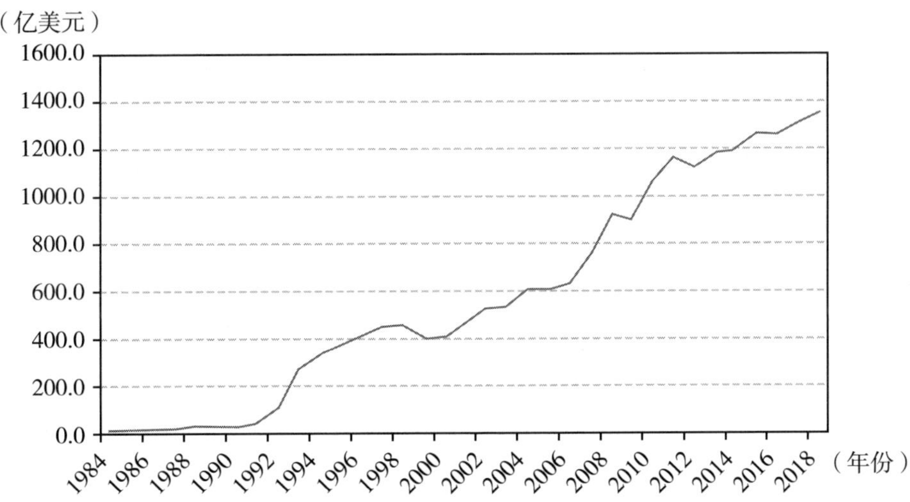

图6－1　1984～2018年中国实际利用外资额

资料来源：Wind资讯。

第二节　对外经济贸易政策的调整变化

随着中国加入世界贸易组织步伐的加快，对外贸市场开放的要求也在提高，从而带来对外贸易体制改革的进一步深化。随着价格改革逐渐到位，国内市场与国际市场逐步接轨，中国出口从以创汇为首要目的转向发挥国内比较优势、促进出口产业升级。

一、出口产业战略调整

出口产业升级战略。随着经济全球化和区域一体化新形势的发展，中国根据国内产业的比较优势、竞争优势和国际市场的供求状况，对出口战略进行了调整，实施出口产业升级战略，推动中国出口商品结构升级。“八五”时期，中国实现了出口商品结构的转变，即由主要出口粗加工制成品向主要出口精加工制成品的转变。机电产品取代轻纺产品成为中国出口的最大宗商品，尽管轻纺产品和农副产品的出口比重有所下降，但绝对额仍保持持续增长。“九五”时期，中国提出要实现经济增长方式从粗放型向集约型转变的方针，制定了以质取胜为核心的出口商品战略，努力实现外贸出口增长由主要依靠数量和速度转向依靠质量和效益，进一步优化商品结构。该时期，轻纺产品结构明显升级，产品附加价值有较大提高，机电产品中高新技术产品出口增长迅猛，农副产品中粮食作物出口减少，创汇农产品出口增加。

出口产业升级战略实施过程中，中国为解决外贸发展中遇到的不同问题，提出了市场多元化战略、以质取胜战略、大经贸战略、科技兴贸战略和“引进来”与“走出去”并重五大战略，出口产业升级战略与五大战略积极配合，推动了中国出口质量效益的提升，推动中国由参加垂直分工向水平分工过渡，进而能够参与更高层次的国际分工。

市场多元化战略。市场多元化战略是中国对外贸易发展的一项长期重要战略。为避免中国出口市场过于集中于发达国家的风险，在继续巩固和扩大发达国家市场的同时，重视开拓发展中国家特别是周边国家（地区），逐步建立起中国出口市场多元化的总体格局。中国“七五”时期提出实施出口市场多元化战略，“八五”时期正式启动出口市场多元化战略，“九五”时期强调了坚持市场多元化战略，积极参与和维护全球多边贸易体系，发展双边和多边贸易，相互促进，实现市场多元化。1994 年发布的《国务院关于进一步深化对外贸易体制改革的决定》强调坚持“以质取胜”，多元化开拓市场；走实业化、集团化、国际化经营的发展道路；积极推行进出口代理制，转变经营作风，搞好代理服务。市场多元化战略的基本目标是在巩固提升原有市场占有率的同时，努力拓展新的市场。一是大力拓展非洲、拉丁美洲、东欧、独联体等新兴市场，积极发展与周边国家及发展中国家的经贸关系，将区域经济合作提高到战略高度，实现市场多元化战略与区域经济合作战略并重。二是在新开拓的市场建立销售网络和渠道。三是在新开拓的市场实现贸易与海外投资、对外经济技术援助、对外承包工程及劳务合作等业务的相互配合。四是深化对外贸易体制改革。例如，鼓励外贸企业形成积极开拓国际市场的经营机制，强化内部管理；进一步扩大生产企业的自营出口权；减少出口商品主动配额的品种，改革配额管理和招标办法；优化进口商品结构，增加国内急需的关键设备、技术和重要原材料的进口；抓紧研究和推进电子商务。通过实施市场多元化战略，中国货物和服务出口大规模提升，拓展了新的出口市场，出口商品结构和市场结构得到优化。

以质取胜战略。随着国际贸易竞争日趋激烈，价格竞争退居其次，质量成为竞争的决定性因素。20世纪90年代初，在打破外贸总公司垄断外贸的格局后，中国出现了“千军万马做外贸”的局面，外贸出口增长较快，但出口商品质量和出口商品结构存在问题严重。为提高出口商品质量、优化出口商品结构、降低成本和提高附加价值，1991年中国提出以质取胜战略，强调从国家形象出发，树立质量意识和精益求精精神，提高出口商品的质量信誉，优化出口商品结构，开展创名牌出口商品工作。实施“以质取胜”战略的重点包括：一是强化质量控制的立法与执法。加快《中华人民共和国对外贸易法》《中华人民共和国产品质量法》《中华人民共和国进出口商品检验法》配套法律法规的建设，保证出口商品质量，维护国家信誉。二是提高产品科技含量。加强高科技产品的研发与投入，加快科技成果转化；通过引进国际先进技术和设备，推进技贸结合。三是积极调整出口商品结构，进一步扩大机电产品出口，加快纺织、服装、轻工等传统出口商品的升级换代，提高高新技术产品的出口比重，扩大农产品出口。四是推行与国际标准接轨的质量管理体系。1991年外经贸企业开展ISO9000系列质量体系认证，开展ISO14000环境体系认证和其他国际通行的产品质量认证，按照《中华人民共和国进出口商品检验法》规定严把出口商品质量关，全面加强质量管理和监管。五是实施名牌战略。1996年发布的《质量振兴纲要（1996年—2010年）》提出“加快两个根本性转变”和“实施名牌发展战略”。计划在5～15年期间，逐步实现出口商品构成由主要出口初级产品向主要出口工业制成品的转变，以及由主要出口粗加工制成品向主要出口精加工制成品的转变。1996年发布的《中华人民共和国国民经济和社会发展“九五”计划和2010年远景目标纲要》明确提出，中国出口贸易的发展要坚持以质取胜战略，要“创立名牌，提高产品附加价值”。在以质取胜战略框架下，中国出口商品结构得到优化，涌现了海尔、联想和华为等制造业的国际品牌。中国出口商品结构变化的主要标志见表6－1。

表6－1　　中国出口商品结构变化的主要标志

四个拐点	具体时间	标志
第一个拐点	以质取胜战略提出前，1981年	工业制成品的出口比例首次超过初级产品的出口比例，达到53.3%
第二个拐点	以质取胜战略提出前，1991年	出口的以轻纺产品为主的劳动密集型产品比例达到62.2%的最高水平
第三个拐点	以质取胜战略提出后，1996年	机电及运输设备产品的出口比例首次超过轻纺产品的出口比例，达到23.4%
第四个拐点	以质取胜战略提出后，2004年	机电、高新技术产品等重化工制成品的出口比例首次超过劳动资源密集型产品的出口比例，达到49.4%

资料来源：历年《中国统计年鉴》；张建平、师求恩，《中国对外贸易概论》，机械工业出版社2013年版。

大经贸战略。1992年邓小平南方谈话和党的十四大对市场经济地位的确定，标志着中国改革开放进入了全面开放时期。随着中国改革开放的深入和对外贸易规模的不断扩大，对外贸易战略在国民经济发展中的地位越来越突出。1994年，中国提出大经贸战略构想，大经贸战略是一种体制转轨、企业转型，与国际规则对接的全方位、立体化的对外经济贸易战略，其核心内容是强调对外经济贸易全局一体化发展，其整体战略目标是实现大开放、大转变和大融合。一是大开放。通过拓展对外经济贸易的深度和广度，形成全方位对外开放型经济格局；通过深化对外贸易管理体制改革，加快与国际接轨，最大限度地参与国际分工。二是大转变。加快中国对外经济贸易向集约化发展和以质取胜方向转变，加快实现出口贸易商品结构的转变。对外经济贸易功能由原来的出口创汇为主转向促进产业结构升级和技术进步，充分发挥对外经济贸易对国民经济的导向作用和服务功能。三是大融合。跳出部门和行业的框框，促进对外贸易、利用外资、对外投资和技术合作等各项对外经济贸易业务的大融合，促进多边、区域、双边经贸合作的有机结合，推进贸易、生产、科技、金融等部门的密切结合，促进对外经济贸易宏观调控与国民经济宏观调控的有效结合。[①] 实施大经贸战略以来，中国自主创新能力不断提高，推动了中国对外经济贸易的全面发展。

科技兴贸战略。20世纪末，在知识经济迅猛发展、世界经济一体化、亚洲金融危机影响加深、国际经济技术竞争更加激烈的大环境下，高新技术产品出口成为促进经济发展的重要因素，越来越多的发展中国家将发展高新技术产业及增加高新技术产品的出口作为战略重点或新的经济增长点。1997年党的十五大提出实施科教兴国基本国策，把加快科技进步放在中国社会经济发展中的更加突出的关键地位。1999年出台的《科技兴贸行动计划》提出了科技兴贸战略，旨在贯彻落实科教兴国战略，发挥科技及产业优势，扩大中国高新技术产品出口，用高新技术改造传统出口产业，提高出口产品的技术含量和附加价值，促进中国从外贸大国向外贸强国转变，使外贸出口持续、稳定、快速增长。科技兴贸战略的显著特点是以市场为导向，以企业为主体，通过自主创新加快出口商品结构调整，提高出口竞争力，政府予以政策支持和提供服务。该阶段科技兴贸战略主要包括三方面内容：一是大力推动高新技术产品的出口；二是推动高新技术改造传统出口产业，提高传统出口产品的技术含量和附加价值；三是重视技术的引进。科技兴贸战略对中国21世纪对外贸易发展有着重大的影响和指导作用。

“引进来”与“走出去”并重的战略。新一轮经济全球化具有以知识为基础、以金融活动为中心、以信息技术为载体、以跨国公司为依托的特征。1978年，国务院颁布《开展对外加工装配业务试行办法》，拉开

① 孙玉琴：《中国对外贸易通史》，对外经济贸易大学出版社2018年版。

了“引进来”战略序幕。中国在改革开放后，通过“引进来”战略吸引了大量外资和技术，加快了中国传统产业的改造和升级，完成了进口替代到出口导向的转变，相当一部分产业和企业已初步具备了一定的国际竞争力。同期，在“走出去”方面中国也做出了许多有益的尝试，但相比引进外资其步伐还是较慢的，对国民经济的影响程度远落后于利用外资。中国要在更深层次上参与国际分工，需要进一步改革开放，实施“引进来”与“走出去”并重的战略。1992 年出台的《关于鼓励企业开展境外带料加工装配业务的意见》拉开了“走出去”战略的序幕。2001 年《政府工作报告》明确要求实施“走出去”战略，鼓励有比较优势的企业到境外投资，开展加工贸易，合作开发资源，发展国际工程承包，扩大劳务出口等；建立和完善政策支持体系，为企业到境外投资兴业创造条件；同时加强监管，防止国有资产流失。通过实施“引进来”与“走出去”并重的战略，加快中国深度融入世界经济的步伐，以实现中国经济的可持续发展。

二、对外经济贸易政策的调整变化

这一阶段，中国对外贸易政策做出较大调整，加强了市场机制的调节作用，促进了中国对外贸易市场化的进程。进口政策由“调剂型”向“发展型”转变，出口政策由提高出口创汇为首要目的转向促进国内比较优势的转变，实施汇率并轨和有管理的浮动汇率制，改善投资环境，鼓励外资进入有市场前景的产业。

（一）进口政策

这一时期，中国的进口政策由“调剂型”向“发展型”转变。即从进口本国具有比较劣势的产品以保证国民经济的正常发展和人民生活的正常供应的“调剂型”，转向进口与整个国民经济发展战略相结合以提高国内技术和产业水平、保证和促进国民经济全面发展的“发展型”转变。这一阶段进口政策的重大调整体现在以下三个方面。

第一，重视技术引进和智力引进。一是逐步增加技术引进的投入，提高进口软件在技术引进中的比重。二是加强国际合作与人才培养。在产品开发、技术进步、改善经营管理、重点工程施工和培育人才等方面，继续与外国专家开展多种形式的合作。有计划、有组织地选派有关人员到国外培训，并提高培训的效果。三是建立引进技术消化、创新的机制。认真做好引进先进技术的消化、吸收和创新，努力提高科技进步在经济增长中所占的含量，促进整个经济由粗放经营向集约经营转变。

第二，更加强调进口是为出口服务的理念，为出口而进口的物资更加针对有出口潜力的产品。技术引进的重点要放在现有企业的技术改造上，优先引进有助于扩大出口能力与发展替代进口产品的技术和设备。

第三，进口的重点仍是围绕先进技术和关键设备展开，但对一般商品特别是消费品进口已不再采取严格控制的态度。合理调整进口商品结构，一是对一般商品尤其是高档消费品，要运用符合国际惯例的方法加以调节；二是积极引进先进技术，重点进口国内急需的先进技术、关键设备和重要原材料，适当提高这些产品的进口比重；三是大力发展技术贸易和服务贸易。

（二）出口政策

这一时期，中国的出口政策由提高出口创汇为首要目的转向促进国内比较优势的转变。促进国内比较优势转变需要改善商品结构、大力培养资本密集型出口产品的国际竞争力。因此，这一阶段出口政策的重大调整体现在以下三个方面。

第一，改善出口商品结构，提高出口商品的质量和档次。一是积极扩大出口贸易，改善出口商品结构。1994年，国务院做出《关于进一步深化对外贸易体制改革的决定》，强调国家继续采取鼓励出口的政策措施，促进出口增长。这一时期，中国积极发展对外贸易，努力扩大出口，并由初加工制成品出口为主向深加工制成品出口为主转变，逐步提高出口商品的质量和档次；同时，按照有利于技术进步、有利于增加出口创汇能力和有利于节约使用外汇的原则，合理安排进口。二是坚持以质取胜、科技兴贸战略和市场多元化的对外贸易战略，进一步优化出口商品结构，着重提高轻纺产品的质量，扩大机电成套设备出口，提高高新技术产品比重，增加大宗传统商品的技术含量和附加值，提高出口竞争力，形成出口增长主要依靠质量效益的机制；大力开拓新的出口市场，积极参与多边贸易体系和国际区域经济合作。三是完善出口退税制度。四是大力推动贸工技结合，加快科技成果转化，扩大服务贸易规模，提高服务质量，拓展海外市场。五是设立出口商品发展基金和风险基金，主要用于少数国际市场价格波动较大的商品以丰补歉，开发新商品，促进现有出口商品的更新换代，开拓新市场等。六是实行有利于外贸出口发展的信贷政策，银行对各类外贸企业出口贷款应按照信贷原则予以优先安排，贷款规模的增长与出口的增长保持同步；设立中国进出口信贷银行，为机电产品、成套设备等资本货物进出口提供政策性金融支持。

第二，扩大高技术产品出口。1999 年提出的科技兴贸战略是落实科教兴国战略、促进高新技术产品出口、优化出口商品结构的重要战略之一。科技兴贸战略的实施加快了科技成果转化，增强了高新技术产品出口的国际竞争力，为推动中国从外贸大国向外贸强国转变作出了重要贡献。

第三，引导跨境加工贸易发展。1999 年发布的《国务院办公厅转发外经贸部、国家经贸委、财政部关于鼓励企业开展境外带料加工装配业务意见的通知》鼓励国内有条件的企业开展境外加工贸易，鼓励中国轻工、纺织、家用电器等机械电子以及服装加工等行业具有比较优势的企业到境外开展带料加工装配业务，作为应对当时亚洲金融危机影响、千方百计扩大出口的一项重要措施，也是贯彻党的十五大关于“努力提高对外开放水平”总体要求的一项重要工作。1999 年发布的《国务院办公厅转发国家经贸委等部门关于进一步完善加工贸易银行保证金台账制度意见的通知》，提出对加工贸易实行按商品分类管理，根据国家产业政策要求，逐步优化加工贸易产品结构，引导加工贸易向高技术、高附加值方向发展。

（三）外汇政策

为创造对外贸易平等竞争环境，进一步深化对外贸易体制改革，推动中国与国际经济接轨，进一步对外开放，推动中国对外贸易持续发展，外汇管理体制的全方位改革被提上日程。1993 年，党的十四届三中全会通过的《关于建立社会主义市场经济若干问题的决定》明确要求“改革外汇管理体制，建立以市场为基础的有管理的浮动汇率制度和统一规范的外汇市场，逐步使人民币成为可兑换的货币”，明确了外汇管理体制的改革方向。

第一，汇率并轨。1994 年，国务院做出《关于进一步深化对外贸易体制改革的决定》，汇率并轨，实施有管理的浮动汇率制，这是中国汇率体制进行的第一次重大改革。一是从1994年1月1日起，实行新的外汇管理体制，实行以市场供求为基础的、单一的、有管理的人民币浮动汇率制，摒弃了官方汇率和市场汇率并存的双重汇率制度，人民币兑美元汇率一步并轨到1美元兑换8.70元人民币。此后，外汇储备大幅上升。中国1993年的外汇储备为212.0亿美元，1994年增长到516.2亿美元，同比增速高达143.5%。二是建立银行间外汇交易市场，改进汇率形成机制，保持合理及相对稳定的人民币汇率。中国人民银行每天按照前一营业日银行间外汇市场形成的加权平均汇率，公布人民币兑美元、欧元、港元和日元四种货币的市场交易中间价。四种货币以外的其他外币汇率，则按美元市场交易中间价，参照国际市场外汇行市套算中间汇率。中国人民银行对人民币汇率进行适当的宏观调控和必要的市场干预，以保持汇率的合理和稳定。三是实行外汇收入结汇制，取消现行的各类外汇留成、上缴和额度管理制度；实行银行售汇制，实现人民币在经常项目下有条件可兑换。四是对向境外投资、贷款、捐款等汇出继续实行审批制度；外商投资企业的外汇管理仍先按现行办法进行。

第二，钉住美元。1997年亚洲金融危机爆发后到2005年，中国实施钉住美元的汇率制度。1997年亚洲金融危机爆发后，为维护地区稳定，中国政府作出不贬值的决定，付出了很大代价。人民币不贬值，避免了货币危机的进一步扩大，减轻了已实施货币贬值国家的压力，维护了东南亚的经济秩序。在坚持人民币不贬值的同时，中国努力扩大内需，保持经济稳定增长，对缓解亚洲经济紧张形势、带动亚洲经济复苏起到了重要作用。

（四）外资政策

这一时期，中国引进外资主要以促进国内产业结构的调整为主，开始了“以市场换技术”的引资战略阶段，鼓励外资更多地投入有市场前景的产业。这一阶段外资政策的重大调整体现在以下四个方面。

第一，争取国际优惠贷款。一是争取国际金融机构和双边政府贷款，特别是条件比较优惠的贷款，重点用于农业、水利、能源、交通和重要原材料等行业中经济效益好的项目和出口创汇项目建设。二是借用国外贷款要根据中国经济发展需要、国家产业政策和偿还能力，做到适度和高效，积极拓宽筹资渠道，引入竞争机制，降低借款成本。三是多利用长期优惠贷款，降低商业性贷款比重，调整债务结构和币种结构。四是加强和改善对外借款的宏观调控和项目管理，建立责权利统一的借、用、还管理体系。切实抓好项目建设管理，做到按计划实施，及时产生效益。

第二，进一步改善外资环境，吸引外商直接投资。吸引外资主要靠有吸引力的市场，靠优越的投资环境，靠健全的法制和高效的管理。这一时期，中国政府多策并举进一步改善外资环境。一是完善外资法律环境，依法管理外商投资企业，保护中外投资者和职工的正当权益，为外商投资经营提供更充分的法律保障。二是加强对利用外资的指导，特别是对海外侨胞投资建设的引导，引导其投向出口创汇型、技术先进型项目和加快现有企业技术改造的项目，提高利用外资的经济效益和社会效益。三是中央和地方建立外债偿还基金，确保外债按期偿还。四是逐步实行国民待遇。在投资环境不断改善的条件下，逐步统一内外资企业政策，实行国民待遇。五是积极探索采用收购、兼并、风险投资、投资基金和证券投资等形式，扩大利用外资规模。

第三，引导外资投向资金、技术密集型产业，提高中国产品的附加价值和技术含量。这一时期，中国不断拓宽利用外资的领域，提升利用外资的效率，加强政策引导，鼓励外商特别是跨国公司投资高新技术产业、基础设施等领域，在中国建立研究开发机构，参与国有企业的改组改造等。一是制定明确的产业政策引导外资投向。按照产业政策，引导外资主要投向农业、基础设施、环保产业和高新技术产业，把引进外资同调整产业结构和产品结构、提高技术水平和管理水平更好地结合起来，提高使用效益。二是引导外商参与国家鼓励的基本建设项目和现有企业技术改造。重点是：农业综合开发和能源、交通、重要原材料的建设项目，拥有先进技术、能够改进产品性能、节能降耗和提高企业技术经济效益的技改项目，能够提高产品档次、扩大出口创汇的项目，能够综合利用资源、防治环境污染技术的项目。三是有步骤地推进服务领域对外开放。四是积极引导外资更多地投向中西部地区。五是加大对经济特区、浦东新区的支持，认真做好外商投资特许权项目等新投资方式的试点。六是放宽外资持股比例，即放宽对外商在技术转让、内销比例和一些行业持股比例的限制。

第四，积极扩大中国企业的对外投资和跨国经营。1992 年党的十四大报告提出，赋予有条件的企业、科技单位以外贸自营权，积极扩大中国企业的对外投资和跨国经营。2001 年《政府工作报告》明确表示支持有条件的企业到境外上市。

这一时期，中国全方位对外开放格局基本形成，对外贸易和利用外资的规模扩大、结构改善、质量提高，开放型经济发展迅速。

三、对外经济贸易体制改革的深化阶段

从 1986 年中国申请“复关”开始，中国对外贸易政策体系改革已不限于贸易权和外贸企业等内容，对外贸易政策改革开始以符合国际规则为导向，涉及国内管理的各个方面。1992 年，党的十四大明确提出中国要建立“社会主义市场经济体制”，对外贸易改革的目标是：深化外贸体制改革，尽快建立适应社会主义市场经济发展的、符合国际贸易规范的新型外贸体制。符合国际贸易规范，也就是要符合关贸总协定的规范，因此，中央 1994 年做出《关于进一步深化对外贸易体制改革的决定》，提出中国外贸体制改革的方向是：统一政策、放开经营、平等竞争、自负盈亏、工贸结合、推行代理制，建立适应国际经济通行规则的运行机制。这一阶段，中国对外贸易体制改革从计划手段向市场化手段转变，从贸易保护体制向贸易自由化体制转变，建立适应国际通行规则的运行机制，通过减少计划体制的约束促进贸易的发展。

（一）大幅削减关税和非关税壁垒

调降关税是中国经济运行机制与国际市场经济接轨，顺应国际经济一体化发展的必然结果。1992 年以来，中国大幅度自主降低关税，削减非关税壁垒，不断提高中国对外贸易的市场化程度，推动建立与国际贸易规则相适应的社会主义市场经济体制。1992～2001 年，中国大幅降低关税，平均税率从 43.1% 降至 15.3%，削减幅度高达 64.5%。同期，缩小实施非关税措施的商品范围，减少对许多进口商品的管制，减少许可证管理的商品范围并简化申领手续，取消许多商品的国家指令性计划，提高贸易政策

的透明度（见表6-2）。中国贸易体制日益趋向自由化。

表6-2　　1991~2001年关税税率调整

年份	关税税率（%）	削减幅度（%）	涉及税目数（个）
1991	43.1	—	—
1992	39.9	-7.4	3371
1993	36.4	-8.8	2898
1994	35.9	-1.4	—
1995	35.3	-1.7	—
1996	23	-34.8	4971
1997	17	-26.1	4874
1999	16.8	-1.2	1014
2001	15.3	-8.9	3462

资料来源：历年《中国海关统计年鉴》。

（二）外汇管理逐步市场化

1994年以来，以汇率并轨为核心的外汇管理体制改革是对外贸易体制改革的重要措施。中国实行外汇收入结汇制，取消各类外汇留成、上缴和额度管理制度。汇改后，汇率开始发挥对国际贸易和国际收支的调节功能。1996年实现人民币经常项目下可兑换，允许符合条件的外资金融机构试点经营人民币业务，同期，中国人民银行颁布《银行间外汇市场管理暂行规定》，规定1997年实行远期银行结售汇试点，1998年取消外汇调剂业务，将外汇买卖纳入银行结汇体系之中。

（三）下放对外贸易经营权

改革开放以来，中国对外贸易经营体制领域改革核心是放松对外贸易经营权，不断推进由国家向企业、由计划向市场、由行政向法治、由垄断向竞争、由中央向地方、由僵硬向灵活的方向过渡。逐步打破对外贸易部门一家垄断进出口贸易的局面，一些生产性主管部门也可以成立本部门的进出口总公司。1979年，中共中央、国务院批转广东省委、福建省委关于对外经济活动实行特殊政策和灵活措施的两个报告确定举办经济特区，给予广东省和福建省在对外贸易方面更多自主权，允许安排和经营本省对外贸易，包括自行审批来料加工、补偿贸易和合资经营等项目。其后，允许地方设立地方外贸公司。1982年，扩大地方外贸经营权，规定除国家统一经营的商品外，全部由地方负责经营。1984年，国务院提出对外贸易体制改革指导思想和原则，实行政企分开、工贸结合和代理制。1988年，开始推行承包制，外汇留成可以自由使用，除21种商品出口保留双轨制外，其他出口商品改为单轨制。1992～2001年加入世界贸易组织期间，按照现代企业制度改组国有外贸企业，赋予具备条件的民间生产和科技企业对外贸易经营权。1994年通过的《中华人民共和国对外贸易法》，对代理制进行了规定。1998年，建立现代企业制度成为外贸公司的改革目标。加入世界贸易组织后，为履行承诺，2004年修订的《中华人民共和国对外贸易法》将对外贸易经营权由审批制改成登记备案制，明确规定自然人也属于对外贸易的经营主体，彻底下放了对外贸易经营权，打破了对外贸易经营权的行政垄断。①

对外贸易经营主体多元化发展。计划经济体制下，只有少数专业外贸公司能够开展进出口贸易。20世纪90年代以后，随着对外贸易经营权逐步放开，外资企业、国有生产企业、商业企业和具备条件的科研院所获得了自营进出口权。1991年，国有外贸企业3000余家；2001年底，各类国有和国有控股的外贸及自营进出口生产企业达到约16000家。对外贸易经营主体由单一全民所有制的国营企业向集体企业、私营企业、股份制企业、中外合营企业、外商独资企业等经营主体多元化方向转变；对外贸易经营权由审批制向等级制逐步过渡，获得对外贸易经营权的企业数量急剧增长。截至2002年底，全国共有68000家内资企业获得了进出口经营权，外资企业达到42万余家。②

对外贸易企业加快转换经营体制。1994年国务院出台的《关于进一步深化对外贸易体制改革的决定》，要求对外贸易企业要加快转换经营机制，由国家计划的单纯执行者真正转变为国家宏观政策指导下的进出口商品经营者；从单纯追求创汇指标转变为在坚持经济效益的基础上，实行一业为主、多种经营，努力扩大出口创汇；坚持“以质取胜”，多元化开拓市场；

① 商务部研究院编：《迈向贸易强国之路——中国对外贸易40年》，中国商务出版社2018年版。
② 孙玉琴：《中国对外贸易通史》，对外经济贸易大学出版社2018年版，第236页。

走实业化、集团化、国际化经营的发展道路；积极推行进出口代理制，转变经营作风，搞好代理服务。具备条件的专业外贸企业经批准可以改组为规范化的有限责任公司或股份有限公司，允许吸收法人股、职工内部少量持股（不上市的公司在试点期职工股以不超过10%为限）。鼓励专业外贸企业与非外贸企业发挥各自优势，合资联营，共同开拓国际市场。推动专业外贸企业、生产企业和科研院所在平等互利的基础上，通过投资、参股、联合开发、联合生产、联合经营等方式，形成一批以贸易为龙头、贸工农技相结合的或以生产科研企业为核心的工贸技一体化的大型企业集团。1994年出台的《中华人民共和国对外贸易法》，维护了对外贸易秩序，促进了社会主义市场经济的健康发展。

（四）取消对外贸易承包经营责任制

对外贸易承包经营责任制实施以来，虽然在一定程度上调动了外贸部门和企业的积极性，但强化了政府对企业的干预，承包指标“一刀切”导致了不公平竞争。1993年，党的十四届三中全会通过的《关于建立社会主义市场经济体制若干问题的决定》明确提出按照现代企业制度改革国有企业，建立适应市场经济要求、产权清晰、权责明确、政企分开、管理科学的公司制度。这一时期，对国有外贸企业进行股份制试点。按照现代企业制度的要求，现有全国性行业总公司要逐步改组为控股公司。发展一批以公有制为主体，以产权联结为主要纽带的跨地区、跨行业的大型企业集团；具备条件的国有大中型企业，单一投资主体的可依法改组为独资公司，多个投资主体的可依法改组为有限责任公司或股份有限公司；一般小型国有企业，有的可以实行承包经营、租赁经营，有的可以改组为股份合作制，也可以出售给集体或个人。出售企业和股权的收入，由国家转投于急需发展的产业。1997年党的十五大报告提出，股份制是现代企业的一种资本组织形式，有利于所有权和经营权的分离，有利于提高企业和资本的运作效率，资本主义可以用，社会主义也可以用。此后，国有企业改革加速，国有外贸企业开始了产权结构重组。截至1997年上半年，全国外经贸股份制企业达到526家，总股本为1852411万元（见表6－3）。此外，整合外贸资源，探索贸工、贸农、贸商相结合的外贸、外资、外经相结合的“大经贸”之路。

表6-3　对外贸易企业股份制改革试点（截至1997年6月30日）

股份制类型	企业个数	所占比例（%）	股本额（万元）	股本比重（%）
股份制企业	526	100	1852411	100
国有独资公司	17	3	822283.5	44
股份有限公司	88	17	837582	45
上市公司	16	3	236466	13
未上市公司	72	14	601116	32
股份合作制企业	36	7	13799.48	1
有限责任公司	385	73	178746	10

资料来源：杨胜明，《经济全球化与外贸体制建设》，江苏人民出版社2000年版。

第三节　对外经济贸易发展情况

随着加入世界贸易组织前市场经济转型发展和对外经济贸易体制改革的稳步推进，中国对外贸易迅速发展。进出口规模迅速增长，进出口商品结构进一步优化，外资成为外贸主体，加工贸易成为主要贸易方式，服务贸易开始较快发展。中国对外贸易在国际贸易中的地位显著提高。

一、对外经济贸易快速发展

这一阶段，承包经营责任制所形成的激励机制，特别是以出口为经营绩效的考核指标，推动了出口贸易的快速增长和贸易顺差的加大。该阶段后期受亚洲金融危机的冲击，中国进出口贸易增长有所回落，呈现剧烈波动态势。一是进出口规模大幅增长。1992年，中国进出口总额为1655亿美元，2000年增长至4743亿美元，增长了187%。其中，出口总额由849亿美元增长到2492亿美元，增长了193%；进口总额由806亿美元增长到2251亿美元，增长了179%。二是顺差扩大。这一阶段（除1993年外）呈现整体顺差，顺差累计额1637亿美元。1992年贸易逆差44亿美元，2000年贸易顺差241亿美元，增长了454%（见图6-2）。三是外汇储备大幅增长。外汇储备由1992年的194亿美元增长到2000年的1655亿美元，外汇储备增长7.5倍（见图6-3）。四是中国在国际贸易中的地位得到提升。随着中国对外贸易规模的扩大，中国在国际贸易中的地位不断上升。中国进出口贸易在世界进出口贸易中的比重由1992年的2.2%上升到2000年的3.6%，位次由世界第6位上升到世界第2位。

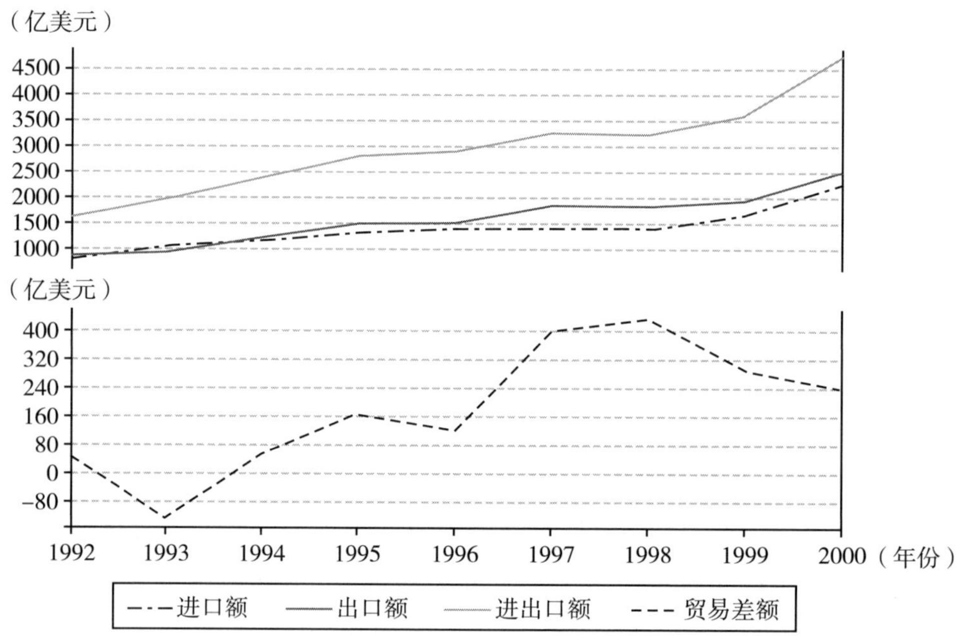

图6-2 1992~2000年中国进出口增长情况

资料来源：Wind资讯。

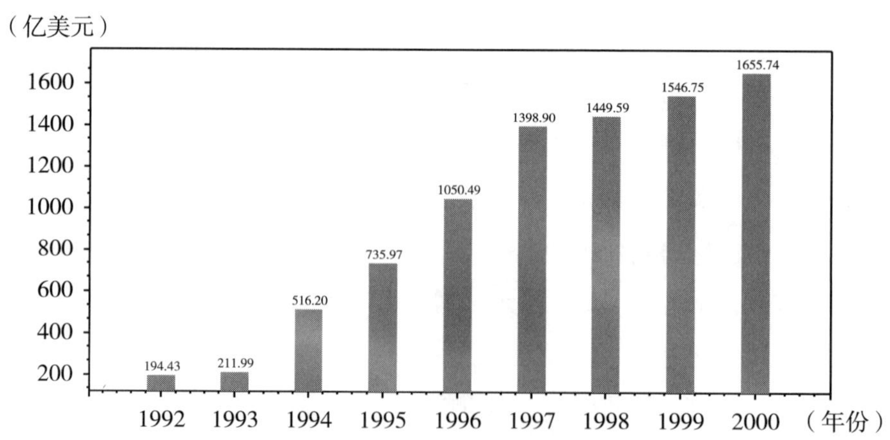

图6-3 1992~2000年中国外汇储备变化情况

资料来源：Wind资讯。

二、出口商品结构进一步优化，进口结构变化不大

出口商品结构进一步优化。一是工业制成品出口持续增长，初级产品出口持续下降。20世纪90年代以来，工业制成品中高附加值的机电产品出口逐渐取代低附加值的轻纺产品。1992～2000年，中国出口总额年均增速为15.3%，工业制成品出口额年均增速为17.3%，工业制成品出口增速快于出口整体增速1.9个百分点。工业制成品出口额占出口总额比重由1992年的80%上升到2000年的89.8%，初级产品出口额占出口总额比重由1992年的20%下降到2000年的10.2%。附加值较高的机电产品出口额占外贸出口总额的比重由1990年的17.9%上升到2000年的36.9%。1995年，机电产品成为中国第一大类出口产品。二是高新技术产品出口大幅增长。在“科技兴贸”战略下，中国高新技术产品出口大幅增长，高新技术产品出口额由1996年的128.2亿美元增长到2000年的370.4亿美元，占整体出口比重也由8.5%上升到14.9%。传统大宗资源性商品在出口总额中的比重逐步下降。

进口结构变化不大。一是进口商品结构仍以工业制成品为主。进口商品在促进国内产业结构调整，满足国内生产和生活需要，带动国内产品出口方面发挥了重要作用。1992～2000年，中国进口总额年均增速为15.7%，工业制成品进口额年均增速为15.0%，工业制成品进口增速快于进口整体增速0.8个百分点。二是初级产品比重有所上升。工业制成品进口额占进口总额比重由1992年的83.6%下降到2000年的79.2%，初级产品进口额占进口总额比重由1992年的16.5%上升到2000年的20.8%。三是高新技术和成套设备进口保持了较快增长。2000年高新技术产品进口额比重达22.6%。

三、外资成为对外贸易经营主体，加工贸易成为主要贸易方式

外商投资企业成为对外贸易经营主体。这一阶段是中国吸收外资最快的时期，外商投资弥补了国内建设资金的不足，引进了先进的技术和科学

管理经验，促进了产业结构转型升级，增加了财政收入，对推动国内金融、生产资料、劳动力、房地产、技术和信息市场的发育和形成均起到了重要作用。[①] 1992 年国有企业出口额占中国出口总额的比重为 79.4%，仍是中国对外贸易经营主体，外商投资企业出口额占中国出口总额比重为 20.4%，民营企业占比 0.2%。2000 年国有企业出口额占中国出口总额的比重大幅下降至 46.7%，外商投资企业出口额占中国出口总额比重上升至 47.8%，外商投资企业成为对外贸易经营主体，民营企业占比 5.5%。

加工贸易成为主要贸易方式。1993 年加工贸易出口额达到 442.36 亿美元，首次超过一般贸易；1995 ~ 2000 年，加工贸易出口比重平均高达 54.89%，成为中国货物出口最主要的贸易方式（见表 6 – 4）。

表 6 – 4　　1981 ~ 2001 年中国对外贸易出口情况（分贸易方式）

年份	出口总额（亿美元）	一般贸易出口额（亿美元）	加工贸易出口额（亿美元）	其他贸易出口额（亿美元）	一般贸易比重（%）	加工贸易比重（%）	其他贸易比重（%）
1981	220.07	208	11.31	0.79	94.5	5.1	0.4
1982	223.21	206.69	15.77	0.74	92.6	7.1	0.3
1983	222.26	201.6	20.01	0.69	90.7	9.0	0.3
1984	261.39	231.62	29.29	0.49	88.6	11.2	0.2
1985	273.50	237.3	33.16	3.04	86.8	12.1	1.1
1986	309.42	250.95	51.41	7.04	81.1	16.6	2.3
1987	394.37	296.43	81.38	16.59	75.2	20.6	4.2
1988	475.16	325.96	128.33	20.91	68.6	27.0	4.4
1989	525.38	315.52	188.04	21.84	60.1	35.8	4.2
1990	620.91	354.6	254.2	12.1	57.1	40.9	1.9
1991	718.43	381.2	324.3	13.6	53.1	45.1	1.9
1992	849.40	436.8	396.07	16.53	51.4	46.6	1.9
1993	917.44	432	442.36	43.04	47.1	48.2	4.7
1994	1210.06	615.6	569.8	24.7	50.9	47.1	2.0
1995	1487.80	713.61	737.18	37.01	48.0	49.5	2.5

① 张建平、师求恩：《中国对外贸易概论》，机械工业出版社 2013 年版。

续表

年份	出口总额（亿美元）	一般贸易出口额（亿美元）	加工贸易出口额（亿美元）	其他贸易出口额（亿美元）	一般贸易比重（%）	加工贸易比重（%）	其他贸易比重（%）
1996	1510.48	628.24	843.27	38.99	41.6	55.8	2.6
1997	1827.92	779.74	996.02	52.14	42.7	54.5	2.9
1998	1837.10	742.35	1044.54	50.22	40.4	56.9	2.7
1999	1949.30	791.35	1108.82	49.14	40.6	56.9	2.5
2000	2492.00	1051.81	1376.52	63.7	42.2	55.2	2.6
2001	2661.00	1118.81	1474.34	67.83	42.0	55.4	2.5

资料来源：Wind资讯。

四、服务贸易开始较快发展

在货物贸易快速发展的同时，随着中国申请恢复关税与贸易总协定（GATT）地位谈判的深入，中国对服务市场开放做出初步承诺，由此推动了服务贸易的发展。1992～2000年，服务贸易进出口总额由220亿美元扩大到712亿美元，增长了2.2倍；由于国内服务业发展水平与发达国家差距大、竞争力低，1998～2000年中国服务贸易均为逆差（见表6－5）。

表6－5　　1982～2000年中国服务贸易出口情况

年份	服务贸易进出口额（亿美元）	服务贸易出口额（亿美元）	服务贸易进口额（亿美元）	服务贸易差额（亿美元）	服务贸易进出口额同比（%）	服务贸易出口额同比（%）	服务贸易进口额同比（%）
1982	47	27	20	6	—	—	—
1983	48	28	20	8	2.1	3.7	0.0
1984	59	31	29	2	22.9	10.7	45.0
1985	56	31	25	6	－5.1	0.0	－13.8
1986	61	39	23	16	8.9	25.8	－8.0
1987	66	41	25	16	8.2	5.1	8.7
1988	87	51	36	15	31.8	24.4	44.0
1989	101	62	39	23	16.1	21.6	8.3
1990	124	81	44	37	22.8	30.6	12.8
1991	137	95	41	54	10.5	17.3	－6.8

续表

年份	服务贸易进出口额（亿美元）	服务贸易出口额（亿美元）	服务贸易进口额（亿美元）	服务贸易差额（亿美元）	服务贸易进出口额同比（%）	服务贸易出口额同比（%）	服务贸易进口额同比（%）
1992	220	126	94	31	60.6	32.6	129.3
1993	266	146	120	25	20.9	15.9	27.7
1994	365	202	163	39	37.2	38.4	35.8
1995	496	244	252	-8	35.9	20.8	54.6
1996	506	280	226	54	2.0	14.8	-10.3
1997	622	342	280	63	22.9	22.1	23.9
1998	519	251	268	-18	-16.6	-26.6	-4.3
1999	610	294	317	-23	17.5	17.1	18.3
2000	712	350	362	-11	16.7	19.0	14.2

资料来源：Wind 资讯。

第四节 对外经济贸易评价

随着中国进入从计划经济体制向社会主义市场经济体制转变的新阶段，以及中国加入世界贸易组织步伐的加快，中国更加有效地开展对外贸易，积极引进国外资金、技术和智力，巩固和发展对外开放的格局，把扩大对外开放同提高生产技术和经营管理水平更好地结合起来，做好加入世界贸易组织的准备和过渡期的各项工作，不断提高企业竞争能力，进一步推动全方位、多层次、宽领域的对外开放。这一阶段，中国全方位对外开放格局基本形成。

一、主要特点

（一）对外经济贸易规模不断扩大

这一时期，尽管受到亚洲金融危机冲击和降低关税的影响，中国对外贸易和利用外资规模整体上在不断扩大、速度在不断加快。1992 ~ 2000 年，中国进出口总额累计超过 2.65 万亿美元，进出口平均增速（除 1998

年以外）为 17.3%；实际利用外商投资累计超过 3200 亿美元，1992 年和 1993 年外商投资增速高达 150% 以上。2000 年，中国对外贸易国际排名从 1992 年的第 11 位上升到第 7 位。

（二）加工贸易快速发展

改革开放初期，中国面临资源“瓶颈”和内需不足，缺乏自主创新能力，但具有丰富的劳动力资源，发展加工贸易是较好的选择。发展加工贸易具有投资少、时间短和见效快特点，能够充分利用中国丰富的劳动力资源，有利于扩大出口，增加外汇收入。通过加工贸易参与国际分工，是中国实现经济增长、获取贸易利得的一种可取的选择。随着加工贸易的发展，1992 ~ 2000 年，加工贸易已占据中国对外贸易的半壁江山，成为中国外贸进出口、利用外资和对外开放的重要组成部分。1992 ~ 2000 年，一般贸易出口额占同期中国出口总额的比重由 51.4% 下降到 42.2%，加工贸易比重由 46.6% 上升到 55.2%。

（三）对外贸易增长质量和效益不断提升

这一时期，中国努力实现经济增长方式从粗放型向集约型转变，实施“以质取胜”为核心的对外贸易战略。进一步优化进出口商品结构，逐步实现初加工制成品出口为主向深加工制成品出口为主的转变，着重提高轻纺产品的质量、档次，加快产品升级换代，扩大花色品种，创立名牌，提高产品附加值；进一步扩大机电产品出口，特别是成套设备出口；发展附加值高和综合利用农业资源的创汇农业；按国际标准组织出口商品生产，加强售后服务；积极引进先进技术，大力发展技术贸易和服务贸易，积极引进先进技术，适当提高高技术、设备及原材料产品的进口比重。同期，科技兴贸战略的实施进一步带动中国高新技术产品进出口快速增长。

（四）对外贸易中存在的主要问题

这一时期的改革为中国对外贸易创造了良好的宏观环境，但对外贸易发展中也存在一些突出问题。一是对外贸易仍然在国内规则和制度之下进行，限制了中国对外贸易的可持续发展，国际化程度有待提高。为进一步扩大对外开放程度，促进对外贸易的可持续发展，中国对外贸易规则亟须与世界规则接轨。二是社会主义市场经济体制尚不完善，阻碍生产力发展的体制性因素仍然突出。三是科技、教育比较落后，科技创新能力弱，人才资源不足。四是一些领域市场经济秩序混乱，官僚主义作风严重。

二、重要作用

（一）推动中国经济发展作用凸显

1992 年党的十四大确立建设社会主义市场经济体制目标后，中国对外贸易体制改革逐渐深化，对外经济贸易在推动国民经济发展中的作用愈加凸显。1992～2000 年，中国贸易总额增长了 1.9 倍，出口总额增长了 1.9 倍，外汇储备增长 7.5 倍，外贸总额世界排名第 2 位。对外经济贸易的发展，推动了中国经济的高速发展。1992～2000 年，中国 GDP 平均增速高达 10.6%，中国 GDP 占世界的比重由 1.7% 上升到 3.6%。

（二）贸易自由化进程加速为中国做好加入世界贸易组织的准备

这一时期，中国努力做好加入世界贸易组织的准备和过渡期的各项工作，深化改革，建立健全符合国际通行规则和中国国情的对外经济贸易体制。降低关税总水平，取消大量进口限制措施；成立中国进出口银行，帮助企业出口。进行汇率制度改革，建立以市场为基础的人民币汇率形成机制；取消外汇留成制度，放宽人民币兑换自由。加快修订和完善相关的法律法规，营造良好的外贸环境。采取切实措施，转变政府管理方式，提高企业竞争能力，加强中介机构对贸易活动的服务作用，抓紧培养熟悉国际贸易规则的专业人才。

这一时期，中国贸易自由化进程史无前例。一是进口壁垒不断下降。1991 年中国的平均关税税率水平为 43.1%，远高于国际水平，当时发达国家的平均关税税率水平为 6.3%，东欧转型国家的平均关税税率水平为 8.6%，发展中国家的平均关税税率水平为 15.3%。高关税妨碍了中国改革开放的深化，与经济全球化趋势不符。1994 年，中国第一次参加了关贸总协定的多边关税谈判，并向乌拉圭回合的多边关税谈判小组提出了中国的关税减让方案。1992～2001 年，中国平均关税率水平由 43.1% 降至 15.3%，削减幅度高达 64.5%。二是减少、规范非关税措施。三是完善与 GATT/WTO 规则接轨的涉外法律体系，建立相关技术法规、反倾销条例等。四是继续实施鼓励出口政策。

第七章

中国加入世界贸易组织初期改革开放深化阶段（2001～2012年）

加入世界贸易组织初期，中国深化对外贸易制度改革，主动与国际规则对接，积极参与全球产业分工，大幅改善了中国的国际贸易环境，提升了中国在国际贸易中的地位，中国成为全球货物贸易第一大出口国和第二大进口国。2008年国际金融危机期间，中国采取积极措施稳外贸，对稳定世界经济发挥了重要作用。

第一节 国际国内环境

进入21世纪，经济全球化、科学技术进步、国际产业转移、中国加入世界贸易组织、各国之间加强合作等为中国融入世界经济提供了历史性机遇。同时，世界经济格局的变化也给中国带来严峻的挑战。这一阶段，国际环境复杂多变，影响和平与发展的不稳定、不确定因素增多。世界经济发展不平衡状况加剧，围绕资源、市场、技术、人才的竞争更加激烈，贸易保护主义有新的表现。国际金融危机给全球经济带来巨大冲击。发达国家占据经济科技上的优势，国际贸易竞争更加激烈。

（一）经济全球化趋势增强

现代经济全球化显现为三个阶段。第一阶段是1990～2001年，是以

“冷战”结束、世界贸易组织成立为标志的全球化高速推进时期，美国等发达经济体获得了最大的全球化红利。第二阶段是2002～2008年，是以中国加入世界贸易组织为标志的全球化高潮时期。第三阶段是2009年以来的逆全球化时期，经济全球化总的趋势没有变，而是进入减速转型调整新阶段。

经济全球化推动生产要素全球配置。经济全球化推动了贸易、投资、金融、科技、生产等活动的全球化，带来了生产要素全球最优配置，推动了生产力和国际分工的高度发展。经济全球化促进了世界多边贸易体制的形成，促进了全球贸易自由化的发展。

跨国公司在全球范围迅速扩张。这一时期，跨国公司推动了全球化向前快速发展。跨国公司垄断了全球生产的60%和全球贸易的80%，以及国际直接投资的90%。世界500强的跨国公司主要集中在美国、欧洲和日本等发达国家（地区），一些新兴市场国家虽然也出现了数量可观的跨国公司，但这些跨国公司也主要集中在少数经济增长较快的经济体中。

（二）国际金融危机带来巨大冲击

从1991年IT泡沫兴起到2001年IT泡沫破灭，全球投资大幅下降，导致2001～2004年全球投资持续低迷，全球经济长期不景气。这一时期，美国新经济繁荣周期结束，为推动美国经济继续繁荣，美国大力推动金融创新，金融过度创新导致2007年4月美国爆发次贷危机，并迅速蔓延全球，导致2008年以美国雷曼兄弟破产为标志的国际金融危机爆发。国际金融危机逐步演变成为全球性的经济危机，世界主要经济体经济增速放缓。为应对国际金融危机的冲击，中国政府采取了一系列经济刺激措施，经济保持了较高增速，成为拉动世界经济复苏的重要引擎。

（三）发达国家爆发主权债务危机

在国际金融危机的影响下，发达国家爆发主权债务危机，世界金融市场再次出现动荡。2009年末欧债危机爆发并迅速蔓延，2011年美国主权信用评级被下调，欧债危机也由欧元区外围向核心蔓延。在实体经济方面，美国经济复苏乏力，失业、通胀等新老问题交织，无论是发达国家还是新兴经济体，经济都面临“二次探底”的风险。金融市场和实体经济震荡下行风险加大。

（四）世界格局发生重大变化

随着经济全球化的快速发展，世界经济格局发生重大变化。2001～2009年，美国和日本分列世界第一大经济体和第二大经济体；2010年中国GDP超过日本，成为世界第二大经济体。这一时期，美国和日本经济占世界经济的比重呈逐年递减趋势，中国经济占世界经济的比重大幅提升。2001～2012年，美国经济占世界经济的比重从31.7%下降到21.6%，日本经济占世界经济的比重从12.9%下降到8.3%，中国经济占世界经济的比重从4.0%上升到11.4%。与此同时，印度经济2005年以来高速发展，2012年，印度经济占世界经济的比重为2.4%（见图7－1）。

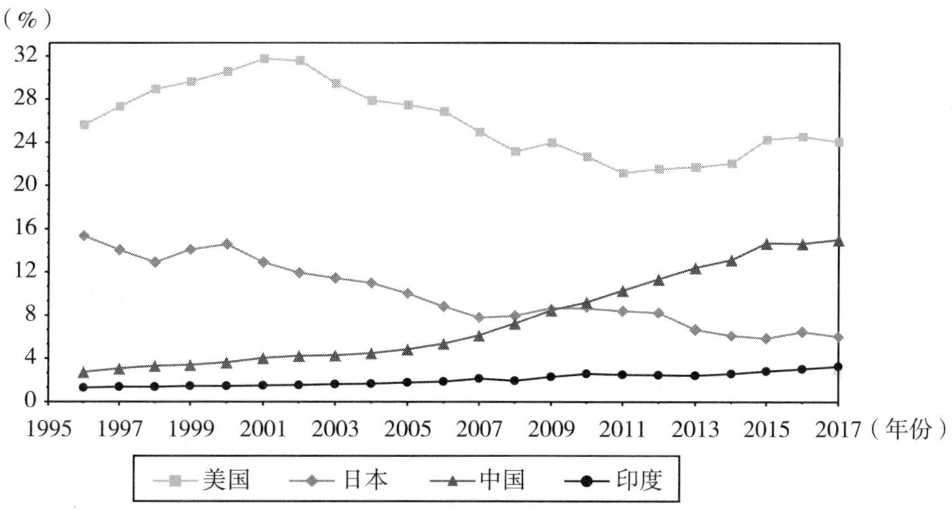

图7－1　1995年以来各国名义GDP占世界比重

资料来源：Wind资讯。

这一时期，中国从容应对加入世界贸易组织后的新变化，有效应对国际金融危机的巨大冲击，有效抑制了经济运行中出现的不稳定不健康因素，成功战胜“非典”疫情和四川汶川特大地震、青海玉树强烈地震、甘肃舟曲特大山洪泥石流等重大自然灾害，成功举办了北京奥运会、上海世博会和广州亚运会，保持了经济平稳较快发展良好态势，综合国力大幅提升。2010年中国国内生产总值达到39.8万亿元，跃居世界第二位；载人航天、探月工程、超级计算机等尖端科技领域实现重大跨越。

（五）加入世界贸易组织是中国对外经济贸易发展的里程碑

2001 年中国加入世界贸易组织，是中国对外贸易发展进程中的一座里程碑，大幅改善了中国的国际贸易环境。中国享有世界贸易组织最惠国待遇，出口大幅增长。在世界贸易组织体制下，中国能够平等参与世界竞争，直接参与 21 世纪国际贸易规则的制定，国际贸易争端能够通过世界贸易组织的争端解决机制处理，避免不公正处罚，主要贸易大国不得不减少或取消对中国纺织品等商品实施的不同程度的贸易歧视措施。这一阶段，中国经济融入世界经济体系的程度不断加深，在享受贸易自由化带来的发展的同时，与世界各国实现互利共赢。

加入世界贸易组织后中国形成全方位、多层次和宽领域的对外开放。全方位是指对世界各类型国家的开放；多层次是指逐步形成了经济特区—沿海开放城市—沿海经济开发区—沿江、沿边和内地这样一个全国范围的多层次对外开放格局；宽领域是指对外开放范围涵盖了政治、经济、科技、教育、文化、体育、卫生等众多领域。至此，中国的对外开放城市已遍布全国 31 个省份，中国的对外开放真正进入了一个新的历史时期。

加入世界贸易组织后，中国积极融入国际贸易规则体系。中国努力按照世界贸易组织规则改革国内经济体制和法律体系。中国积极进行组织机构改革，组建商务部，对外贸活动进行有序管理；完善涉外法律法规，修订新贸易法；继续降低关税，中国在加入世界贸易组织时承诺的约束关税为 10%，截至 2010 年，中国货物降税承诺全部履行完毕，关税总水平由 2001 年的 15.3% 降至 9.8%；加大贸易政策透明度，规范出口退税制度；开放服务贸易；积极参与国际经济活动。

（六）中国对外经济贸易发展最快、最好阶段

加入世界贸易组织后，中国对外贸易实现了突飞猛进的发展。中国对外经济贸易在发展规模、运行质量、管理体制等方面都发生了深刻变化，进入新中国成立以来发展最快、最好的阶段。这一时期，中国进出口总额居世界第二位，出口结构持续优化；贸易投资环境得到进一步改善，对外资的吸引力显著增加，利用外资水平提升，境外投资明显加快，中国国际地位和影响力显著提高。

第二节 对外经济贸易政策的调整变化

2001年中国加入世界贸易组织后，对外贸易战略在继承上一阶段贸易战略总体发展方向的基础上进一步减少了政府干预，贸易体制基本与国际接轨。这一时期，中国积极参与经济全球化进程，抓住国际产业转移的历史机遇，成功应对各种挑战，对外贸易赢得了历史上最快、最好的发展时期。

一、融入全球经济贸易的战略

1997年亚洲金融危机的爆发和以2001年中国加入世界贸易组织为契机，促使中国外贸政策由出口导向战略向融入全球贸易的战略转变，并在内涵和特征上出现了新的变化。

一是外贸增长方式由粗放型向集约型转变。随着中国劳动力成本和资源能源等生产要素价格的大幅上涨，中国传统的低成本出口优势弱化，中国提出外贸由粗放型发展向集约型发展转变的战略目标，提出主要依靠提高质量、效益和优化商品结构实现对外贸易的可持续增长。

二是优化出口结构。中国深入实施科技兴贸战略和以质取胜战略，鼓励技术密集型产品的出口，加入世界贸易组织之后，中国高新技术机电产品的出口明显上升。这一时期，中国科技兴贸政策法规体系不断完善。2001年8月对外贸易经济合作部、科学技术部等印发了《科技兴贸“十五”计划纲要》，2003年10月商务部等七部门共同发布了《关于进一步实施科技兴贸战略的若干意见》，2006年3月商务部等十部门共同发布了《科技兴贸“十一五”规划》，初步建立起由重点企业、重点城市、高新产业基地及若干科技博览会组成的科技兴贸实施主体和实施平台，并形成了包括财政、税务、商检、海关等在内的成体系的促进高新技术出口的政策框架。搭建了高技术成果展示和交易平台，促进了高新技术国际交流与合作。[①] 在保持现有出口竞争优势的基础上，中国加快培育以技术、品牌、质量和服务为核心的新优势，促进工业转型升级，延长加工贸易增值链，提高企业和产品的竞争力和附加值。这一时期，中国外贸企业技术进步加快，产品结构显著优化，外贸综合竞争力大幅提升，大部分外贸企业抵御了国际金融危机的冲击，进出口贸易在危机后实现了较快复苏。

三是实施出口市场多元化战略。为降低对美国等主要出口市场的依赖程度，削弱外来风险对中国经济的冲击，中国实施出口市场多元化战略。2001 年发布的《中华人民共和国国民经济和社会发展第十个五年计划纲要》明确提出了在积极“引进来”的同时实施“走出去”战略，把实施“走出去”对外开放战略作为进一步扩大对外开放、发展外向型经济的着眼点，把“走出去”提高到关系到中国发展全局和前途的重大战略高度。鼓励企业对外投资，拓展国际经济技术合作，继续发展对外承包工程和劳务合作，开展境外加工贸易，带动产品、服务和技术出口；鼓励企业开展境外能源资源合作，在境外设立研究中心。这一时期，中国形成全方位和多元化的进出口市场格局。截至 2011 年，中国的贸易伙伴已经由 1978 年的几十个国家和地区发展到目前的 231 个国家和地区。欧盟、美国、东盟、日本、金砖国家等成为中国主要贸易伙伴。21 世纪以来，中国与新兴市场和发展中国家的贸易持续较快增长。2005 ~ 2010 年，中国与东盟货物贸易占中国货物贸易比重由 9.2% 提高到 9.8%，与其他金砖国家货物贸易所占比重由 4.9% 提高到 6.9%，与拉丁美洲和非洲货物贸易所占比重分别由 3.5% 和 2.8% 提高到 6.2% 和 4.3%。[②]

四是深度参与国际分工体系，积极融入全球产业链。加入世界贸易组织后，中国更加积极地融入国际分工体系，依靠劳动力成本优势、较强的产业配套和加工制造能力、不断提高的劳动生产率，逐渐发展成为“世界工厂”。

二、对外经济贸易政策的调整变化

这一阶段中国对外经济贸易政策的重点，一是采取了世界贸易组织框

① 张建平、师求恩：《中国对外贸易概论》，机械工业出版社 2013 年版。

② 《中国的对外贸易》白皮书，中华人民共和国国务院新闻办公室网站，2011 年 12 月 7 日。

架下的开放型贸易政策，加快与国际规则的对接；二是采取应对国际金融危机的贸易政策，采取稳外贸政策，目的是"保市场、保份额、稳外需"，支持企业"走出去"和促进产品内销的长期政策与企业出口投融资支持的短期政策相结合。

（一）进口政策

这一时期，中国进口政策基本延续了1992～2000年期间进口政策的总体思想，即继续将进口重点放在引进先进技术设备上。但随着贸易粗放型增长带来弊端的日渐显露，人口、资源和环境关系紧张，贸易难以实现可持续发展。为推动外贸的可持续发展，中国进口政策更加注重基础原材料、基础能源等资源品的境外合作开发与进口储备。为此，中国出台了一系列扩大进口政策，简化相关产品进口管理和进口付汇手续，降低部分商品进口暂定税率，完善进口促进体系，提高进口便利化程度。

中国加大扩大进口政策力度，同时坚持出口和进口并重，使得顺差处于合理区间。2012年4月，国务院印发《关于加强进口促进对外贸易平衡发展的指导意见》，进一步完善了进口促进政策，拓宽了进口渠道，有力地促进了机械设备、工业原料和消费品进口增长。2012年高新技术产品和机电产品进口额分别为5067.5亿美元和7823.8亿美元，分别增长9.5%和3.8%，其中，自动处理设备及其部件、集成电路、汽车增长较快。大宗商品进口总体平稳增长，大豆、铁矿石、原油、铜及铜材进口量分别增长11.2%、8.4%、6.8%和14.1%。全年贸易顺差2305.8亿美元，占国内生产总值的2.8%，仍处于国际公认的合理区间。

（二）出口政策

这一时期，中国出口增长仍主要以高耗能、低技术含量的工业品为主，服务贸易、技术贸易、高技术产品出口比重较低，外贸增长的质量和效益有待进一步提高。为此，中国一方面调整出口政策，培育出口新优势，促进高新技术产品出口；另一方面降低出口生产者补贴，履行加入世界贸易组织的承诺，对接国际规则。

第一，按照世界贸易组织规则对相关补贴进行了大幅度调整，总体趋向是降低出口生产者补贴。一是重点实施出口退税政策。加入世界贸易组织之初，中国延续了1998年以来的提高出口退税率政策。自2004年1月

1日起，中国对现行出口退税机制进行改革，实施新的出口退税政策。新政策五大改革措施是：对出口退税率进行结构性调整；建立中央和地方政府共同负担出口退税增量的新机制；新增加的进口环节增值税和消费税收入首先用于出口退税；调整出口产品结构，推进外贸体制改革；欠企业的退税款由中央财政采取全额贴息解决。新政不仅对出口退税率进行了调整，还对出口退税负担机制进行了改革，激发了企业扩大出口的积极性。同时，为平衡贸易顺差，抑制“两高一资”产品出口过快增长的势头，先后降低或取消部分高耗能、高污染和资源性商品的出口退税，禁止和限制部分此类产品的加工贸易，鼓励进出口企业向国际上先进的环保标准看齐。为抵御2008年国际金融危机，从2008年8月至2009年7月，中国连续7次大规模上调纺织服装、机电、钢材、化工等产品的出口退税率。随着出口恢复增长、经济复苏，从2010年7月起，取消部分钢材、有色金属加工材、化工产品、橡胶及制品等产品的出口退税，共涉及商品品种406个，共六大类商品。二是改革出口信贷补贴政策。加入世界贸易组织后，中国承诺遵守世界贸易组织规则，政策性银行贷款不再接受国家的财政补贴，贷款基本上按商业贷款利率。2007年5月8日，中国宣布取消由中国银行实施的出口贷款补贴。

第二，培育出口新优势。在保持现有出口竞争优势基础上，加快培育以技术、品牌、质量和服务为核心的新优势，促进工业转型升级，延长加工贸易增值链，提高出口产品的技术含量和附加值。继续扩大服务业对外开放，推动服务外包发展和新兴服务出口。

第三，重点支持高新技术产品出口。为适应高新技术及产品的快速发展和国际市场需求变化，促进高新技术产品的出口，优化中国出口商品结构，中国多次调整《高新技术产品出口目录》，重点支持具有自主知识产权的高新技术产品出口，培育高新技术产品出口新的增长点，也是落实科技兴贸战略的一个重要举措。

（三）外汇政策

长期以来，中国实施的是经常项下可兑换和资本项下部分可兑换的结售汇管理制度，其实施运行的结果是“外汇重集中储备，轻分流使用”。这种制度实际上是贸易上“奖出限入”、资金上“宽进严出”思想观念的具体化。在加入世界贸易组织后的初期，中国仍然沿用这种外汇制度，致使国际收支中的经常项目和资本项目长时期保持“双顺差”，人民币的升值压力巨大。为促进国际收支的基本平衡，进一步培育外汇市场，支持贸易投资的便利化，中国人民银行于2005年频繁调整外汇管理政策，从改变汇率的形成机制入手，继而推出远期外汇交易和掉期交易、放松居民和企业持汇限制、调整银行头寸管理、实施人民币兑外币的做市商制度等，基本搭建起了外汇市场发展的大体框架。

此后，2006年4月13日，中国人民银行发布公告调整了六项外汇管理政策，包括：提高企业经常项目外汇账户限额；简化境内居民个人购汇手续，提高购汇限额；简化服务贸易售付汇凭证并放宽审核权限；拓展境内银行代客外汇境外理财业务；允许符合条件的基金管理公司等证券经营机构在一定额度内集合境内机构和个人自有外汇，用于在境外进行的包含股票在内的组合证券投资；拓展保险机构境外证券投资业务，允许符合条件的保险机构购汇投资于境外固定收益类产品及货币市场工具等。这些调整一方面反映出政府的“宽进严出”思想发生了变化，调整政策中对境内机构的境外投资政策的完善、放松限制，大力支持有条件的企业“走出去”已表明其向“宽出”方面转化；另一方面也反映了中国外汇市场改革的方向，即活跃外汇市场，包括扩大外汇市场交易主体、丰富交易品种等方面。调整政策中，鼓励非银行金融机构、大型企业、其他公司等进入市场参与外汇业务表明了其试图扩大外汇市场交易主体的意向；鼓励对境外货币市场工具的投资表明了其试图丰富交易品种的意向。①

专栏

2005～2010年汇率形成机制改革进程

（1）2005年汇率形成机制改革。2005年7月21日，中国人民银行宣布实施汇率形成机制改革，出台完善人民币汇率形成机制的改革方案，采用以

① 孙玉琴：《中国对外贸易通史》，对外经济贸易大学出版社2018年版。

市场供求为基础，参考一篮子货币进行调节、有管理的浮动汇率制度。人民币汇率不再盯住单一美元货币，美元兑人民币汇率一次性大幅升值2%，由1美元兑换8.28元人民币升至8.11元，2005～2008年人民币兑美元汇率升值18%。但是，由于世界金融危机，2008年7月以后，人民币汇率制度改革中断，人民币兑美元汇率波动幅度收窄。

扩大人民币汇率波幅。2005年7月启动人民币汇率制度改革，人民币兑美元汇率浮动幅度为0.3%，2007年5月扩大至0.5%，有利于促进人民币汇率形成双向波动、增强弹性的局面，市场对价格的影响力明显上升。

（2）汇改停滞阶段。2008年7月至2010年6月，受国际金融危机的影响，人民币汇率形成机制改革被迫停滞，人民币兑美元汇率基本维持在6.8水平波动。2012年4月，人民币兑美元汇率波幅扩大至1%。

（3）汇改重启阶段。2010年6月19日，中国人民银行进一步推进汇率形成机制改革、增强人民币汇率弹性。这意味着人民币汇率政策基本上重归2005年采取的BBC（band basket crawling）方式的汇率制度上，以波动幅度（band）、一篮子货币（basket）、爬行（crawling）为基础的有管理浮动汇率制，表明中国将继续深化人民币汇率制度的市场化改革，人民币汇率市场化程度提高。本次汇改特点：一是人民币汇率并非一次性重估；二是坚持以市场供求为基础，注重参考一篮子货币；三是继续执行现有外汇市场汇率浮动区间，即银行间外汇市场人民币兑美元交易价的日浮动幅度为中间价上下0.5%。

（四）外资政策

这一时期，中国外资政策制定力求符合世界贸易组织的要求，进一步扩大外商投资开放程度；同时，抓住国际产业转移机遇，继续积极有效利用外资，通过外资引进国外先进技术、管理经验和高素质人才，优化国内产业结构、提高技术水平。

第一，修改外商投资“三法”，以符合世界贸易组织的规则要求。修改完善《中华人民共和国中外合资经营企业法》（1979年颁布，2001年修订）、《中华人民共和国中外合作经营企业法》（1988年颁布，2000年修订）、《中华人民共和国外资企业法》（1986年颁布，2000年修订）及其实施细则（或实施条例）。修改内容主要包括：外汇平衡条款、“当地含量”条款、出口业绩要求、企业生产计划备案条款等方面。

第二，2002年颁布新的《外商投资产业指导目录》，加大对外商投资的开放程度。引导外资更多投向先进制造业、高新技术产业、节能环保产业、现代服务业和中西部地区。新目录分为鼓励、允许、限制和禁止四类，共列371个条目。一是鼓励类由186条增加到262条，限制类由112条减少到75条；二是放宽外商投资的股比限制，如取消港口共用码头的中方控股要求；三是开放新投资领域，将原禁止外商投资的电信和燃气、热力、供排水等城市管网首次列为对外开放领域；四是按照加入世界贸易组织的承诺时间表，进一步开放银行、保险、商业、外贸、旅游、电信、运输、会计、审计、法律等服务贸易领域；五是鼓励外商投资西部地区，放宽外商投资西部地区的股比和行业限制；六是发挥市场竞争机制作用，将一般工业产品划入允许类，通过竞争促进产业、产品结构升级。

第三，引导外商投资方向。一是鼓励外资更多投向高技术产业、现代服务业、高端制造环节、基础设施和生态环境保护，投向中西部地区和东北地区等老工业基地；二是鼓励跨国公司在中国设立地区总部、研发中心、采购中心、培训中心；三是鼓励外资企业技术创新，增强配套能力，延伸产业链；四是继续发挥吸引外资能力较强的地区和开发区的优势，提高生产制造层次，并积极向研究开发、现代流通等领域拓展，充分发挥集聚和带动效应。

第四，促进利用外资方式多样化。一是引导国内企业同跨国公司开展多种形式的合作，发挥外资的技术溢出效应；二是在保护国内自主品牌基础上，引导和规范外商参与国内企业改组改造；三是有效利用境外资本市场，支持国内企业境外上市；四是完善风险投资退出机制，鼓励外商风险投资公司和风险投资基金来华投资，鼓励具备条件的境外机构参股国内证券公司和基金管理公司；五是继续用好国际金融组织和外国政府贷款，重点投向中西部地区和东北地区等老工业基地，用于资源节约、环境保护和基础设施建设；六是合理、审慎使用国际商业贷款，允许具备条件的金融机构和企业在境外融资；七是加强对外债的宏观监测和管理，优化债务结构，保持适度的外债规模，防范债务风险。

三、以世界贸易组织规则为基础的对外经济贸易体制的全面改革

加入世界贸易组织是中国对外贸易体制改革的重要分水岭。2001 年 12 月 11 日，中国正式加入世界贸易组织。在履行承诺过程中，中国深化外贸体制改革，完善外贸法律法规体系，减少贸易壁垒和行政干预，理顺政府在外贸管理中的职责，促进政府行为更加公开、公正和透明，中国外贸体制总体框架有了新的发展。截至 2010 年，中国加入世界贸易组织的所有承诺全部履行完毕，建立起符合国际规范和世界贸易组织规则要求的经济贸易体制，推动了中国经济进一步开放和市场经济体制进一步完善。2011 年首部《中国的对外贸易》白皮书指出，改革开放前，中国对外贸易实行指令性计划管理和由国家统负盈亏；改革开放以来，中国外贸体制经历了由指令性计划管理到发挥市场机制的基础性作用、由经营权高度垄断到全面开放、由企业吃国家“大锅饭”到自主经营和自负盈亏的转变。在中国加入世界贸易组织的过程中，中国外贸体制逐步同国际贸易规则接轨，以建立起统一、开放、符合多边贸易规则的对外贸易制度为目标。

（一）加快对外经济贸易法制化建设

一是健全与完善对外贸易法律法规。加入世界贸易组织后，中国全面清理外贸法规，包括清理大量地方性法规。对不符合世界贸易组织原则的法律法规予以废止或修订。修订了《中华人民共和国对外贸易法》《中华人民共和国海关法》《中华人民共和国进出口商品检验法》《中华人民共和国中外合资经营企业法》《中华人民共和国外资企业法》等重要涉外法律法规。新修订的法律法规减少和规范了行政许可程序，建立健全了贸易促进、贸易救济法律体系。

二是提高知识产权执法力度和水平。根据世界贸易组织《与贸易有关的知识产权协议》，中国修订了《中华人民共和国专利法》《中华人民共和国商标法》《中华人民共和国著作权法》《计算机软件保护条例》等相关法律法规和司法解释，出台了《著作权集体管理条例》等新法规，基本形成了体系完整、符合中国国情、与国际惯例接轨的保护知识产权法律法规体系。

（二）逐步降低整体关税水平

中国政府按照《中国加入世界贸易组织议定书》所承诺的关税减让义务，逐步降低整体关税水平，削减非关税措施。根据减让表的规定，中国关税总水平将由2001年的14%降到2005年的约10%（见表7－1）。到2005年1月，中国绝大多数关税削减承诺执行完毕。根据承诺，中国自2005年1月起全部取消对424个税号产品的进口配额、进口许可证和特定招标等非关税措施，仅仅保留了依据国际公约以及在世界贸易组织规则下为保证生命安全、保护环境实施进口管制产品的许可证管理。2010年，中国关税总水平已经降至9.8%，其中，农产品平均税率降至15.2%，工业品平均税率降至8.9%。关税约束率自2005年起一直维持在100%。①

表7－1　中国关税减让承诺的总水平　单位：%

年份	关税总水平	工业品平均	农业品平均
2000	15.6	14.7	21.3
2001	14.0	13.0	19.9
2002	12.7	11.7	18.5
2003	11.5	10.6	17.4
2004	10.6	9.8	15.8
2005	10.1	9.3	15.5

资料来源：《中国加入世界贸易组织法律文件》，收录于《中国入世承诺》，商务部网站，2006年11月6日。

（三）全面放开对外贸易经营权

一是根据2004年新修订的《中华人民共和国对外贸易法》，自2004年7月起，中国政府对企业的对外贸易经营权由审批制改为备案登记制，所有对外贸易经营者均可以依法从事对外贸易，自然人首次获得对外贸易经营权。二是放开货物贸易和技术贸易的对外贸易经营权，将授权审批制改为依法登记制，放开了国内企业的进入门槛，消除了外商投资企业权限获得上的“超国民待遇”。三是形成外贸主体多元化格局。改变了国有企业的垄断地位，越来越多的民营企业进入外贸领域，成为对外贸易的重要经营主体，外商投资企业数量随着国内投资环境日益改善呈现稳步增长态势。② 2012年，

①② 《中国的对外贸易》白皮书，中华人民共和国国务院新闻办公室网站，2011年12月7日。

国有企业、外商投资企业和其他企业进出口分别占中国进出口总额的19.4%、49.0%和31.6%（见表7-2）。

表7-2　1981~2017年中国对外贸易进出口情况（分企业性质）

年份	进出口总额（亿美元）	国有企业进出口（亿美元）	外商投资企业进出口（亿美元）	其他企业进出口（亿美元）	国有企业进出口占比（%）	外商投资企业进出口占比（%）	其他企业进出口占比（%）
1981	440.22	437.87	1.33	1.02	99.5	0.3	0.2
1991	1356.34	1059.10	289.60	7.64	78.1	21.4	0.6
1992	1655.25	1200.60	414.40	40.25	72.5	25.0	2.4
2000	4742.90	2153.70	2362.90	226.37	45.4	49.8	4.8
2001	5096.50	2167.83	2590.61	338.07	42.5	50.8	6.6
2011	36418.65	7606.25	18601.56	10210.84	20.9	51.1	28.0
2012	38671.20	7517.06	18939.97	12214.16	19.4	49.0	31.6
2017	41045.04	6686.71	18391.35	15966.98	16.3	44.8	38.9

资料来源：根据海关总署数据计算。

（四）进一步扩大服务市场开放

中国认真履行加入世界贸易组织的承诺，为境外服务商提供了包括金融、电信、建筑、分销、物流、旅游、教育等在内的广泛的市场准入机会。在世界贸易组织服务贸易分类的160个分部门中，中国开放了100个，开放范围已经接近发达国家的平均水平。2010年，中国服务业新设立外商投资企业13905家，实际利用外资487亿美元，占全国非金融领域新设立外商投资企业和实际利用外资的比重分别为50.7%和46.1%。

（五）营造更为公平的市场竞争环境

中国通过建立、完善公平贸易法律制度和执法、监督机制，遏制与打击对外贸易经营中的侵权、倾销、走私、扰乱市场秩序等不公平贸易行为，努力为境内外企业提供一个宽松、公平、稳定的市场环境。中国政府依据国内法律和国际贸易规则，加强预警监测，同时利用贸易救济和反垄断调查等措施，对贸易伙伴的不公平贸易行为予以纠正，维护国内产业和企业的合法权益。在应对国际金融危机过程中，中国与国际社会一起坚决反对任何形式的贸易保护主义，严格遵守世界贸易组织相关规定，在实施经济刺激计划时平等地对待境内外产品，促进了境内外企业的公平竞争。[①]

第三节 对外经济贸易发展情况

加入世界贸易组织后，中国由单边自主开放转向多边框架下的相互开放，由政策开放转向体制开放，中国对外贸易总量不断攀升，对外贸易结构发生了根本性变化，国际市场布局优化，服务贸易的国际竞争力不断增强。

一、对外经济贸易总量不断攀升

加入世界贸易组织后中国改革开放进入新阶段，按照世界贸易组织规则，由单边自主开放转向多边框架下的相互开放，由政策开放转向体制开放，对外贸易规模不断扩大，中国在国际贸易中的地位不断上升。尽管受2008年全球金融危机的冲击，2009年中国进出口都出现大幅下降，出口下降得更多，但中国采取措施积极应对，仍取得了较好的成绩。2009年中国成为全球货物贸易第一大出口国和第二大进口国。

这一阶段，中国进出口总额由2001年的5097亿美元增长至2012年的38671亿美元，增长了6.6倍。其中，出口总额由2661亿美元增长到20487亿美元，年均增速为20.1%；进口总额由2436亿美元增长到18184亿美元，年均增速为19.9%（见图7－2）。

进入21世纪，中国贸易顺差进一步扩大，贸易差额由2001年的顺差226亿美元增长到2012年的顺差2303亿美元。外汇储备由2001年的2122亿美元增长到2011年的33116亿美元，增长近15倍（见图7－3）。中国出口总额占世界出口总额的比重不断上升，由2001年的4.3%上升到2012年的11.1%，2001年排世界第6位，2009年已跃升至世界第1位。

① 《中国的对外贸易》白皮书，中华人民共和国国务院新闻办公室网站，2011年12月7日。

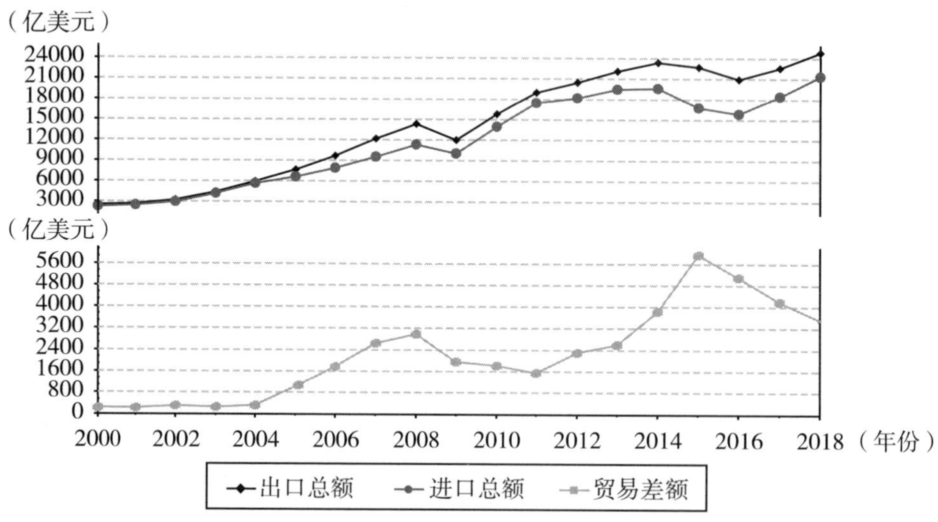

图7-2　2000~2018年中国进出口增长情况

资料来源：Wind资讯。

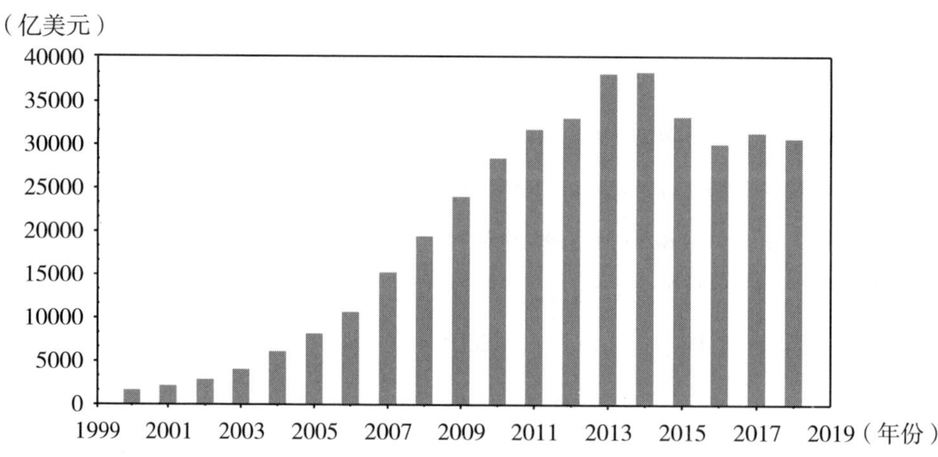

图7-3　2000~2018年中国外汇储备变化情况

资料来源：Wind资讯。

二、对外经济贸易结构发生了根本性变化

商品贸易结构得到优化。中国出口商品结构在20世纪80年代实现了由初级产品为主向工业制成品为主的转变，到90年代实现了由轻纺产品为主向机电产品为主的转变，加入世界贸易组织以来，以电子和信息技术

为代表的高新技术产品出口比重不断扩大。工业制成品出口占或货物出口总额的比重从2001年的90.1%提高到2012年的95.1%；初级品的出口比重从2001年的9.9%下降至2012年的4.9%。中国政府推动结构转型和增长方式的转变，有效控制了高耗能、高污染产品的出口，高技术和高附加值产品出口成为新的增长点。2012年，中国高新技术产品出口额为6012.0亿美元，同比增长9.6%，高于总体出口增速1.7个百分点，占总体出口的比重从上年的28.9%上升到29.3%；机电产品出口额为11794.2亿美元，同比增长8.7%，占出口总额的57.6%；服装、纺织品、鞋类、家具、塑料制品、箱包和玩具七大类劳动密集型商品合计出口额为4188.9亿美元，同比增长8.6%，占出口总额的20.4%，多数产品出口价格进一步上涨；“两高一资”产品出口继续下降，其中，煤和成品油出口量分别同比下降36.8%和5.5%。

在中国外贸发展中，外商投资企业和加工贸易发挥了十分重要的作用。这一阶段外商投资企业仍保持中国对外贸易经营主体地位。2001～2011年，外商投资企业出口额占中国出口总额比重从50.1%上升为52.4%。2012年，民营企业表现活跃，外商投资企业所占比重回落至49.9%，但仍占主体地位（见表7－3）。

表7－3　2012年中国进出口贸易方式和企业性质情况

项目		出口			进口		
		金额（亿美元）	同比（%）	占比（%）	金额（亿美元）	同比（%）	占比（%）
		20487.8	7.9	100.0	18182.0	4.3	100.0
贸易方式	一般贸易	9880.1	7.7	48.2	10218.2	1.4	56.2
	加工贸易	8627.8	3.3	42.1	4811.7	2.4	26.5
	其他贸易	1990.4	36.3	9.7	3148.4	18.3	17.3
企业性质	国有企业	2562.8	－4.1	12.5	4954.3	0.3	27.3
	外商投资企业	10227.5	2.8	49.9	8712.5	0.8	47.9
	其他企业	7699.1	21.1	37.6	4511.5	17.2	24.8

资料来源：《2012年中国对外贸易发展情况》，商务部网站，2013年4月28日。

三、国际市场布局优化

改革开放后，中国全方位发展对外贸易，与世界上绝大多数国家和地区建立了贸易关系。贸易伙伴已经由1978年的几十个国家（地区）发展到2010年的231个国家（地区）。欧盟、美国、东盟、日本、金砖国家等成为中国主要贸易伙伴。21世纪以来，中国与新兴市场和发展中国家的贸易持续较快增长，中国与东盟、金砖国家、拉丁美洲和非洲货物贸易比重大幅提高。2012年，中国对东盟、俄罗斯和南非进出口分别增长10.2%、11.2%和31.8%。2012年，中国对美国进出口增长8.5%，其中，出口增长8.4%，美国超过欧盟成为中国第一大出口市场。

四、服务贸易的国际竞争力不断增强

服务贸易是衡量一国发展水平的重要标志。加入世界贸易组织后，中国服务贸易进入新的发展阶段，贸易规模迅速扩大，服务贸易在国民经济中的地位和作用日益凸显，排名也进入世界前列。旅游、运输等领域的服务贸易增势平稳，建筑、通信、保险、金融、计算机和信息服务、专有权利使用费和特许费、咨询等领域的跨境服务以及承接服务外包快速增长。2001～2012年，中国服务贸易总额从719亿美元增加到4706亿美元，增长了5倍多。2012年，中国服务进出口总额同比增长12.3%，超过世界服务进出口平均增幅10.3个百分点；占世界服务贸易进出口总额的5.6%，占中国对外贸易总额的10.8%，同比提升0.5个百分点。世界贸易组织公布的各国服务贸易排名显示，2012年中国服务贸易排名提升到世界第三位。

第四节 对外经济贸易评价

加入世界贸易组织后，中国对外贸易发展迅速，推动中国跻身为世界贸易大国。中国对外贸易的发展，将中国与世界更加紧密地联系起来，推

动中国的现代化建设和世界的繁荣发展。

一、主要特点

（一）中国跻身世界经济贸易大国前列

加入世界贸易组织后，随着中国经济逐渐融入世界，中国对外贸易规模迅速扩大，2009年中国已是世界上第一大出口国、第二大进口国，进出口增速远高于同期世界平均水平。这一时期，中国经济实力整体提升，成为全球经济复苏和发展的“新引擎”和“稳定器”，“中国制造”为全球消费者带来巨大实惠。2001～2012年，中国利用外资规模累计达到9278亿美元。中国对外投资合作呈现跨越式发展，2012年，在全球外国直接投资流量较上年下降17%的背景下，中国对外直接投资流量创下878亿美元的历史新高，同比增长17.6%，首次成为世界三大对外投资国之一。中国已经跻身世界资本输出大国的前列。

（二）中国对外经济贸易为全球贸易增长和经济复苏作出了积极贡献

中国对外经济贸易在国际金融危机中率先趋稳，促进了全球经济复苏。2008年国际金融危机爆发以后，中国政府及时采取一系列政策措施刺激经济，明确提出防止经济增速过快下滑，实施积极的财政政策和适度宽松的货币政策，迅速推出进一步扩大内需、稳定进出口规模、促进经济平稳较快增长的一揽子计划。2009年，在全球贸易下降12.8%的情况下，中国进口量增长2.9%，是主要经济体中唯一进口呈现增长的国家，成为世界第二大进口国，为全球经济复苏做出了重要贡献。中国因素提振了全球市场信心，扩大了全球大宗商品市场需求，支撑了许多受到危机冲击国家的出口。世界贸易组织在对中国进行第三次贸易政策审议时指出，应对金融危机期间，中国在刺激全球需求方面发挥了建设性作用，为世界经济稳定作出了重要贡献。

2012年，在国际金融危机深层次影响不断显现，欧洲主权债务危机持续发酵的背景下，世界经济复苏受挫，经济增速明显放缓。在全球货物贸易额仅增长0.2%的情况下，2012年中国货物贸易额仍居全球第二位，占全球份额进一步提升。其中，出口占全球比重为11.2%，比上年提高0.8个百分点，连续四年居全球首位；进口占全球比重为9.8%，比上年提高0.3个百分点，连续四年居全球第二位。中国对外经济贸易发展不仅在国内经济社会发展中发挥着重要作用，也为全球贸易增长和经济复苏作出了积极贡献。

（三）民营企业地位大幅上升

这一阶段，尽管外商投资企业仍保持主体地位，但民营企业比重大幅上升，企业经营主体多元化趋势明显。2001～2012年，民营企业出口额占中国出口总额的比重从2001年的7.4%大幅上升至2012年的37.6%，这表明民营企业越来越多地参与到国际贸易中。同期，外商投资企业出口额占中国出口总额比重从2001年的50.1%一度上升至2011年的52.4%，2012年为49.9%，仍是中国对外贸易经营主体；国有企业出口额占中国出口总额的比重则从2001年的42.6%大幅下降至2012年的12.5%。

（四）对外经济贸易质量和效益大幅提升

这一时期，中国注重优化进出口商品结构。一是增强企业综合竞争力，鼓励企业培育自有品牌、自主知识产权产品，引导企业构建境外营销网络，增强自主营销能力。二是支持自主性高技术产品、机电产品和高附加值劳动密集型产品出口，控制高耗能、高污染和资源性产品出口。三是完善加工贸易政策，继续发展加工贸易，着重提高产业层次和加工深度，增强国内配套能力，促进国内产业升级；积极开拓非传统出口市场，推进市场多元化。四是加强对出口商品价格、质量、数量的动态监测，构建质量、效益导向的外贸促进和调控体系。五是积极扩大先进技术、关键设备及零部件和国内短缺的能源、原材料进口，促进资源进口多元化。

（五）构建全方位互利合作经贸关系

加入世界贸易组织是中国对外贸易发展进程中的一座里程碑，中国加速融入世界规则体系，实现互利共赢。这一时期，构建了全方位互利合作经贸关系。中国与欧盟、美国、日本、加拿大、澳大利亚、瑞士、新西兰等发达国家（地区）贸易投资合作保持良好势头；与东盟、韩国、金砖国家等新兴市场和发展中国家贸易快速增长；与阿拉伯国家、拉丁美洲国家、非洲国家等发展中国家贸易保持快速增长。

中国重视双边和区域经贸合作的机制化建设。截至2010年，与中国签订双边贸易协定或经济合作协定的国家（地区）已超过150个。中国与美国、欧盟、日本、英国、俄罗斯等主要经济体均建立和保持着经济高层对话机制。中国积极参与亚太经济合作组织、东盟与中日韩（10+3）领导人会议、东亚峰会、中非合作论坛、大湄公河次区域经济合作、中亚区域经济合作、“大图们倡议”等区域和次区域经济合作机制。中国坚持“与邻为善、以邻为伴”方针，与周边国家（地区）建立和发展多种形式的边境经济贸易合作。

中国积极主动参与并推动区域经济一体化进程。截至2010年底，中国已经与五大洲28个国家（地区）进行了15个自由贸易安排或紧密经贸关系安排谈判，签订和实施了10个自由贸易协定或紧密经贸关系安排。中国倡议建立东亚自由贸易区。2010年，中国与10个自由贸易协定或紧密经贸关系安排伙伴（东盟、巴基斯坦、智利、新加坡、新西兰、秘鲁、哥斯达黎加以及中国香港、中国澳门、台湾地区）的双边货物贸易总额达到7826亿美元，超过了中国进出口总额的1/4。

中国积极推动世界贸易组织多哈回合谈判，坚决维护多边贸易体制。中国通过世界贸易组织争端解决机制，妥善处理与贸易伙伴的贸易争端，维护了多边贸易体制的稳定。

（六）存在的问题

在中国对外贸易快速发展的同时，出现了贸易不平衡加大、伴随的贸易争端和贸易摩擦增多，贸易的不均衡、不协调、不可持续等问题。

一是贸易不平衡加大。中国对外贸易顺差持续扩大，2001～2012年，中国贸易顺差从226亿美元扩大到2303亿美元，增长了近10倍。特别是对美国贸易顺差持续加大，2005年以来，中国对美国货物贸易顺差额一直维持在千亿美元量级的水平。贸易顺差的急剧扩大增加了中国与贸易伙伴的摩擦，对人民币汇率形成较大升值压力。同时，顺差急剧扩大也给中国经济带来困扰，出口结汇人民币大量投放增加了宏观经济调控的难度和复杂性。

二是贸易的不均衡、不协调，可持续性有待进一步增强。这一时期，中国出口增长仍主要依赖资源、能源等要素投入，环境成本还比较高；企业国际竞争力不强，企业拥有自主知识产权的出口产品比重不大，研发服务等方面的能力有待提升；中西部地区对外贸易发展相对落后；外贸发展对三次产业的贡献还不够均衡；外贸增长的质量和效益有待进一步提高。

三是中国出口仍处于全球价值链的低端。中国仍然是一个发展中国家。与世界贸易强国相比，中国出口产业仍处于全球产业链的低端，科技创新要素投入不足，一些行业的抗风险能力相对较弱。因此，中国实现由贸易大国向贸易强国的转变，将是一个较为长期的进程，还需要付出艰苦努力。

二、重要作用

（一）中国对外经济贸易发展对世界的贡献凸显

中国对外经济贸易的飞跃发展促进了世界的繁荣。加入世界贸易组织使中国经济与世界经济联系更加紧密，加快了中国经济融入世界经济体系的进程，推动了中国对外贸易实现跨越式发展，也促进了经济全球化更加有利于世界的繁荣与进步。这一阶段，中国成为世界上经济增长最快的经济体之一，与其他新兴经济体一起，成为推动世界经济增长日益重要的力量。2001～2012年，中国国内生产总值占世界经济总值的比重由4.0%增加至11.4%（见图7－4），2012年中国货物出口总额和进口总额分别占世界的11.2%和9.8%，中国贸易总量年均增速远高于同期世界贸易总量的年均增速，成为世界第一大出口国和第二大进口国。2001～2012年，中国对世界的贡献率由16.8%上升到21.7%，中国已经成为世界经济稳定增长的重要力量（见图7－5）。

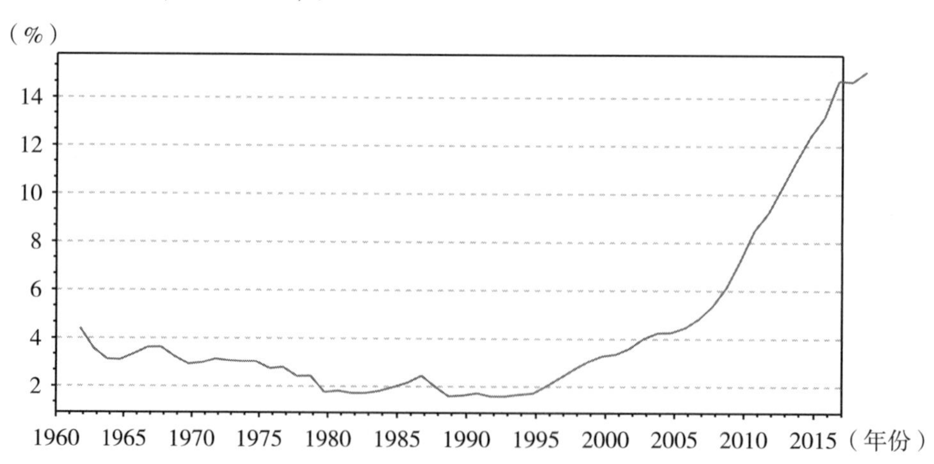

图7－4　中国GDP占全球的比重大幅上升

资料来源：Wind资讯。

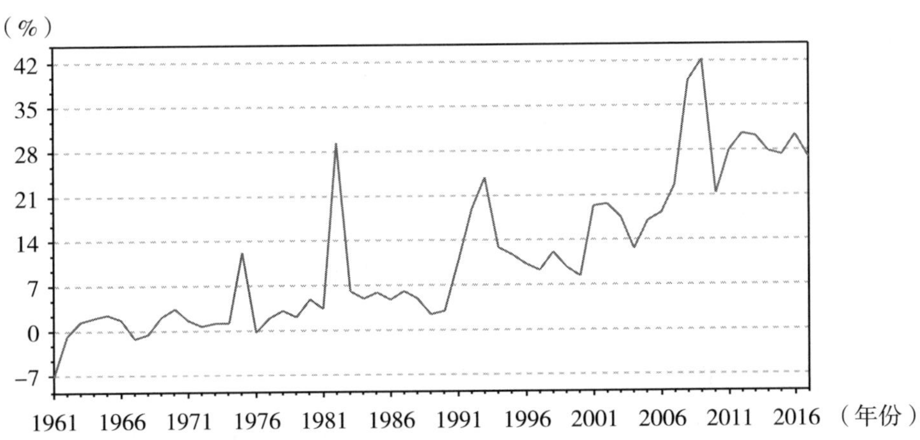

图 7－5　中国对世界经济增长的贡献率

资料来源：Wind 资讯。

中国对外经济贸易为世界应对国际金融危机作出巨大贡献。中国对外贸易在国际金融危机中率先趋稳，促进了全球经济复苏，为世界经济稳定作出了重要贡献。中国对外贸易的发展提高了贸易伙伴的国民福利，为世界各国（地区）提供了物美价廉的商品，提高了贸易伙伴消费者实际购买力。中国不断扩大进口，为贸易伙伴提供了广阔市场。这一时期，中国已经是日本、韩国、澳大利亚、东盟、巴西、南非等国家（地区）的第一大出口市场、欧盟的第二大出口市场、美国和印度的第三大出口市场。未来随着中国工业化、城镇化的推进，中国潜在的广阔的内需市场将为贸易伙伴提供更多的发展机会。

中国经济的发展为世界各国带来了实实在在的利益。2001～2011 年，中国年均进口 7500 亿美元的商品，相当于为贸易伙伴创造了 1400 多万个就业岗位；在中国投资的外商企业累计汇出利润 2617 亿美元，年均增长 30%；中国对外投资企业聘用的当地员工接近 80 万人，每年在当地纳税超过 100 亿美元。① 中国进口规模不断扩大，特别是服务贸易进口规模大幅提升。

中国主动承担与自身发展水平相适应的大国责任。随着中国经济大国地位的上升，中国在世界经济发展和全球经济治理中承担了更多与中国自

① 《中国入世十年：改变自己　影响世界》，人民网，2011 年 12 月 7 日。

身发展水平相适应的大国责任，实现了与世界各国的协同发展。中国积极推动全球经济治理机制的改革，努力提高发展中国家的话语权，积极承担与自身发展水平及国力相适应的国际责任，促进国际经济秩序朝着公正、合理、共赢的方向发展。中国作为最大的发展中国家，是对最不发达国家开放市场程度最大的发展中国家之一，对已建交的最不发达国家的部分商品进口实施零关税，并承诺将继续扩大对已建交最不发达国家的给惠范围。

（二）促进了国际产业链分工的深化

随着经济全球化不断推进，生产要素在全球范围内的流动和配置更加活跃，以信息、通信为主导的科技进步大大提高了生产效率，加快了国际产业转移。从20世纪90年代中国承接国际产业转移、开始参与东亚国际分工体系、加工贸易占据中国半壁江山，到中国加入世界贸易组织后凭借劳动力、土地等低成本优势迅速融入全球产业链中，大规模承接国际产业转移，促进了国际产业链分工的深化，逐步成为“世界工厂”，可以看到中国加入世界贸易组织后推动了全球产业链加快重构。但要看到，中国在国际产业分工中总体仍处于中低端水平。在这个进程中，外国企业尤其是发达国家的跨国公司在中国获得大量投资机会，其拥有的资本、技术、管理经验和销售渠道等要素实现增值，分享了中国经济高速增长的成果。中国对外贸易发展得益于中国的改革开放及全球化，中国的发展也为全球经济的发展作出了贡献。中国的发展离不开世界，世界的繁荣稳定也离不开中国。

（三）推动中国成为外向型经济体

截至2013年，中国改革开放35年。改革开放35年以来，中国日益融入国际市场，不断拓展对外开放的广度和深度，实现中国从大规模“引进来”到大踏步“走出去”，抓住全球化机遇跻身世界贸易大国。中国对外经济贸易飞跃发展，中国对外贸易总量不断攀升、进出口结构不断优化，引进外资与对外投资活动日益频繁，实现了从封闭半封闭到全方位开放，推动中国成长为外向型经济体。

对外经济贸易发展有力推动了中国的现代化建设，中国成长为一个外向型经济体。参与国际分工与竞争，引进先进技术、设备和管理，以及利用外商直接投资，极大地促进了中国技术进步和产业升级，提高了企业管理水平和市场竞争力。加工贸易迅速发展壮大使中国劳动力充裕的比较优势得以发挥，加快了中国的工业化和城镇化进程。对外贸易直接带动就业人口超过8000万人，其中60%以上来自农村，就业者的收入和生活得到显著改善。对外贸易与国内投资、消费一起，成为中国经济增长的三大引擎。[①]

① 《中国的对外贸易》白皮书，中华人民共和国国务院新闻办公室网站，2011年12月7日。

第八章

对外经济贸易发展步入“科技强贸”阶段（2013年至今）

2013年以来，中国经济步入“新常态”，由高速增长阶段转向高质量发展阶段。中国对外贸易政策转向进出口并重，“引进来”与“走出去”并重，更加重视贸易平衡。对外贸易发展步入“科技强贸”阶段，重视创新驱动。重视拓展国际贸易合作范围，积极推动“一带一路”建设，促进世界经济共同发展。

第一节 国际国内环境

后危机时代，中国对外经济贸易发展的国际国内环境发生深刻变化。世界经济深度调整，世界经济面临的不确定性增强，全球贸易保护主义愈演愈烈，国际市场竞争愈发激烈。中国经济发展进入了新时代，由高速增长阶段转向高质量发展阶段，更加重视经济增长质量的提升，重视资源环境代价问题，高度重视绿色发展。当前，中国对外经济贸易发展长期向好的基本面没有改变，与发达国家、发展中国家的产业互补优势没有改变，外贸结构调整和动力转换加快的趋势没有改变；但由于中国国内生产要素成本上升，中国对外经济贸易传统比较优势减弱，产业和订单向周边国家转移趋势明显。在此背景下，中国对外经济贸易政策侧重点也发生了变化。

一、世界经济面临的不确定性增多

一是全球宏观经济政策外溢风险加大。2013～2016 年，全球经济仍未走出国际金融危机的阴影，产能过剩、全球贸易投资开放进程放缓、全要素生产率增速下滑等问题依然严峻，世界主要经济体经济增速继续分化，全球经济增速持续低迷。2016 年，世界经济形势出现了很多值得重视的新变化。各国经济普遍处于结构深度调整期，经济走势、经济问题及应对措施的分化日益严重。逆全球化趋势、民粹主义抬头，预示着世界经济政治社会进入一个大变局阶段。世界经济出现低速不均衡复苏特征，有效需求依然不足，增长缺少新动力，国际交换趋于萎缩，全球经济“广泛停滞”的风险加大。2016 年是国际金融危机以来全球经济形势较复杂曲折和严峻的一年。2017～2018 年世界经济企稳向好，国际贸易、金融、制造业的增长态势出现了普遍向好的趋势，但随着主要经济体实施减税等宽松财政政策，在改善财政赤字的同时可能给世界经济带来过热风险。同时，主要经济体先后开启货币正常化进程，通过加息、缩表、缩减购债规模等方式收紧货币政策，导致全球流动性收紧，国际资本流动加剧，引发新兴经济体资本外流风险。二是全球结构性改革过于缓慢，不利于推动全球经济可持续增长。三是逆全球化和贸易保护主义对多边贸易体系的冲击，加强了世界经济的不确定性。另外，2018 年以来，大国之间的贸易摩擦、冲突甚至贸易战升级，主要国家宏观政策调整的外溢影响扩散，结构性矛盾和系统性风险积累，导致世界经济企稳向好的趋势随时有可能发生逆转。全球化分裂、新工业革命并没改变全球劳动生产率增长减速的趋势、大国政治经济冲突加剧。世界经济正在步入史上最困难、最严峻、最不确定的时期。

二、全球多边贸易体系受到冲击

当前，国际贸易格局出现新变化。随着中美贸易摩擦升级，反经济全球化现象日益明显，国际贸易体系受到严重挑战。美国退出“跨太平洋伙伴关系协定”（TPP）谈判，特朗普表示要退出世界贸易组织（WTO）、退出北美自由贸易协定（NAFTA）谈判。2018 年 3 月日本推动“全面与进步跨太平洋伙伴关系协定”（CPTPP）正式签署，并于 2018 年底正式生效。CPTPP 留存了 TPP 95% 的协议条款，是当前世界水平最高的多边自由贸易协定（FTA），突出特点为“高标准、高质量、高层次、面向 21 世纪”。2018 年 7 月，日本和欧盟签署零关税自贸协定（EPA），美国和欧盟发表零关税联合声明；8 月，美国和日本开始磋商推动两国开启双边自贸谈判，美国、欧盟、日本三大经济体致力于达成零关税同盟，可能形成一个新的高标准自由贸易体系，这使得世界贸易组织规则体系被边缘化。同时，美国和欧盟推动世界贸易组织现代化改革。2019 年伊始，在不到两个月的时间内，美国提交了两份世界贸易组织提案，要求一些成员不得享受特殊差别待遇，将重心放在了发展中国家地位的问题上。2019 年 1 月 15 日，美国向世界贸易组织提交了一份分析文件，题为《一个无差别的世贸组织：自我认定的发展地位威胁体制相关性》，之后又据此提出一份总理事会决定草案，要求取消一批发展中成员享受特殊和差别待遇的权利。2019 年 3 月 1 日美国贸易代表办公室发布《2019 年贸易政策议程及 2018 年度报告》，进一步明确提出“必须改革世界贸易组织对发展中国家的对待问题”。美国在提案中多次提及中国，意在取消中国的发展中国家地位。一些成员对世界贸易组织整体性改革提出了设想，中国也提出了对世界贸易组织改革的建议。尽管中美两国都各有声明、各执一词，但在世界贸易组织改革关键时期，如何提出能够让中美双方和多数国家接受的方案，是亟须解决的问题。

三、中美贸易摩擦升级

中美关系是当今全球最重要的双边关系，两国合作将使全球经济从中受益，两国出现摩擦，不仅损害自身利益，也会极大地影响全球经济。美国 2018 年 3 月启动了对钢铁和铝的进口限制，以侵犯知识产权为由，决定对每年价值 2500 亿美元的进口中国产品加征 25% 的关税，中美贸易摩擦不断升级。国际货币基金组织估算贸易战将使全球 GDP 减少 0.5%，相当于 4300 亿美元；美国 GDP 预计减少 0.8%，日本 GDP 预计减少 0.6%，包括中国在内的亚洲新兴市场国家 GDP 预计减少 0.7%，中南美预计减少 0.6%，欧元区预计减少 0.3%。中美开展了多轮高级别经贸磋商会议。

四、中国经济发展进入“新常态”

2013 年后，中国经济结束了长达近 20 年的高速增长，步入了“新常态”。经济增速下行压力较大，发展动力从传统增长点转向新的增长点，处在新旧产业和发展动能转化的接续关键期。尽管中国经济面临的下行压力较大，但中国经济仍具有较大的韧性和潜力，存在不少有利条件。一是中国经济体量较大，市场空间广阔，回旋余地大，抗风险能力也比较强。目前，第三产业比重进一步提高，以互联网经济等为代表的新产业、新业态、新主体加快孕育和发展，新的增长点和消费点加快形成，一些结构调整起步较早、转型升级步伐较快的企业、行业和地区走势较好。随着总量的扩大，尤其是服务业发展迅速，扩大了就业容量，增强了对经济波动的容忍度。二是大众创业浪潮正在兴起，有助于增强经济增长的内生动力，“一带一路”建设及“京津冀协同发展”“长江经济带”战略逐步推进，铁路、水利、棚改等一系列重大工程和公共设施项目启动实施，都有利于稳定投资和经济增长。三是加大宏观政策对实体经济的支持力度。采取有效措施进一步引导企业融资成本下行，加大财政金融政策支持实体经济的力度。在上述因素的共同推动下，中国经济有望保持平稳较快发展态势。

然而，在增长阶段转换过程中，中国面临的问题将更加复杂多变，矛盾和风险也可能更加突出。

一是中国经济进入三期叠加阶段，由高速增长进入结构调整新常态。这一时期，中国经济正处于增长速度换挡期、结构调整阵痛期和前期刺激政策消化期的“三期叠加”阶段：经济增速由高速增长转为中高速增长；结构调整刻不容缓；国际金融危机时期实施的一揽子经济刺激计划导致的资产价格虚高、产能过剩等后续影响仍然存在。

二是金融风险持续累积，要避免发生区域性、系统性风险。中国经济下行压力增大背景下，中国主要面临房地产市场波动风险、产能过剩、影子银行、地方政府债务违约等风险。这几方面的风险最终集中反映在金融风险上，因此，金融风险是当前中国需要防范的最大风险。调控得好，可以逐步化解局部风险，一旦调控失当，局部风险就有可能演化为系统性风险，从而对整体经济的稳定造成冲击。

三是收入分配结构存在“双低”现象，贫富差距扩大。这一时期，中国收入分配结构存在“双低”现象。其一，居民收入在国民收入分配中的比重偏低，主要是因为积累基金和消费基金比例不合理。由于积累率过高，中国经济发展主要依靠投资，导致投资率大幅上升；而居民收入水平较低，消费率从2000年开始出现下降速度加快趋势。其二，劳动报酬在初次分配中的比重偏低，主要表现为工资收入水平较低，工资增长低于国民经济增长，严重影响了居民消费。同时，居民内部不同群体之间收入差距不断拉大。个人之间、行业之间、城乡之间、区域之间的收入差距拉大。低收入者具有消费倾向，但是购买力低下；高收入者具有较强的购买力，但是消费倾向较低。因此，进入新阶段，需要调整收入分配结构，缩小收入差距，需要完善按劳分配为主体、多种分配方式并存的分配制度，处理好初次分配和再分配的效率与公平关系。

四是人口红利消失，老龄化加速，劳动力人口持续下降将导致经济减速的风险。新阶段，中国将面临“人口红利”消失、劳动力人口持续下降导致经济减速的风险。改革开放40年来中国经济增长获益于人口红利，然而，中国人口红利消失的拐点已于2012年出现。2012年，中国劳动年龄人口15～59岁（含不满60周岁）人数为93727万人，占总人口比重为69.2%，人数比2011年减少345万人，比重比2011年下降0.6个百分点，这是中国劳动年龄人口首次出现下降。与此同时，中国人口老龄化加速，将对劳动力供给和经济发展带来负面影响。目前，中国是世界上唯一老年人口过亿的国家。根据全国老龄工作委员会办公室公布的数字，到2020年中国老年人口将达到2.48亿，老龄化水平将达到17%。

五是中国科技创新能力不足，核心技术受制于人。科技创新可以提高全要素生产率，是经济转型升级的巨大动力。世界经济强国崛起的历程表明，强大的科技创新能力及将科研成果转化为生产力的体制机制是一个国家崛起的关键。中国经济要保持中高速增长，必须向产业价值链的中高端迈进，必须依靠科学技术创新，依靠体制机制创新。然而，长期以来中国制造业整体处于国际分工链条的最低端，一些出口依赖型的加工制造企业自主创新能力较弱，缺乏自主品牌，抗风险能力较小。近些年来，中国在建设创新型国家方面取得显著成效，一些产业的技术水平和自主创新能力有所提高，如高铁、核电、对外工程承包、智能电网、大型装备、建材生产线等已经具备国际竞争力。但是，由于中国原创性的发明不多，关键核心技术对外依存度较高，不少行业存在产业技术空心化的危险，成为中国产业发展的“瓶颈”。同时，由于企业尚未真正成为技术创新的主体，研发投入不足，创新技术的研发、引进、消化吸收能力薄弱，且产学研相结合的创新体系尚不健全，导致科技成果难以直接转化为现实生产力。

六是资源环境约束日渐突出，环境保护面临严峻的挑战。改革开放 40 年来，中国经济社会发展取得巨大成就，但也付出了大量消耗资源能源和破坏生态环境的沉重代价。资源短缺与环境恶化对经济社会可持续发展的约束日益凸显，突出表现为土地稀缺、能源和矿产等资源消耗严重和环境污染严重。据世界银行统计，中国的钢铁、铜、镍、铝消费量均居世界第一位，石油消费量居世界第二位。然而，我们必须清楚地认识到，目前中国经济还处于发展中阶段，资源环境矛盾就已经十分突出，亟须转变以往这种以消耗资源和能源、污染环境为代价的经济增长方式。中国需要推进绿色、循环、低碳发展，加大环境治理的力度，加快发展节能环保产业，着力完成节能减排的任务，到 2030 年左右使中国的碳排放达到峰值，使非化石能源在整个能源消耗中占的比重达到 20% 左右，与世界各国一道应对全球气候变化等环境问题。

七是制约科学发展的体制机制障碍较多，束缚了发展进程。中国经济发展跨入新常态，必须要有持续的制度建设和高质量的制度供给作为保障。然而，中国经济发展仍面临不平衡、不协调、不可持续等问题，制约科学发展的体制机制障碍较多。例如，经济关系中政企不分、政资不分、政社不分、政事不分的现象仍然比较突出，生产要素价格形成机制不合理，财税体制有待健全，中央和地方的财力与事权不匹配，税制不合理，现代金融体系有待完善，收入分配制度不健全，政府职能亟待转变等，这些问题背后的实质是体制机制的严重落后，束缚了发展进程。此外，社会主义民主法治建设还存在一些薄弱环节，社会体制改革、生态文明制度建设都有待深化。

八是经济增长动力不协调，经济结构调整进展缓慢。消费、投资和出口是拉动经济增长的“三驾马车”，经济增长动力不协调主要表现为三者的结构关系不合理。中国经济增长不协调主要有两个方面：其一，内部不协调，主要体现在消费和投资的比例失调；其二，外部不协调，主要体现在内需不足、严重依赖出口、外贸顺差过大。内外失衡的根本原因在于国内消费需求不足。近年来，中国采取了一系列扩大内需的政策，通过调整需求结构和产业结构，进而调整供给结构，增强供给体系效率，同时通过改造制造业、创建战略性新兴产业和发展服务业来调整供给结构。尽管在这些政策的指引下，中国依靠出口拉动经济增长的模式有了重大调整，但居民消费需求尚未得到有效拉动，经济结构调整进展缓慢。统计数据表明，居民消费率由1981年的67%下降至2010年的49%，为历史最低点，2011~2017年有小幅上升；居民消费支出对GDP增长的贡献率也由1981年的89%下降到2013年的47%，随着内需的提升，居民消费支出对GDP增长的贡献率逐渐提高，2018年大幅升至76.2%。此外，中国产业结构调整中存在着第一产业基础不稳、第二产业核心竞争力不强、第三产业质量有待提升等问题。这一时期，调整经济结构仍是中国经济发展的主要任务，然而随着中国经济下行压力加大，中国仍将面临需求结构、供给结构、产业结构等经济结构不合理的问题，仍将面临产能过剩、城乡之间、区域之间的发展差距不断扩大等问题。

九是面临跨越“中等收入陷阱”的风险和挑战，影响社会稳定的因素不断增加。2010年中国人均GDP突破4000美元；2012年中国人均GDP已超过6000美元，按照世界银行的标准，中国已进入中等偏上收入国家行列；2018年中国人均GDP为9780美元，接近1万美元。国际经验表明，当经济发展达到中等收入水平之后，不仅会出现经济增长回落或停滞、经济和社会发展缺乏持久的动力，还将面临贫富分化严重、腐败多发、环境污染严重、社会犯罪率升高等问题，这些有可能成为引发社会动荡的诱因。一旦不能有效维持社会稳定局面，经济增长将会受到较大影响。因此，新阶段，中国要避免这些问题，改善各种突出矛盾，努力跨越“中等收入陷阱”，最终跨入发达国家的行列。

五、开启全面建设社会主义现代化国家新征程

改革开放之后，中国提出社会主义现代化建设“三步走”战略目标。解决人民温饱问题、人民生活总体上达到小康水平这两个目标已提前实现。在这个基础上，中国提出到建党一百年时全面建成小康社会，到新中国成立一百年时，基本实现现代化，把中国建成社会主义现代化国家。

从现在到2020年，是全面建成小康社会决胜期。从2020年到21世纪中叶可以分两个阶段来安排。第一阶段，从2020年到2035年，在全面建成小康社会的基础上，再奋斗十五年，基本实现社会主义现代化；第二阶段，从2035年到2050年，在基本实现现代化的基础上，再奋斗十五年，把中国建成富强民主文明和谐美丽的社会主义现代化强国。从全面建成小康社会到基本实现现代化，再到全面建成社会主义现代化强国，是新时代中国特色社会主义发展的战略安排，开启了社会主义现代化的新征程。

六、中国经济转向高质量发展阶段

当前，中国经济发展进入了新时代，基本特征就是中国经济已由高速增长阶段转向高质量发展阶段。党的十九大报告中指出，中国经济已由高速增长阶段转向高质量发展阶段，正处在转变发展方式、优化经济结构、转换增长动力的攻关期。推动高质量发展是当前和今后一个时期确定发展思路、制定经济政策、实施宏观调控的根本要求。创新、协调、绿色、开放、共享的新发展理念，既是习近平新时代中国特色社会主义经济思想的重要内容，也是高质量发展的具体体现。高质量发展，就是能够很好地满足人民日益增长的美好生活需要的发展，是体现新发展理念的发展，是创新成为第一动力、协调成为内生特点、绿色成为普遍形态、开放成为必由之路、共享成为根本目的的发展。高质量发展的内涵包括高质量的供给、高质量的需求、高质量的投入产出、高质量的分配和高质量的宏观经济循环五方面。推动高质量发展、建设现代化经济体系需要坚持五大发展理念，以供给侧结构性改革为主线，系统推进。推动高质量发展，是保持经

济持续健康发展的必然要求，是适应中国社会主要矛盾变化的必然要求，是遵循经济发展规律的必然要求。这意味着在继续保持经济一定发展速度的同时，要更加注重发展的质量，更加注重“创新、协调、绿色、开放、共享”的新发展理念。

第二节　对外经济贸易政策的调整变化

这一时期，随着国内外环境的变化，中国对外经济贸易战略进行了相应的调整，以提升中国对外经济贸易发展水平，增强中国在国际市场上的新的竞争力。对外经济贸易以创新驱动战略为核心，继续实施好各项传统贸易战略，包括“市场多元化战略”“科技兴贸战略”“以质取胜战略”“自主创新和知识产权战略”；同时，重视高质量发展和绿色发展，积极探索实施“绿色贸易”“智慧贸易”“和谐贸易”等新战略；坚定实施科教兴国战略、人才强国战略、创新驱动发展战略、自由贸易区战略、乡村振兴战略、区域协调发展战略、可持续发展战略、军民融合发展战略，统筹推进经济建设、政治建设、文化建设、社会建设、生态文明建设。通过战略调整，实现进口贸易与出口贸易并重、加工贸易与一般贸易并重、货物贸易与服务贸易并重、沿海外贸与内陆外贸并重，“引进来”和“走出去”并重，推动中国对外经济贸易从模仿创新驱动向自主创新驱动转型，从粗放型、不可持续增长向兼顾经济发展和环境保护的包容型增长转型，从低成本竞争优势向全要素综合竞争优势转型。

一、以建设贸易强国战略为核心的贸易战略组合

（一）建设贸易强国战略

党的十九大报告明确提出推进贸易强国建设。2018 年商务部提出建设经贸强国“三步走”战略：2020 年前，进一步巩固经贸大国地位；2035 年前，基本建成经贸强国；2050 年前，全面建成经贸强国。实施消费升级、贸易强国、外资促进、对外投资创新、援外综合效益提升、

“一带一路”合作、多边区域经贸合作、商务扶贫等八大行动计划，“八大行动计划”是今后五年建设经贸强国、推动商务高质量发展的具体举措。

（1）消费升级行动计划。为实现经贸强国目标，未来五年努力从打造城乡便民消费服务中心、实施商圈消费引领工程、搭建国际消费新平台、推动绿色消费、构建现代供应链、建设放心消费环境六方面推进消费升级。推动服务消费升级，建设若干社区便民消费服务中心，促进以数字驱动为基础的服务消费新模式的发展，进一步规范家政行业等服务领域秩序。到 2035 年，中国将成为世界第一商品消费大国，商品和服务消费结构进一步优化，中高端消费比重显著提升。

（2）贸易强国行动计划。为推进贸易强国建设，要努力推进“五个优化”，既在国际市场、国内市场、商品结构、经营主体、贸易方式等方面实现优化。要加快培育外贸新业态，适时扩大跨境电商综合试验区范围；促进加工贸易创新发展，继续实施积极的进口政策，办好中国国际进口博览会；推进全国通关一体化等贸易便利化措施。

（3）外资促进行动计划。中国实行高水平的贸易和投资自由化便利化政策，全面实行准入前国民待遇加负面清单管理制度；大幅减少市场准入限制，深化制造业、服务业开放，积极稳妥推进金融业开放；有序放宽外资市场准入，继续推进自由贸易试验区改革试点；优化区域开放布局，提高西部地区吸收外资规模和质量等。

（4）对外投资创新行动计划。按照“鼓励发展 + 负面清单”原则，继续支持战略清晰、坚持主业的企业对外投资；并引导上下游关联企业组建对外投资联合体，推动企业联合“走出去”；创新管理服务方式，依法惩治境外不规范经营行为。未来中国将努力由第二大对外投资国成为世界第一大对外投资国，对外投资水平进一步提升。

（5）援外综合效益提升行动计划。加大对外民生项目、医疗队等援助项目，给当地人民带来实实在在的好处，发挥良好的社会效益，增强中国在国际上的负责任大国的形象。

（6）“一带一路”合作行动计划。深入推进“一带一路”倡议的实施，推进“五通”，尤其是政策沟通、设施联通和贸易畅通等工作，推动“一带一路”建设向纵深发展。

（7）多边区域经贸合作行动计划。根据经贸强国建设目标部署，到2020年，中国全球经济治理能力将进一步增强，提出更多中国主张、中国方案、中国倡议。到2035年前，成为全球经济治理重要引领者。这将推进自贸区扩围提质、深化区域次区域合作，促进贸易投资自由化便利化，提升中国在经贸规则制定方面的话语权等。[①] 中国将积极参与世界贸易组织改革，坚定维护经济全球化和自由贸易；加快构建高标准自贸区网络，推进区域全面经济伙伴关系协定、中日韩自贸区、中欧投资协定谈判，继续推动中美经贸磋商。

（8）商务扶贫行动计划。推动电子商务进农村，产销对接帮助贫困地区销售农产品，家政扶贫安排新就业，安排对外劳务新就业。

（二）创新驱动战略

这一时期，中国大力实施创新驱动战略，全面提高外贸企业国际竞争力。一是以提高企业创新设计和研发能力为重点，不断提高全要素生产率，改变过去粗放生产方式，从而提高出口产品质量和附加值；二是通过大数据等信息技术提高中国制造业的智能化、网络化、数字化水平，实现智能制造和绿色低碳制造，力争在新一轮产业革命中获得主动权和主导权；三是大力推进“中国制造2025”及“大众创业、万众创新”等重大战略，积极培育外贸企业的技术、品牌、质量和服务等新的竞争优势。[②]

（三）“科技兴贸战略”向“科技强贸”战略升级

这一时期，科技兴贸工作取得了积极进展。高新技术产品出口增长较快，出口比重提高，出口商品结构持续优化，出口商品的技术含量和附加价值提高；进一步推动了国内产业结构升级，高新技术产业成为国民经济的支柱产业；企业的国际竞争力增强，提升了中国在国际分工中的地位；提高了利用外资的质量。随着经济全球化和区域经济一体化趋势，科技兴贸战略向“科技强贸”发展，成为出口贸易的核心动力。在建设创新型国家战略的引导下，扩大高新技术产品的出口，强调扩大一般贸易中自有、

---

① 《从“五大计划”看中国经贸强国建设“路线图”》，新华网，2017年12月26日。

② 海关总署统计分析司编著：《改革开放40年——中国对外贸易发展报告》，中国海关出版社2018年版，第742页。

自主知识产权的高新技术产品出口，扩大加工贸易中高端环节的参与，提高增值率。“科技强贸”就是在促进高新技术产品出口、以高科技改造传统产品出口、引进国外先进技术的基础上，进一步将科技进步运用到所有出口产品领域，提高出口产品的科技含量和附加价值，从根本上改善贸易条件；还包括进一步推动采用先进的交易方式、交易手段，包括电子通关技术、国际贸易领域电子数据交换（EDI）的应用，提升交易效率，降低交易成本，使贸易便利化惠及所有外资经营主体。①

（四）“引进来”和“走出去”相结合战略的升级

这一时期，中国实施“走出去”战略仍处于重要战略机遇期。国际上，为应对国际金融危机各国出台了一系列经济刺激措施，一些国家放宽对外投资的限制，与中国合作意愿加强。国内，随着中国经济实力不断增强，对外投资的内生动力增强，加快“走出去”战略的条件日趋成熟。“走出去”是中国加快转变经济发展方式、调整优化国内产业结构，推动中国由经济大国转变为经济强国的必由之路。2011 年发布的《中华人民共和国国民经济和社会发展第十二个五年规划纲要》提出坚持“引进来”和“走出去”相结合，利用外资和对外投资并重，提高安全高效地利用两个市场、两种资源的能力。加快实施“走出去”战略，按照市场导向和企业自主决策原则，引导各类所有制企业有序开展境外投资合作。鼓励优势企业开展对外投资，开展技术研发合作、制造业合作、能源环境合作、农业合作、海外工程承包和劳务合作，培育中国大型跨国公司和跨国金融机构，提高国际化经营水平。同时，完善对外投资法律法规制度，积极商签投资保护、避免双重征税等多双边协定。做好海外投资环境评估，维护中国企业海外利益，增强中国企业防范海外风险能力，同时履行社会责任，造福当地人民。

（五）实施自由贸易区战略

加快实施自由贸易区战略，是中国新一轮对外开放的重要内容。2007 年党的十七大把自由贸易区建设上升为国家战略；2012 年党的十八大提出要加快实施自由贸易区战略；2013 年党的十八届三中全会、2015 年党的

① 李钢、李俊：《迈向贸易强国——中国外经贸战略的深化与升级》，人民出版社 2006 年版。

十八届五中全会进一步要求以周边为基础加快实施自由贸易区战略，形成面向全球的高标准自由贸易区网络。2015 年 5 月出台的《国务院关于加快培育外贸竞争新优势的若干意见》提出加快实施自贸区战略，继续维护多边贸易体制在全球贸易发展中的主导地位，以开放的态度加快实施自贸区战略，发挥自贸区对贸易投资的促进作用。这一时期，全球范围内自由贸易区的数量不断增加，自由贸易区谈判涵盖议题快速拓展，自由化水平显著提高。中国经济发展进入新常态，外贸发展机遇和挑战并存，“引进来”“走出去”正面临新的发展形势。加快实施自由贸易区战略是中国适应经济全球化新趋势的客观要求，是全面深化改革、构建开放型经济新体制的必然选择。

在上述背景下，2015 年 12 月国务院发布了《关于加快实施自由贸易区战略的若干意见》。这是中国开启自贸区建设进程以来的首个战略性、综合性文件，对中国自贸区建设做出了“顶层设计”，提出了具体要求。加快实施自由贸易区战略分为近期目标和中长期目标，近期目标是积极推动与中国周边大部分国家和地区建立自由贸易区，使中国大部分对外贸易、双向投资实现自由化和便利化；中长期目标是形成包括邻近国家（地区）、涵盖“一带一路”沿线国家（地区）以及辐射五大洲重要国家（地区）的全球自由贸易区网络。根据战略目标，将自由贸易区建设布局在三个层次上：一是与周边国家（地区）建立自由贸易区，使中国与自由贸易伙伴贸易额占中国对外贸易总额的比重达到或超过多数发达国家和新兴经济体的水平；二是同“一带一路”沿线国家（地区）建立自由贸易区；三是构建全球自由贸易区网络，争取同大部分新兴经济体、发展中大国、主要区域经济集团和部分发达国家建立自由贸易区，构建金砖国家大市场、新兴经济体大市场和发展中国家大市场等。

加快建设高水平自由贸易区的措施包括：一是提高货物贸易开放水平。与自由贸易伙伴共同削减关税和非关税壁垒，相互开放货物贸易市场，实现互利共赢。二是扩大服务业对外开放。推进金融、教育、文化、医疗等服务业领域有序开放，放开育幼养老、建筑设计、会计审计、商贸物流、电子商务等服务业领域外资准入限制。在与自由贸易伙伴协商一致的基础上，逐步推进负面清单谈判模式。三是放宽投资准入。大力推进投资市场开放和外资管理体制改革，进一步优化外商投资环境，实质性改善中国与自由贸易伙伴双向投资准入。积极稳妥推进人民币资本项目可兑换各项试点，加强与自由贸易伙伴货币合作，促进贸易投资便利化。四是推进规则谈判。对符合中国需要的规则议题，在自由贸易区谈判中积极参与。参照国际通行规则及其发展趋势，结合中国发展水平和治理能力，加快推进知识产权保护、环境保护、电子商务、竞争政策、政府采购等新议题谈判。五是提升贸易便利化水平。加强原产地实施管理，积极探索在更大范围实施经核准出口商原产地自主声明制度。改革海关监管、检验检疫等管理体制，加强关检等领域合作，逐步实现国际贸易“单一窗口”受理。六是推进规制合作。加强与自由贸易伙伴就各自监管体系的信息交换，促进在监管体系、程序、方法和标准方面的适度融合，减少贸易成本，提高贸易效率。七是推动自然人移动便利化。为中国企业境外投资的人员出入境提供更多便利条件。八是加强经济技术合作。适当纳入产业合作、发展合作、全球价值链等经济技术合作议题，推动中国与自由贸易伙伴的务实合作。

（六）中国特色自由贸易港建设

党的十九大报告提出，探索建设自由贸易港。自由贸易港对标的是国际上最高水平的贸易标准，是未来对外开放的最高平台。加快推进中国特色自由贸易港建设，把中国特色自由贸易港作为统筹国内国际两个大局、统筹深化改革与扩大开放、统筹多边合作与双边合作的新途径，对于加快推动形成中国对外开放新格局、进一步扩大对外开放具有重大意义。

海南是中国第一个自由贸易港。2018 年 4 月，《中共中央 国务院关于支持海南全面深化改革开放的指导意见》（以下简称《意见》）出台，决定在海南全境建设自由贸易试验区，赋予其现行自由贸易试验区试点政策，探索实行符合海南发展定位的自由贸易港政策。支持海南全面深化改革开放，探索可复制可推广的经验，压茬拓展改革广度和深度，完善和发展中国特色社会主义制度；推动中国主动参与和推动经济全球化进程，发展更高层次的开放型经济，加快推动形成全面开放新格局；将海南打造成新时代中国特色社会主义新亮点。《意见》将海南定位成全面深化改革开放试验区、国家生态文明试验区、国际旅游消费中心和国家重大战略服务保障区。《意见》提出，到2020年，自由贸易试验区建设取得重要进展，国际开放度显著提高；到2025年，自由贸易港制度初步建立，营商环境达到国内一流水平；到2035年，自由贸易港的制度体系和运作模式更加成熟；到本世纪中叶，率先实现社会主义现代化，形成高度市场化、国际化、法治化、现代化的制度体系，成为综合竞争力和文化影响力领先的地区。《意见》明确提出，海南要着力在建设现代化经济体系、实现高水平对外开放、提升旅游消费水平、服务国家重大战略、加强社会治理、打造一流生态环境、完善人才发展制度等方面进行探索。

（七）粤港澳大湾区战略

2019年2月18日，国务院印发《粤港澳大湾区发展规划纲要》（以下简称《规划纲要》）。从粤港澳大湾区2017年首次被写入政府工作报告，到粤、港、澳三地政府签署《深化粤港澳合作 推进大湾区建设框架协议》，再到《粤港澳大湾区发展规划纲要》的发布，粤港澳大湾区前景可期。随着《规划纲要》的公布，一个国际一流的湾区和世界级城市群，正逐渐显现。

《规划纲要》中明确了香港、澳门、广州、深圳四大中心城市作为区域发展的核心引擎，要继续发挥比较优势做优做强，增强对周边区域发展的辐射带动作用。根据四大中心城市的发展，城市发展定位也各不相同。香港的定位是，巩固和提升国际金融、航运、贸易中心和国际航空枢纽地位，强化全球离岸人民币业务枢纽地位、国际资产管理中心及风险管理中心功能，推动金融、商贸、物流、专业服务等向高端高增值方向发展，大力发展创新及科技事业，培育新兴产业，建设亚太区国际法律及争议解决服务中心，打造更具竞争力的国际大都会。澳门的定位是，建设世界旅游休闲中心、中国与葡语国家商贸合作服务平台，促进经济适度多元发展，打造以中华文化为主流、多元文化共存的交流合作基地。广州的定位是，充分发挥国家中心城市和综合性门户城市引领作用，全面增强国际商贸中心、综合交通枢纽功能，培育提升科技教育文化中心功能，着力建设国际大都市。深圳的定位是，发挥作为经济特区、全国性经济中心城市和国家创新型城市的引领作用，加快建成现代化国际化城市，努力成为具有世界影响力的创新创意之都。

关于大湾区的两个发展规划，近期至2022年，远期展望到2035年。到2022年，粤港澳大湾区综合实力显著增强，粤港澳合作更加深入广泛，区域内生发展动力进一步提升，发展活力充沛、创新能力突出、产业结构优化、要素流动顺畅、生态环境优美的国际一流湾区和世界级城市群框架基本形成；到2035年，大湾区形成以创新为主要支撑的经济体系和发展模式，经济实力、科技实力大幅跃升，国际竞争力、影响力进一步增强，宜居宜业宜游的国际一流湾区全面建成。

粤港澳大湾区的五大战略定位：一是充满活力的世界级城市群；二是具有全球影响力的国际科技创新中心；三是“一带一路”建设的重要支撑；四是内地与港澳深度合作示范区；五是宜居宜业宜游的优质生活圈。

粤港澳大湾区紧密合作，共同参与“一带一路”建设。深化粤港澳大湾区合作，打造具有全球竞争力的营商环境，提升大湾区市场一体化水平，全面对接国际高标准市场规则体系，加快构建开放型经济新体制，形成全方位开放格局，共创国际经济贸易合作新优势，为“一带一路”建设提供有力支撑。支持香港、澳门全面参与和助力“一带一路”建设安排，深化与相关国家和地区基础设施互联互通、经贸合作及人文交流。加强粤港澳港口国际合作，建设区域性港口联盟。充分发挥港澳在国家对外开放中的特殊地位与作用，支持香港、澳门依法以“中国香港”“中国澳门”名义或者其他适当形式，对外签署自由贸易协定和参加有关国际组织，支持香港在亚洲基础设施投资银行运作中发挥积极作用，支持澳门在符合条件的情况下加入亚洲基础设施投资银行。依托港澳的海外商业网络和海外运营经验优势，推动大湾区企业联手“走出去”，积极引导华侨华人参与大湾区建设，吸引发达国家先进制造业、现代服务业和战略性新兴产业投资。

（八）扩大进口战略

改革开放以来，中国主要采取“引进外资—扩大出口—拉动发展”的出口导向型发展模式，在过去几十年为推动中国成为贸易大国作出了巨大贡献。但随着国际政治经济格局的深刻调整，中国对外贸易结构也发生了深刻的变化。2018年，中国出台《关于扩大进口促进对外贸易平衡发展的意见》，从优化进口结构促进生产消费升级、优化国际市场布局、积极发挥多渠道促进作用、改善贸易自由化便利化条件四个方面，提出扩大进口促进对外贸易平衡发展的政策举措。2018 年 11 月，首届中国国际进口博览会在上海举行，共有 172 个国家、地区和国际组织参会，3617 家境外企业参展，40 多万名境内外采购商到会洽谈采购，按一年计累计意向成交 578.3 亿美元，创造了多项国际博览会纪录。主动扩大进口有利于统筹国内国际两个大局，促进对外贸易平衡发展，对优化产业结构、促进经济发展、满足人民美好生活需要具有十分重要的作用，是推动经济高质量发展的内在需要，是坚持互利共赢开放战略、推动形成全面开放新格局的必然要求。

二、对外经济贸易政策调整

这一时期，国际金融危机深层次影响持续显现，外需持续低迷。世界贸易增长乏力，贸易保护主义不断升温，多边贸易体制建设停滞不前，反经济全球化现象日益明显，国际贸易体系受到严重挑战，国际贸易格局出现明显改变。欧美等发达国家推行高标准贸易规则，试图将中国排除在外。美国退出 TPP 谈判，对世界贸易组织改革提出新的要求，中美贸易摩擦升级。美欧日及东南亚等各大经济体都有自己的自贸区战略布局，美日欧加快构建高标准自由贸易体系，美加墨达成新的三国贸易协定《美墨加协定》（USMCA）替代北美自由贸易协定（NAFTA），欧盟经济合作协定（EPA）生效，日本推动“全面与进步跨太平洋伙伴关系协定”（CPTPP）生效。与此同时，中国要素成本大幅上升、传统优势减弱、劳动密集型产业向东南亚转移的趋势明显，对外贸易形势十分复杂严峻，经济下行压力明显加大。中国采取积极主动的各项贸易政策，推动对外贸易增长。

（一）进口政策

这一时期，中国在稳定和拓展外需的同时，实施积极主动的进口战略。为提高进口综合效应，中国积极扩大进口、优化进口结构，更多进口先进技术装备和优质消费品，发挥进口对宏观经济平衡和结构调整的重要作用，实现进口商品结构合理化、进口来源地多元化、进口贸易方式多样化，以及进口管理政策系统化、透明化和国际化。

一是进一步提高先进技术设备和关键零部件的进口比重。完善进口贴息政策，及时调整《鼓励进口技术和产品目录》，加大对上述相关产品进口信贷的支持力度，支持相关企业开展进口设备融资租赁业务，鼓励企业引进先进技术再创新，推动国内产业结构调整和优化升级。

二是稳定资源性产品进口。完善深化大宗商品进口体制改革，提高国内短缺资源和节能环保产品的进口比重。有效利用国际资源，以“一带一路”合作为引领，支持企业“走出去”，开展境外能源合作。加快建设能源国家化平台，推动能源资源国际贸易人民币结算，提升中国在国际大宗商品市场的定价权和影响力。

三是适度扩大消费品进口。近年来，中国境外消费发展迅速，对境内消费形成挤出效应。应立足中国实际，积极采取措施引导境外消费回流，加快与相关国家就水产品、水果等产品签订检验检疫协议，切实推进汽车平行进口等措施。

四是促进进口来源地多元化。发挥中国巨大内需市场的吸引力和影响力，积极开辟进口渠道，实现进口来源地多元化，更好地满足消费者日益升级的需求结构。

此外，为应对中美贸易摩擦在扩大进口政策方面，2018 年出台了多项促进进口的措施，对中国进口起到了推动作用。2018 年中国进口数量同比扩大了 6. 4%，进口数量的扩张对同期中国进口值增长的贡献率为 51. 2%；同时，进口价格总水平同比上涨了 6. 1%。

（二）出口政策

这一时期，在巩固提升传统出口优势的基础上，中国出口政策侧重于推动出口迈向中高端。一是运用现代技术改造传统产业。加大对传统产业的科技创新投入，推动传统产业的改造与升级，提高传统产业的整体竞争力。采用国际先进质量标准和产品认证体系，提升轻纺、家电、建材、化工等产品的质量和科技含量。二是推动高端装备出口，提高出口产品科技含量和附加值。三是鼓励战略性新兴产业开拓国际市场。鼓励战略性新兴企业开展国际合作，进一步提高节能环保、新一代信息技术、新能源等战略性新兴产业的国际竞争力，扩大高新技术产品出口。四是扩大服务出口。扩大服务业对外开放，提高服务贸易在对外贸易中的比重，提高服务国际化水平。稳定传统服务出口，扩大新兴服务出口，大力发展服务外包。五是推动出口市场多元化。优化对外贸易布局，巩固传统市场份额，提高新兴市场比重。六是鼓励发展新型贸易方式。推动跨境电商、E 国际贸易、市场采购贸易等新型贸易方式发展，优化通关、质检、退税、外汇等管理方式，支持新型贸易方式发展。此外，为应对中美贸易摩擦，2018 年中国两次调整出口退税率，按不同商品、不同行业逐步进行，明确了出口退税的时间表和路线图，简化相关手续，提高退税审核效率。

（三）外汇政策

这一时期，外汇政策的重点在于进一步推进外汇管理体制改革，完善以市场供求为基础的有管理的浮动汇率制度。进一步增强人民币汇率弹性，2014 年 3 月人民币兑美元汇率波幅扩大至 2%，浮动幅度的实质性扩大反映了汇率改革正在加速，市场对价格的影响力明显上升。进一步扩大人民币跨境使用，有序实现人民币资本项目可兑换，稳步推进人民币国际化，推进人民币资本“走出去”。加强外汇储备经营管理，拓宽使用渠道，提高收益水平，逐步建立外汇管理负面清单制度。放宽境外投资汇兑限制，改进企业和个人外汇管理。

（四）外资政策

这一时期，外资政策的重点是发挥双向投资对贸易的促进作用，实施利用外资和对外投资并重的外资政策。第一，提高利用外资的质量和水平。加大招商引资力度，提高国家级经济技术开发区和各类园区的发展水平，进一步放开一般制造业。将承接国际制造业转移和促进国内产业转型升级相结合，引导外资投向现代农业、先进制造、高新技术、节能环保、现代服务业等领域和中西部及东北地区，支持外资企业在中国设立研发中心。鼓励外资以参股、并购等方式参与境内企业兼并重组，促进外资股权投资和创业投资发展。第二，推动对外投资合作和贸易相结合。支持企业扩大对外投资，深度融入全球产业链、价值链、物流链。通过绿地投资、联合投资等对外投资合作新方式，大力推动中国装备“走出去”，推进国际产能合作，带动中国产品、技术、标准、服务出口。稳步推进境外农业投资国际合作，带动相关产品进出口。[①] 第三，深化对外投资管理体制改

① 《对外贸易发展“十三五”规划》，商务部官方网站，2017 年 1 月 9 日。

革，提高对外投资便利化水平。加快完善对外投资法律法规制度，积极商签投资保护、避免双重征税等多双边协定。第四，维护中国海外权益，防范各类风险。要求“走出去”的企业和境外合作项目，要履行社会责任，造福当地人民。

（五）完善对外贸易政策体系

保障外贸发展，需进一步完善外贸发展的政策体系。一是完善财税政策。完善对外经济贸易发展专项资金等现有财政支持政策，加强对社会资金的引导，改善公共服务，推动中西部地区承接加工贸易梯度转移，推动创新发展、跨境电子商务发展、服务贸易发展，推动进一步优化进出口关税结构，完善出口退税政策。二是改进金融服务。通过利率调节手段，加强银贸合作、发挥出口信用保险作用等措施引导金融机构加大对小微企业的支持力度，开发避险产品和风险管理工具，帮助企业有效规避汇率风险。鼓励金融机构完善海外机构布局，提高为外贸企业服务的能力。三是提高公共服务能力。加强对重点市场相关法律、准入政策、技术法规等的收集发布。加快技术性贸易措施公共信息服务平台建设，发挥驻外使领馆和商协会的作用，推进行业信息交流。加强外贸人才培养，发展外贸职业教育，营造良好的外贸人才发展环境。四是完善外贸发展政策环境。中国以“一带一路”合作为契机，加强了政策沟通、设施联通、贸易畅通、资金融通、民心相通，为中国与相关国家贸易投资合作开拓了新的空间。

（六）稳外贸政策

中国积极应对贸易保护主义和中美贸易摩擦升级对中国外贸的冲击。短期内，美国加征关税的做法会抬升中国制造产品的出口成本，但中美经济的互补性决定了中美经贸不可能完全脱钩。当前，中国积极采取稳就业、稳金融、稳外贸、稳外资、稳投资、稳预期等系列政策，中美两国也在积极磋商以期达成双方满意的结果。2019 年，中国外贸发展最大的隐忧仍是复杂严峻的外部环境，国际贸易环境不稳定性和不确定性因素有所增加，面临美国单边主义和贸易霸凌主义带来的风险、国际规则重构、中美贸易争端长期化、贸易争端对地区生产网络的冲击等新的挑战和问题，必须高度重视、积极应对。稳外贸是抵抗外部风险的有力措施。

第一，积极参与国际贸易规则改革。积极推动世界贸易组织改革。世界贸易组织始终是中国推动贸易自由化和便利化的重要平台。当前西方的世界贸易组织改革方案企图孤立中国，如何使世界贸易组织改革从对抗转向合作，中国已经提出了“三个基本原则和五点主张”的中国方案。在此框架下，加强与日本和欧盟在多边经贸规则谈判上的合作，就世界贸易组织相关规则修改问题做好美国工作，让世界贸易组织在新规则制定中反映中国和广大发展中国家权益和共建人类命运共同体的诉求，对美方关注的国有企业、产业补贴等具体议题加以及正面回应，有的问题要通过改革予以解决，有的问题要坚守底线。

第二，从容应对贸易争端升级。针对中美贸易摩擦升级，中国应坚持继续降低主要商品关税，扩大短缺商品的进口，如结合谈判过程进口美国优质农产品和能源产品；同时，有针对性地采取反制措施，做到有效管控分歧、斗而不破，努力实现中国根本利益和长远利益最大化。

第三，继续实行市场多元化战略。坚持多边贸易体制，拓展多元化贸易渠道。在美国对欧盟、日本等国同样实施关税壁垒时，应通过世界贸易组织等多边机制积极应对，加强与欧盟、日本、韩国等其他主要贸易伙伴的高层磋商，共同寻找缓解美国贸易保护压力的办法，努力扭转贸易保护主义的趋势，反对多边主义。同时，携手欧盟、东盟和日本、韩国等主要贸易伙伴，维护以规则为基础的多边贸易体制，加快推进双边或多边自由贸易协定谈判，稳固提升中欧、中日、中韩等双边贸易规模。以“一带一路”为载体拓宽国际市场，在“一带一路”框架下，推进中国与亚非拉等地区的经济合作，进一步深挖贸易畅通的潜力，提高与新兴经济国家的贸易份额。

第四，面向未来大力推动 E 国际贸易发展。面向未来，推动下一代贸易方式——E 国际贸易的发展。一是充分利用中国跨境电子商务先发优势，进一步扩大跨境电子商务试点，加快跨境电子商务等新业态新模式发展，提高开放水平，促进外贸进出口稳定增长和新动能成长。二是从战略上高度重视和推动 E 国际贸易的发展，建立健全适合跨境电子商务向 E 国际贸易顺利转型的电子监管体系、税收监管方式、电子通关系统和金融支持政策等，形成中国经验、中国模式和中国方案。三是主动和世界贸易组织、国际海关组织等国际组织交流，争取多个国家和国际组织对中国方案的支持，逐步推动中国 E 国际贸易标准成为国际准则，增强中国在全球贸易规则制定中的主动权。

第五，强化竞争性政策的基础性地位。适时调整相关的补贴和市场限制的产业政策。借鉴美国等国家的产业政策，通过税收减免等措施补贴到技术研发领域，避免某些类别的补贴政策授人以柄。在进一步放宽市场准入的同时，加强对知识产权、劳动者权益的保护，强化市场公平竞争，实行内外资企业一视同仁政策和投资准入管理制度，着力建设符合国际规范的高水平营商环境。

三、建立符合开放型经济特点的对外经济贸易管理体制

这一时期，中国进一步深化对外经济贸易管理体制改革，建立符合开放型经济特点的对外经济贸易管理体制。

（一）深化对外经济贸易管理体制改革

这一时期，深化对外经济贸易管理体制改革的重点在于，进一步简政放权、放管结合、优化服务，完善符合开放型经济发展需要、有利于发挥市场配置资源决定性作用的外贸管理体制机制。完善外贸政策协调机制，加强财税、金融、产业、贸易等政策之间的衔接和配合。完善外贸促进政策。根据安全标准、环保标准、社会责任等要求，完善对敏感商品的进出口管理。制定宽严适度的原产地规则，完善原产地认证管理体系。改进许可证管理，加强贸易统计监测功能。运用技术性措施引导并促进企业加强质量管理和诚信自律。加强知识产权保护，鼓励地理标志和农产品商标权利人海外注册和维权，扩大多双边知识产权领域交流与合作。加强政策引导，提升利用外资质量和水平，促进中国出口产业升级。采取积极措施，鼓励企业通过“走出去”带动进出口。加强检验检疫工作，依照国际通行原则，着力保障进出口商品安全、卫生、环保。加强大宗商品进出口协调和管理，规范重要、敏感商品进出口秩序，遏制不正当竞争。加强“两用”物项和技术的出口管制，维护国家安全，履行国际防扩散义务。加强外贸行政审批事项下放后的监管体系建设，强化事中事后监管。优化通关、质检、退税、外汇等管理方式，支持新型贸易方式发展。积极推进商

会体制机制改革，加强行业自律和协调，充分发挥行业中介组织作用。推动国内交易规则与国际接轨，探索建立内外贸协调发展的体制机制。研究制定外贸质量和效益评价指标，改革和完善外贸考核和评价体系。

（二）营造法治化、国际化、便利化的营商环境

营商环境是“软实力”，营造国际化、法治化、便利化营商环境必须拿出“硬措施”。一是完善外贸法律法规体系。以《中华人民共和国对外贸易法》为基础，健全和完善外贸合作及外贸有关投资合作、知识产权、信用管理等领域的法律法规，加强各部门制定、实施涉及外贸领域政策措施的协调。二是优化公平竞争的市场环境。建设外贸领域诚信体系，对不同信用的进出口企业实施奖惩措施；加强反垄断执法，维护公平竞争的市场秩序；加强外贸知识产权保护，加强境外知识产权争端解决和维权援助机制建设，支持进出口企业应对境外知识产权纠纷；规范外贸经营秩序，加强双边对话与合作。三是提高贸易便利化水平。积极履行世界贸易组织《贸易便利化协定》。推进大通关建设，加快电子口岸建设，建立完善国际贸易供应链管理机制，推动实施“经认证的经营者”（AEO）国际互认，规范经营服务性涉企收费。

（三）完善境外投资管理体制

近年来，中国企业境外投资步伐明显加快，带动中国产品、中国技术和中国服务“走出去”，为推动国内经济转型升级和国际合作、推动“一带一路”建设和开展国际产能合作发挥了重要作用。为进一步引导境外投资方向，保证对外投资的健康有序发展，需进一步完善境外投资管理体制。一是完善境外投资发展规划，健全备案为主、核准为辅的对外投资管理体制，健全对外投资促进政策和服务体系，提高便利化水平。二是加强境外投资真实性、合规性监管。建立境外投资黑名单制度，对违规投资进行联合惩戒。指导个人境外投资，指导境内企业对其所控制的境外企业的监管，完善国有企业境外投资审计制度，健全境外经营业绩考核和责任追究制度。三是推动对外投资合作和贸易相结合。开展绿地投资和联合投资。推动有实力、有条件的企业加快国际产能合作，积极稳妥地开展境外技术和营销网络等并购，深化国际能源资源开发和加工互利合作。

（四）扩大金融业双向开放

近年来，中国金融双向开放步伐不断提速，主要围绕放开金融机构外资股比限制和拓宽外资金融机构在中国的业务范围展开。2018 年版《外商投资准入特别管理措施（负面清单）》中表示，取消银行业外资股比限制，将证券公司、基金管理公司、期货公司、寿险公司的外资股比放宽至 51%，2021 年取消金融领域所有外资股比限制。中国放宽外资银行管理、开放银行卡市场、批准多个外资金融机构准入、推进 A 股纳入明晟和富时罗素指数后续工作、持续完善跨境交易安排、优化交易所互联互通机制、大力支持外资证券期货机构在境内设立法人实体等措施纷纷出台。金融业行业竞争加剧为客户提供了丰富的创新产品和金融服务。下一阶段，进一步扩大中国金融市场双向开放，促进中国金融市场与国际接轨。

有序实现人民币资本项目可兑换，提高可兑换、可自由使用程度，稳步推进人民币国际化，推进人民币资本“走出去”。逐步建立外汇管理负面清单制度。放宽境外投资汇兑限制，改进企业和个人外汇管理。放宽跨国公司资金境外运作限制，逐步提高境外放款比例。支持保险业“走出去”，拓展保险资金境外投资范围。统一内外资企业及金融机构外债管理，稳步推进企业外债登记制管理改革，健全本外币全口径外债和资本流动审慎管理框架体系。加强国际收支监测。推进资本市场双向开放，提高股票、债券市场对外开放程度，放宽境内机构境外发行债券，以及境外机构境内发行、投资和交易人民币债券。提高金融机构国际化水平，加强海外网点布局，完善全球服务网络，提高国内金融市场对境外机构开放水平。①

（五）强化对外开放服务保障

全方位对外开放离不开全面高效的服务保障。要推动同更多国家签署高标准双边投资协定、司法协助协定、税收协定，争取同更多国家互免或简化签证手续。构建高效有力的海外利益保护体系，维护中国公民和法人海外合法权益。健全反走私综合治理机制，完善反洗钱、反恐怖融资、反

① 《中华人民共和国国民经济和社会发展第十三个五年规划纲要》，新华社，2016 年 3 月 17 日。

逃税监管措施，完善风险防范体制机制。提高海外安全保障能力和水平，完善领事保护制度，提供风险预警、投资促进、权益保障等便利服务。强化涉外法律服务，建立知识产权跨境维权援助机制。

第三节 对外经济贸易发展情况

这一时期，中国对外经济贸易取得了飞跃式发展。但面对世界经济“百年未有之大变局”，中国对外经济贸易发展面临的不确定性增强，稳外贸是这一阶段中国经济工作的重点。

一、中国对外经济贸易发展融入世界

这一时期，中国对外经济贸易取得了飞跃式发展。一是中国跃居世界第一贸易大国。2013 年中国跃居世界第一货物贸易大国；2014 ~ 2018 年中国服务贸易规模连续 5 年保持全球第二位。2013 年，中国进出口总额为 41590 亿美元，2018 年增长至 46230 亿美元，增长了 11%。其中，出口总额由 22090 美元增长到 24874 亿美元，增长了 13%；进口总额由 19500 亿美元增长到 21356 亿美元，增长了 10%。二是进出口增速放缓。受国际市场需求疲软和中国经济减速影响，这一阶段中国进出口增速大幅放缓，2015 年和 2016 年，中国进出口都出现了负增长。三是贸易顺差大幅收窄。随着中国扩大进口战略的实施，进口增速显著快于出口增速，贸易顺差大幅收窄。2013 年贸易顺差 2590 亿美元，2018 年贸易顺差 3517 亿美元，增长了 36%。四是外汇储备下降。外汇储备由 2013 年的 38213 亿美元下降到 2018 年的 30727 亿美元，下降了 20%。五是国际贸易地位上升。2013 年，中国成为世界第一贸易大国。中国进出口贸易在世界进出口贸易中的比重由 2012 年的 9.9% 上升到 2017 年的 11.5%（见图 8 - 1）。

中国积极应对中美贸易摩擦的冲击。在贸易保护主义的影响下，全球贸易受到冲击，世界经济下行压力明显加大。国际货币基金组织估计，2018 年全球经济增速为 3.7%，2019 年可能下降至 3.5%。贸易摩擦对经

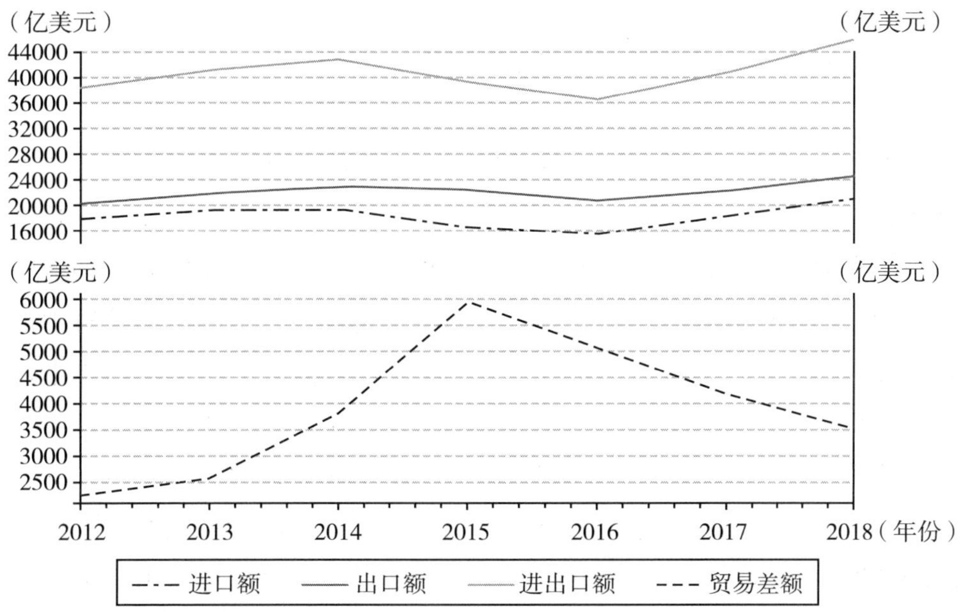

图 8－1　2013～2018 年中国进出口增长情况

资料来源：Wind 资讯。

济的影响进一步显现，世界贸易组织数据显示，全球贸易增速由 2017 年的 4.7% 继续放缓到 2018 年的 3.3%。联合国贸易和发展会议报告显示，2018 年全球外商直接投资（FDI）预计下跌 19%。

中国积极应对中美贸易摩擦，2018 年中国外贸稳中向好态势进一步巩固。2018 年，全球贸易形势严峻，但中国外贸增长较快，贸易空间扩大，高标准自贸区建设取得新进展，贸易方式面临新变革，中国外贸稳中向好态势得到进一步巩固。中国外贸稳定来自中国政府的战略定力和前瞻性政策调整。2018 年，中国外贸进出口同比增长 9.7%，好于 2008 年国际金融危机时期 7.8% 的增长。主要原因在于：中国经济保持平稳增长，带动大宗商品和消费品进口需求增长；政府出台的一系列政策落实到位，释放了外贸增长潜力；进出口企业加快调结构，提高了自主创新能力和产品附加价值，增强了国际竞争力。尽管中美贸易摩擦有所加剧，但中国对美双边贸易额不降反升。2018 年，中国对美出口 4784.2 亿美元，增长 11.3%，贸易顺差扩大。这说明，美国市场对中国市场有强劲的市场需求，尽管有赶单加税因素，但归根结底是市场需求导致。

二、中国对外经济贸易结构进一步优化

随着中国经济发展水平的显著提高，中国产业结构和工业结构全面升级，工业化进程进入新阶段，中国外贸结构得到进一步优化。一是国际市场布局明显优化，“一带一路”沿线国家（地区）等新兴市场在中国外贸中的比重提升。二是区域布局明显优化，中西部在中国外贸中的作用加大。三是进出口商品结构出现明显变化。这一时期，中国机电产品和高新技术产品出口规模不断扩大。2018年中国机电产品出口额比2012年增长23.8%，中国高新技术产品出口额比2012年增长24.2%，2018年中国技术合同成交额增长30%以上，科技进步贡献率提高到58.5%。这说明，中国外贸正在向高质量发展。工业制成品出口下降明显，初级产品进口呈上升趋势（见图8－2、图8－3）。由于中国发展过程中能源资源消耗水平不断提高，大宗能源、原材料、机械设备等进口增加，食品、一般制造产品进口比重下降。四是贸易方式明显优化。中国不断创新贸易方式，做强一般贸易，提升加工贸易，发展其他形式的贸易方式。

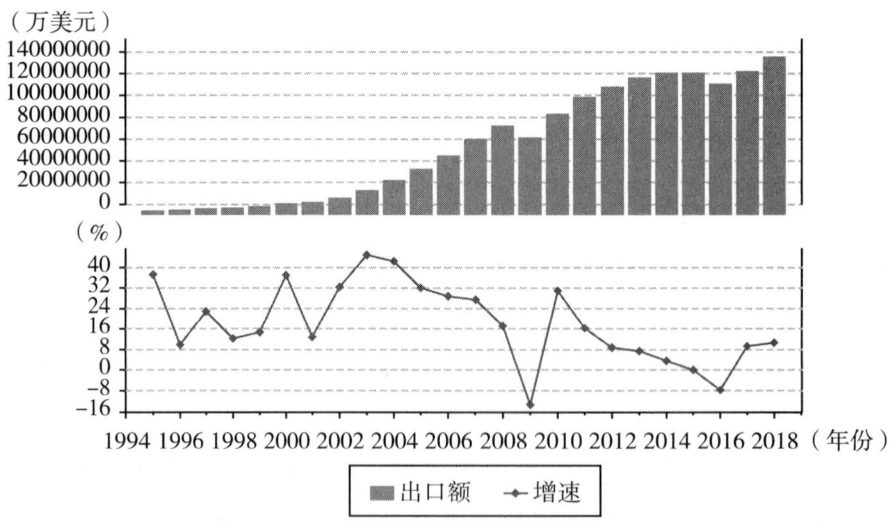

图8－2　1994～2018年中国机电产品出口额及增速

资料来源：Wind资讯。

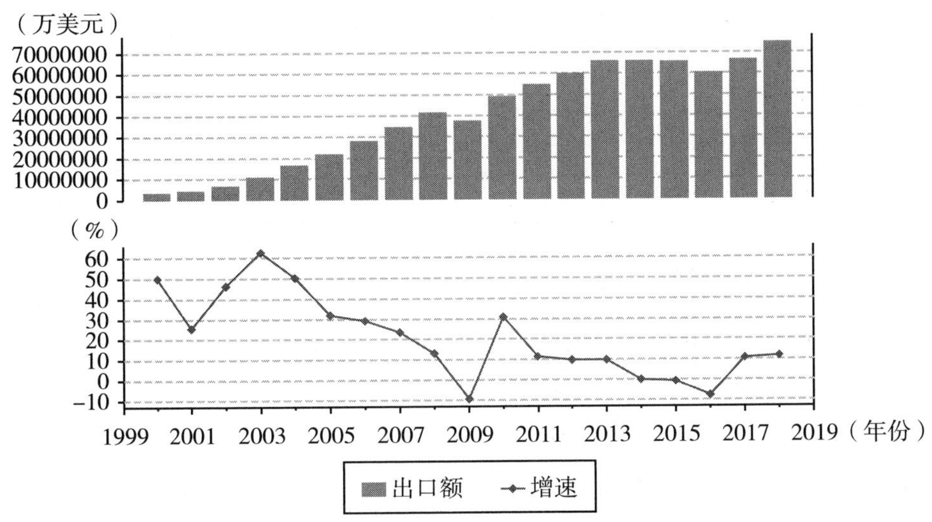

图8－3　2000～2018年中国高新技术产品出口额及增速

资料来源：Wind资讯。

三、中国对外经济贸易经营主体明显优化

中国坚持对外贸易大中小企业、多种所有制企业并重，同时加快培育本土跨国公司。

民营企业成为对外贸易经营主体。这一时期，国有企业出口额占中国出口总额的比重下降，外商投资企业比重大幅下降，民营企业比重大幅上升，成为对外贸易经营主体。2012年，国有企业出口额占中国出口总额的比重为12.5%，外商投资企业出口额占中国出口总额比重为49.9%，民营企业占比为37.6%。2017年，国有企业出口额占中国出口总额的比重下降至10.2%，外商投资企业出口额占中国出口总额比重大幅下降至43.2%，民营企业占比大幅上升至46.6%（见表8－1）。

进口方面，国有企业和外商投资企业的进口额占中国进口总额的比重都有所下降，民营企业所占比重上升。国有企业份额下降幅度相对较大，由2012年的27.2%下降到2017年的23.8%，下降了3.4个百分点；外资企业比重由2012年的47.9%下降到2017年的46.8%，下降了1.1个百分点；民营企业占比上升了4.6个百分点（见表8－2）。

表8－1　　1981～2017年中国对外贸易出口情况（分企业性质）

年份	出口总额（亿美元）	国有企业出口额（亿美元）	外商投资企业出口额（亿美元）	其他企业出口额（亿美元）	国有企业占比（%）	外商投资企业占比（%）	民营企业占比（%）
1981	220.07	219.55	0.32	0.2	99.8	0.1	0.1
1991	718.43	597	120.5	0.93	83.1	16.8	0.1
1992	849.40	674.5	173.5	1.4	79.4	20.4	0.2
2000	2492.00	1164.5	1191.43	136.1	46.7	47.8	5.5
2001	2661.00	1132.34	1332.18	196.46	42.6	50.1	7.4
2011	18983.81	2672.22	9953.3	6358.29	14.1	52.4	33.5
2012	20487.10	2562.83	10227.48	7696.83	12.5	49.9	37.6
2017	22635.22	2312.35	9775.59	10547.28	10.2	43.2	46.6

资料来源：海关总署统计分析司编著，《改革开放40年——中国对外贸易发展报告》，中国海关出版社2018年版。

表8－2　　1981～2017年中国对外贸易进口情况（分企业性质）

年份	进口总额（亿美元）	国有企业进口额（亿美元）	外商投资企业进口额（亿美元）	其他企业进口额（亿美元）	国有企业占比（%）	外商投资企业占比（%）	民营企业占比（%）
1981	220.15	218.32	1.01	0.82	99.2	0.5	0.4
1991	637.91	462.1	169.1	6.71	72.4	26.5	1.1
1992	805.85	526.1	240.9	38.85	65.3	29.9	4.8
2000	2250.90	989.2	1171.47	90.27	43.9	52.0	4.0
2001	2435.50	1035.49	1258.43	141.61	42.5	51.7	5.8
2011	17434.84	4934.03	8648.26	3852.55	28.3	49.6	22.1
2012	18184.10	4954.23	8712.49	4517.33	27.2	47.9	24.8
2017	18409.82	4374.36	8615.76	5419.7	23.8	46.8	29.4

资料来源：海关总署统计分析司编著，《改革开放40年——中国对外贸易发展报告》，中国海关出版社2018年版。

加快培育本土跨国公司。2013年中国100大跨国公司中，国有控股企业有80家，民营企业有20家；2017年中国100大跨国公司中，民营企业增加到27家。但中国跨国公司水平还远低于发达国家，中国跨国公司创新能力和国际竞争力有待进一步提高。

四、贸易方式的新变革

近年来，随着互联网的普及与全球消费观念的兴起，全球消费者对高品质跨境电子商务的需求不断增加。中国跨境电子商务行业蓬勃发展，成为全球跨境电子商务规模最大、发展最快的市场。跨境电子商务作为贸易领域中的新模式、新业态，在中国的贸易强国战略中起着十分重要的作用。鼓励和规范跨境电子商务发展的相关利好政策陆续出台，2019 年 1 月 1 日起施行《中华人民共和国电子商务法》《关于完善跨境电子商务零售进口税收政策的通知》，中国跨境电子商务有望进入健康快速发展新阶段。

中国大批外贸企业主动适应外贸新形势和市场多元化需求，不断探索外贸新业态、新模式，跨境电商、市场采购贸易在连续两年高速增长的基础上，2018 年继续保持快速增长，成为外贸增长的新亮点。目前，中国共有 37 个跨境电商试点城市。2018 年通过海关跨境电子商务管理平台零售进出口商品总额 1347 亿元，增长 50%。其中，出口额 561.2 亿元，增长 67%；进口额 785.8 亿元，增长 39.8%。外贸新动力培育初显成效。

当前，中国贸易面向未来、面向全球、面向更多的贸易伙伴，而美国则实施贸易保护主义。实际上，中国正在有效防控中美贸易摩擦带来的风险，开拓更多更广阔的市场空间。

五、中国对外经济贸易空间扩大

中国务实推进“一带一路”建设。2013 年以来，中国以“一带一路”建设为统领，全方位扩大对外开放。在“一带一路”建设中，坚持“引进来”和“走出去”并重，遵循共商共建共享原则，加强创新能力开放合作，形成陆海内外联动、东西双向互济的开放格局。“一带一路”建设主要是发挥企业主体作用，推动基础设施互联互通，加强国际产能合作，拓展第三方市场合作。“一带一路”建设取得了重要进展，其引领效应持续释放，同沿线国家（地区）的合作机制不断健全，经贸合作和人文交流加快推进。2019 年第二届“一带一路”国际合作高峰论坛达成 283 项务实合作成果，开启了高质量共建“一带一路”的新阶段。下一阶段将继续加强发展政策对接，加强基础设施互联互通，推动可持续发展，加强务实合作和人文交流。

积极扩大贸易空间。2017年以来，在中美贸易摩擦加剧、贸易环境恶化背景下，中国的贸易空间并没有缩小而是在扩大，国际市场多元化日益加强。一是通过与“一带一路”沿线国家（地区）加强贸易往来，积极拓展与“一带一路”沿线国家（地区）的贸易空间。2018年，中国对“一带一路”沿线国家（地区）进出口增长13.3%，较外贸总体增速高3.6个百分点，占外贸总值的比重为27.4%。二是在巩固传统市场的同时，中国对新兴和发展中市场出口保持较快增长。2018年，中国对东盟、金砖国家出口分别增长14.2%和12.9%。中国与非洲、北美洲和南美洲等国家和地区的合作也在不断深化。三是与日韩政经关系回暖。与日本从原来的“政冷经冷”，随着现在政治外交关系转暖，经贸关系得到稳步发展。韩国也是如此。

六、高标准自由贸易区建设取得新进展

中国积极推动面向全球的高标准自由贸易区建设。近年来，从顶层设计到积极推动，中国在自由贸易区建设方面取得了显著成绩。截至2018年底，中国已与24个国家和地区签署了16个自由贸易协定。中国积极推进区域全面经济伙伴关系（RCEP）谈判，推进中日韩自由贸易协定谈判，积极促动中国与英国、加拿大等发达国家的自由贸易协定谈判，努力构建高质量和面向全球的自由贸易协定网络。

第四节 对外经济贸易评价

这一时期，中国积极应对后危机时代世界经济低迷、逆全球化、贸易保护主义、中美贸易摩擦升级等不确定性因素，对外贸易取得了一定的成绩。中国成为世界第一贸易大国，由贸易大国向贸易强国迈进。但中国外贸发展面临劳动力成本上升、资源能源压力加大、自主创新能力不强、国际竞争力

不强等问题，以及世界经济不确定性增强和中美贸易摩擦加剧等风险。

一、主要特点

（一）对外经济贸易大国向对外经济贸易强国迈进

当前，中国国内消费、对外贸易、双向投资稳居世界前列，开放型经济新体制逐步健全，中国已经初步成为经贸大国。据测算，2018 ~ 2022 年，中国将进口规模超过 10 万亿美元的商品和服务，贸易大国的地位还将被不断巩固。中国是全球货物贸易第一大出口国，但出口商品结构仍处于中低端，缺乏自主品牌，更多的是承接贴牌产品的制造。随着中国劳动力成本上升，以量取胜、以廉取胜的发展模式已不可持续。今后中国制造必须以质取胜，提高产品附加价值，提升在全球价值链中的地位，加快实现由贸易大国向贸易强国的转变。商务部提出了建设经贸强国的时间表。中国将分三步走来落实这一时间表，即 2020 年前，进一步巩固经贸大国地位；2035 年前，基本建成经贸强国；2050 年前，全面建成经贸强国。经贸强国的建设时间表也正与党的十九大报告提出的“两个阶段”“两步走”的战略安排相一致。①

（二）对外经济贸易发展动力加快转换

这一时期，为推动中国对外经济贸易高质量发展，中国加快推动对外经济贸易发展动力的转换。中国对外经济贸易发展动力从以货物出口为主向货物、服务、技术、资本输出相结合转变，从价格竞争优势为主向技术、标准、品牌、质量、服务为核心的综合竞争优势转变，增长动力由要素驱动为主向创新驱动转变。创新是引领发展的第一动力，中国对外经济贸易发展根本上要靠创新。鼓励企业将技术创新、制度创新和管理创新等优势转化为出口的竞争优势，大力发展贸易新业态、新模式，不断培育外贸竞争新优势，推动中国对外经济贸易实现由大到强的跨越。总体来看，中国对外经济贸易加快向优质优价、优进优出积极转变，资本、技术、知识密集型产品对对外经济贸易增长的贡献度进一步提高。

---

① 《中国明确建立经贸强国“时间表”》，新华网，2017 年 12 月 25 日。

这一时期，中国对外经济贸易发展环境明显优化，营商环境由政策引导为主向制度规范和营造法治化、国际化营商环境转变。通过构建开放型经济功能平台，实施通关一体化等贸易便利化措施，进一步增强外贸公共服务能力。通过由遵守、适应国际经贸规则为主向主动参与国际经贸规则制定转变，进一步提升中国在全球经济治理中的地位。

（三）对外经济贸易结构进一步优化

中国对外经济贸易结构得到进一步优化。一是国际市场布局优化。在巩固传统市场的同时，提高“一带一路”沿线国家（地区）等新兴市场在中国外贸中的比重。二是国内区域布局优化。在巩固东部沿海地区外贸的同时，更加发挥中西部地区在全国外贸中的作用。三是商品结构优化。提高外贸发展的质量，在稳定传统优势产品出口的同时，提高出口品牌、高技术含量产品在全国外贸中的比重。2018 年中国高技术产品的出口占总出口的 30% 左右，这说明中国对外经济贸易正在向高质量发展。四是对外经济贸易经营主体优化。在坚持外贸大中小企业并重、多种所有制企业共同发展的同时，培育一批具有较强创新能力和国际竞争力的跨国公司。五是贸易方式优化。不断创新贸易方式，做强一般贸易，提升加工贸易，发展其他贸易方式。

（四）中国制造加速迈向中高端

目前，中国成为世界制造业生产和出口大国，“中国制造”拥有了面向世界的供应能力。中国制造业覆盖了国际标准行业中制造业大类所涉及的 24 个行业组、71 个行业和 137 个子行业，成为全球制造业体系最为完整的国家之一。[①] 但值得注意的是，中国制造业仍处于全球价值链的中低端，制造业有效供给不足、低端产能过剩等问题依然存在。中国货物出口的 40% 、高科技产品出口的 2/3 都是由在中国的外资企业实现的。

随着中国制造业与互联网、大数据、人工智能深度融合，中国制造业苦练内功，推动中国制造加速迈向中高端。加大科技创新投入，采用国际高质量标准，运用现代技术改造传统产业。强化电力、轨道交通、航空航天等装备制造业的出口主导产业竞争优势。积极开拓战略性新兴产业国际

① 张辛欣、安娜：《中国制造加速迈向“中高端”》，载于《小康》2018 年第 23 期。

市场，开展节能环保、信息技术、新能源等战略性新兴产业的国际合作。

二、存在的问题

随着中国经济发展水平提高，近年来中国劳动力、土地等要素成本不断上升，结构性短缺问题突出，能源资源环境压力也在增大。与此同时，中国技术追赶发达国家的空间收窄，生产效率提升速度放缓。中国制造业成本与部分发展中国家，甚至与发达国家部分地区相比都几乎没有明显优势，传统比较优势明显弱化，但新的竞争优势尚未完全形成，外贸产业主要处在全球产业链、价值链中低端环节，技术含量和附加值不高。此外，国内经济增速换挡、结构调整、动能转换困难交织，有效需求乏力和有效供给不足并存，企业效益下滑，转型升级任务艰巨。中国外贸发展最大的隐忧是：外部贸易环境的不确定性因素较多，贸易保护主义单边主义霸权主义的存在进一步加剧中国外贸环境的复杂严峻性。世界经济增速放缓趋势，将给国际贸易和投资带来负面影响。

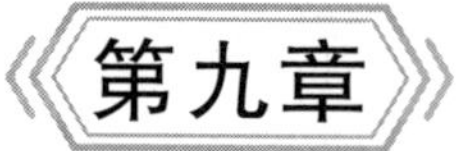

第九章

改革开放后利用外资和对外投资的发展

积极有效地利用外资是中国对外开放基本国策的重要内容，改革开放40多年来，中国投资环境不断改善，吸引了大量外资，成为全球跨国投资主要目的地之一，2018年中国是全球第二大外资流入国。中国有效利用外资，推动中国经济结构转型升级和技术进步。随着中国经济实力不断增强，中国加快实施“走出去”战略，这是加快转变经济发展方式、调整优化国内产业结构，是中国由经济大国转变为经济强国的必由之路。中国坚持“引进来”和“走出去”相结合、利用外资和对外投资并重，提高安全高效地利用两个市场、两种资源的能力。如无特别说明，本章数据均来源于历年《中国统计年鉴》。

第一节　改革开放后利用外资的发展

改革开放后，中国不断提高开放水平，促进投资便利化，改善投资环境，利用外资效益不断提高。2018年中国是全球第二大外资流入国，吸收外资约1420亿美元，同比增长了3%。自1993年起，中国利用外资规模稳居发展中国家首位。

一、利用外资规模不断扩大

改革开放初期，中国利用外资规模小，方式以对外借款为主。1979～

1984 年中国实际利用外资 171.4 亿美元，平均每年 34.2 亿美元。其中，对外借款 130.41 亿美元，占比 76%，居于主导地位；外商直接投资 30.6 亿美元，占比 18%；外商其他投资 10.42 亿美元，占比 6%。

20 世纪 90 年代以来，随着利用外资方式的优化，外商直接投资成为利用外资的主体。1992 年，中国实际利用外资 192.0 亿美元。其中，对外借款 79.1 亿美元，占比下降到 41%；外商直接投资 110.1 亿美元，占比 57%，首次超过半数，跃居主体地位；外商其他投资 2.8 亿美元，占比 1%。

21 世纪以来，外商直接投资占比 90% 以上。2001 年，中国实际利用外资 496.8 亿美元，外商直接投资 468.8 亿美元，占比 94%，首次突破 90%；2011～2013 年达到并维持在 99% 水平。

1979～2018 年中国累计使用外商直接投资超过 2.2 万亿美元。2013～2018 年，中国累计实际使用外商直接投资 7554.2 亿美元。2018 年，中国实际使用外商直接投资 1349.7 亿美元，是 1983 年 22.6 亿美元的 60 倍，年均增长 12.8%，这是在全球跨国投资下降 19% 的情况下取得的成绩。其中，来自发达经济体的投资较快增长，英国、德国、韩国、日本、美国对中国的投资分别增长了 150.1%、79.3%、24.1%、13.6%、7.7%。改革开放后，中国利用外资的增长趋势如图 9－1 所示。

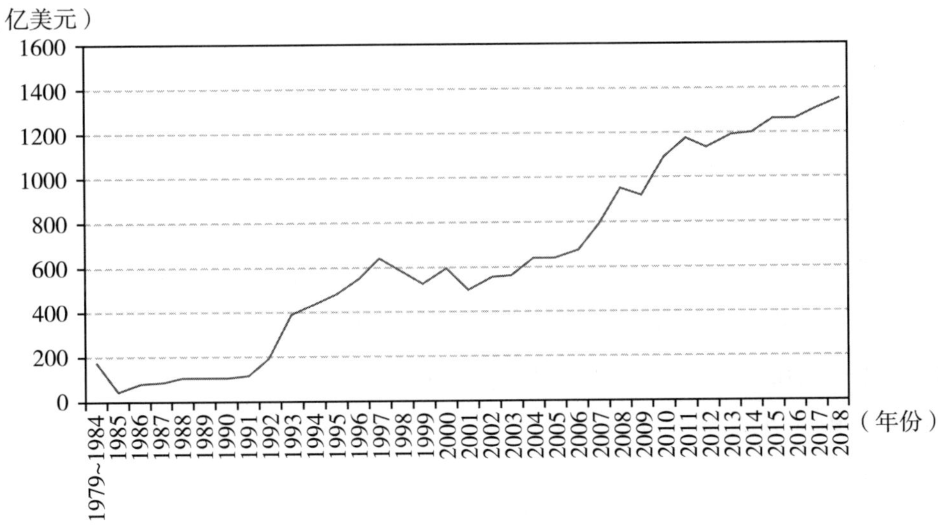

图 9－1　1979～2018 年中国实际使用外资金额

资料来源：《中国统计年鉴（2018）》。

二、外资企业依然是中国主要利用外资形式

改革开放以来，外商投资企业数量不断增多，在1993年达到一个高峰，当年新增外商投资企业约8.3万家。近年来外商在中国投资活动增长明显。1983～2018年中国外资企业增长情况如图9－2所示。

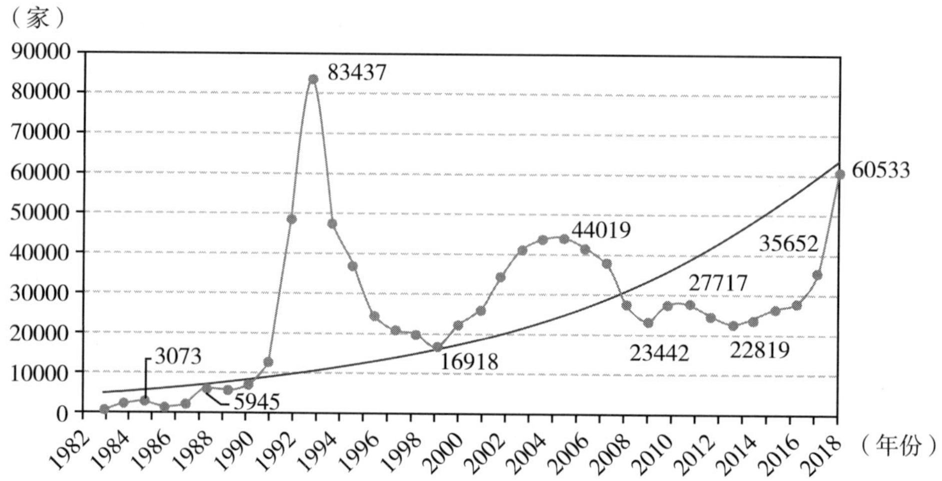

图9－2　1983～2018年中国外资企业增长情况

从图9－2可以看出，2018年外商直接投资（不含银行、证券、保险领域）新设立企业60533家，比上年增长69.8%。实际使用外商直接投资金额8856亿元，增长0.9%，折1350亿美元，增长3.0%。其中，东盟对中国投资新设立企业1735家，同比增长34.8%，实际投入外资金额60.7亿美元，同比增长16.5%；欧盟28国对中国投资新设立企业2499家，同比增长33.4%，实际投入外资金额118.6亿美元，同比增长35%；“一带一路”沿线国家（地区）对中国投资新设立企业4479家，同比增长16.1%，实际投入外资金额64.5亿美元，同比增长16%。2018年中国外商直接投资（不含银行、证券、保险领域）及其增长情况见表9－1。

表 9-1　2018 年中国外商直接投资（不含银行、证券、保险领域）及其增长情况

行业	企业数（家）	比上年增长（%）	实际使用金额（亿元）	比上年增长（%）
总计	60533	69.8	8856	0.9
农林牧渔业	741	5.0	53	-26.4
制造业	6152	23.4	2713	20.1
电力、热力、燃气及水生产和供应业	284	-23.7	291	23.6
交通运输、仓储和邮政业	754	45.8	314	-16.0
信息传输、软件和信息技术服务业	7222	127.9	773	-44.4
批发和零售业	22853	86.1	643	-16.5
房地产业	1053	42.9	1489	31.4
租赁和商务服务业	9099	78.9	1196	6.4
居民服务、修理和其他服务业	485	39.0	37	-2.6

资料来源：国家统计局，《2018 年国民经济和社会发展统计公报》，国家统计局官方网站，2019 年 2 月 28 日。

三、利用外资结构日趋改善

利用外资结构持续优化。改革开放以来，中国利用外资经历了从以第二产业为主转向以第三产业为主的过程，这与中国经济结构转型过程相一致。党的十八大以来，利用外资质量进一步提高，外资更多流向高技术产业。2013～2017 年，服务业累计使用外商直接投资 4174 亿美元，年均增长 9.6%。2017 年，制造业利用外资占比升至 30.6%，高技术制造业利用外资增长 35.1%。2017 年，在新设外资企业数目中，农林牧渔业占 1.6%，制造业占 14.0%，服务业占 84.3%；在实际使用外资金额中，农林牧渔业占 0.6%，制造业占 25.8%，服务业占 72.7%（见表 9-2）。

表9－2　　2017年中国外商直接投资情况（分行业结构）

行业	新设企业			实际使用外资		
	数量(家)	同比(%)	比重(%)	金额(亿美元)	同比(%)	比重(%)
总计	35652	27.8	100	1310.4	4.0	100
农林牧渔业	579	29.0	1.6	7.9	－52.1	0.6
采矿业	26	—	0.1	13.0	1251.4	1.0
制造业	4986	24.3	14.0	335.1	－5.6	25.8
服务业	30061	28.4	84.3	954.4	7.5	72.7

资料来源：商务部，《中国外商投资报告2018》，商务部官方网站，2018年9月9日。

高技术产业外商投资增势强劲。数字经济驱动下，全球价值链加速重构，跨国企业不断增加在高技术领域的投资，联合国贸易发展会议最新统计显示，高技术领域跨国企业全球投资规模未来几年将超过全球平均水平。2017年，中国进一步加大外商投资权益保护，积极提高利用外资质量，鼓励外商投资高端制造、智能制造、绿色制造等领域，支持外商设立研发中心，与内资机构开展研发合作。同时，大幅放宽了部分外商关注度高、投资意愿强的领域外资准入限制，提出财税支持、人才引进、知识产权保护等政策，引导外资更多投向高技术、高附加值产业。2017年，中国外商投资产业结构进一步优化，高技术产业利用外资同比增长超过六成，占利用外资总额的比重为27.4%，较2012年提高13.6个百分点，年均增长18.4%。

高技术服务业外商投资增长较快。2017年，中国高技术服务业领域新增外商投资企业5990家，同比上升81.9%，实际使用外资260.7亿美元，同比增长106.4%。信息服务、专业技术服务业的高技术服务、科技成果转化服务和环境监测及治理服务新增企业同比超过100%（见表9－3）。

表9－3　　2017年中国高技术服务业利用外资统计

项目	企业数量	企业数量（同比%）	实际使用外资额（亿美元）	实际使用外资额（同比%）
总计	5990	81.9	260.7	106.4
信息服务	3392	102.6	209.7	146.5
电子商务服务	32	－17.9	1.7	88.8
检验检测服务	31	6.9	0.2	－7.1
专业技术服务业的高技术服务	82	110.3	0.5	－63.2
研发与设计服务	417	－17.1	14.5	3.2
科技成果转化服务	1991	102.1	32.9	37.3
知识产权及相关法律服务	16	23.1	0.1	－80.3
环境监测及治理服务	29	163.6	1.4	189.4

资料来源：商务部，《中国外商投资报告2018》，商务部官方网站，2018年9月9日。

高技术制造业外商投资增长迅速。2017年，中国进一步放宽制造业外资准入门槛，“中国制造2025”战略的政策措施同样适用于外商投资企业，高技术制造业外商投资快速增长。2017年中国高技术制造领域新增外商投资企业1032个，同比增长29.3%，实际使用外资98.9亿美元，同比上升7.6%。六大高技术制造业领域实际利用外资规模同比均呈现增长，其中，电子及通信设备制造业利用外资规模最大，高达64亿美元，占比64.7%，同比增长4.5%。信息化学品制造业利用外资增幅最大，高达737.4%（见表9－4）。

表9－4　　2017年中国高技术制造业利用外资统计

高技术制造业	企业数量（家）	企业数量（同比%）	实际使用外资额（亿美元）	实际使用外资额（同比%）
总计	1032	29.3	98.9	7.6
一、医药制造业	126	57.5	21.4	1.8
（一）化学药品制造	31	93.8	6.6	－22.9
（二）中药饮片加工	0	－100	7	51.5
（三）中成药生产	9	125	0.2	－90.7
（四）兽用药品制造	6	500	0.4	62.5
（五）生物药品制造	62	67.6	5.6	18.2
（六）卫生材料及医药用品制造	18	－14.3	1.6	171.8

续表

高技术制造业	企业数量（家）	企业数量（同比%）	实际使用外资额（亿美元）	实际使用外资额（同比%）
二、航空、航天器及设备制造业	3	-50	0.8	110.2
（一）飞机制造	3	-25	0.8	110.2
（二）航天器制造	0	0	0	0
（三）航空、航天相关设备制造	6	0	0.2	110.4
（四）其他航空航天器制造	0	-100	0	0
（五）航空航天器修理	0	0	0	0
三、电子及通信设备制造业	623	27.9	64	4.5
（一）电子工业专用设备制造	43	115	3.8	640.7
（二）光纤、光缆制造	6	50	0.1	-73.1
（三）锂离子电池制造	41	-21.2	4.8	-3.3
（四）通信设备制造	25	13.6	2.6	189
（五）广播电视设备制造	2	0	0.1	100
（六）雷达及配套设备制造	1	0	0	0
（七）视听设备制造	17	112.5	0.5	-65.4
（八）电子器件制造	155	52	16.6	-47.4
（九）电子元件制造	223	32.7	17.6	44.4
（十）其他电子设备制造	110	-0.9	17.9	98.7
四、计算机及办公设备制造业	46	-13.2	3.7	65.7
（一）计算机整机制造	3	-50	1	-10
（二）计算机外部设备制造	14	-39.1	2	279.7
（三）计算机网络设备制造	26	23.8	0.8	20.4
（四）办公设备制造	3	0	0	0
五、医疗仪器设备及仪器仪表制造业	231	36.7	8.7	23.1
（一）医疗仪器设备及器械制造	141	28.2	5.7	11.6
（二）仪器仪表制造	90	52.5	3	53.4
六、信息化学品制造业	3	0	0.4	737.4
（一）信息化学品制造	3	0	0.4	737.4

资料来源：商务部，《中国外商投资报告2018》，商务部官方网站，2018年9月9日。

外商投资区域布局更加合理。随着改革开放的推进，中国利用外资经历了由特区逐步扩大到沿海、沿江、沿边地区，再向内陆推进的过程，东部地区一直是外资投资的主要区域，目前外商投资企业覆盖全国所有省（区、市）。2017 年，中国积极鼓励外资向中西部和东北老工业基地转移，在中西部地区（河南、湖北、重庆、四川、陕西）新设 5 个自贸试验区，外资区域布局不断优化。2017 年，中部地区新设外商投资企业 1672 家，实际使用外资 83.1 亿美元，同比增长 17.1%，增速高于全国 4% 的平均水平；西部地区新设立外商投资企业 1761 家，同比增长 43.2%，新增企业数量增幅最高，市场主体活力进一步激发（见表 9－5）。截至 2017 年，中部地区和西部地区累计实际利用外资分别为 1493 亿美元和 1270.7 亿美元，整体占比分别为 7.9% 和 6.7%，较 2016 年的 7.5% 和 6.3% 各均增加了 0.4 个百分点。

表 9－5　　2017 年中国外商投资企业数和实际利用外资区域分布

地区	企业数量（家）	企业数量（比重%）	企业数量（同比±%）	实际使用外资金额（亿美元）	实际使用外资金额（比重%）	实际使用外资金额（同比±%）
总计	35652	100	27.8	1310.4	100	4
东部地区	32219	90.4	28.8	1145.9	87.5	4.9
中部地区	1672	4.7	1.5	83.1	6.3	17.1
西部地区	1761	4.9	43.2	81.3	6.2	－15.5

资料来源：商务部，《中国外商投资报告 2018》，商务部官方网站，2018 年 9 月 9 日。

四、外商投资环境持续改善

外商投资管理体制逐步优化。2014 年以前，中国对外商投资项目全部实行核准制。2014 年《外商投资项目核准和备案管理办法》出台，外商投资项目管理由全面核准向普遍备案和有限核准转变，目前 96% 以上的外商投资实行属地备案。作为指导管理外商投资项目依据的《外商投资产业指导目录》，自 1995 年首次颁布以来，已先后修订 7 次，外商投资准入大幅放宽，限制性措施削减至 63 条，服务业、制造业、采矿业等领域开放水平大幅提高。随着“放管服”改革持续推进，中国营商环境改善进一步取得积极成效。2018 年，大幅压缩外资准入负面清单，发布 2018 年版全国和自贸试验区两个外资准入负面清单，与国际通行规则对接，全面提升开放水平，负面清单之外的领域，各地区各部门不得专门针对外商投资准入进行限制，全面落实准入前国民待遇加负面清单管理制度。在金融、汽车、飞机、船舶等领域进一步开放，一批重大外资项目落地，新设外资企业数量增长近 70% 。

制定外商投资法。2019 年 3 月 15 日十三届全国人大二次会议表决通过了《中华人民共和国外商投资法》（以下简称《外商投资法》）。这一法律的顺利通过传达了中国坚持扩大对外开放的决心和积极努力，尤其是在贸易保护主义抬头的背景下，将进一步提升中国市场对外资的吸引力，增强投资者信心。《外商投资法》分为六章，包括总则、投资促进、投资保护、投资管理、法律责任和附则，共四十二条。总则部分明确“国家对外商投资实行准入前国民待遇”和“负面清单管理制度”，取消了逐案审批制管理模式，体现了中国外商投资管理体制的根本性变革。《外商投资法》于 2020 年 1 月 1 日起施行，正式取代实施多年的“外资三法”——《中华人民共和国中外合资经营企业法》《中华人民共和国外资企业法》《中华人民共和国中外合作经营企业法》，成为中国利用外资的基础性法律。《外商投资法》是中国扩大对外开放政策思路的延续，并将在全球层面促进贸易投资发展。《外商投资法》多角度强化外商投资权益保护，促进投资便利化。《外商投资法》明确规定，在知识产权方面不得利用行政手段强制转让技术，外商投资企业依法平等适用国家支持企业发展的各项政策，依法平等参与标准制定工作、通过公平竞争参与政府采购等，依法通过公开发行股票、公司债券等证券和其他方式进行融资。《外商投资法》为外商投资平等参与中国经济建设和竞争提供了保障，同时也将激发内资企业释放更多活力，共同推动中国经济高质量发展。更高层面上，这一法律彰显了中国坚持对外开放、推动全球化互利共赢的坚定决心，并将为世界经济发展注入新的正能量。

营商环境持续改善。改革开放使中国成功实现了从高度集中的计划经济体制到充满活力的社会主义市场经济体制的历史转变。党的十八大以来，中国通过深化“放管服”改革、设立自由贸易试验区等方式，理顺政府和市场关系，推进政府职能转变，不断优化营商环境。中国营商环境国际排名大幅上升。根据世界银行发布的全球营商环境报告，2018 年，在 190 个经济体中，中国营商环境全球排名跃升至第 46 位，比 2017 年的 78 位跃升了 32 位，成为营商环境改善幅度最大的经济体之一。中国外商投资管理理念、管理模式和管理体制都实现了重大变革，是全球最具吸引力的投资目的地之一。

中国关税总水平超出对世界贸易组织的承诺。2018 年中国下调部分商品进口关税，关税总水平由 9.8% 降至 7.5%，超出了对世界贸易组织的承诺，也低于大多数发展中国家。实际上，当前中国贸易加权平均关税税率已降至 4.4%，明显低于大多数新兴经济体和发展中国家，接近美国、欧盟的水平。

第二节 对改革开放以来积极利用外资的评价

外商投资企业对中国经济社会发展具有积极意义，对中国经济转型升级、优化外贸结构、扩大就业等方面均作出重要贡献，外商直接投资在推动中国成为外贸大国的过程中扮演着重要的角色。2017 年中国外商投资规模创历史新高，外商投资企业以占全国不到 3% 的数量，创造了全国近一半的对外贸易、1/4 的规模以上工业企业利润、1/5 的税收收入，为促进国内实体经济发展、推进供给侧结构性改革发挥了重要作用。[①]

一、积极利用外资对促进高质量发展的贡献

外商投资在中国经济增长、改革创新和技术进步等方面继续发挥着积极作用。2017 年，外商投资占全社会固定资产投资的比重为 3.9%，外商投资企业创造了 1/4 的工业企业利润，高技术产业利用外资占比约三成，外商投资企业研发投入、有效发明专利数在全国规模以上企业中占比约两成，产品和工艺创新水平高出全国平均水平，外商投资对中国技术创新起

① 商务部，《中国外商投资报告 2018》，商务部官方网站，2018 年 9 月 9 日。

到积极推动作用。

二、积极利用外资对外贸进出口的促进作用

外商投资企业对增加中国的外贸总额起着重要的推动作用。在外商投资企业出口绩效的带动下，中国实现了对外贸易的平稳快速增长。从20世纪90年代开始，外商直接投资企业进出口总额占全国进出口总额的比重快速上升。从出口增加额的角度，外商直接投资的出口增加值占据了全国出口增加值的半壁江山。尽管近年来民营企业增长迅速，但外商投资企业对中国对外贸易的稳定作用不容忽视。2018年，外商投资企业进出口额12.99万亿元，占中国货物进出口总额的42.6%。

三、积极利用外资助力中国贸易结构转变

近年来，外资企业进入中国第三产业趋势明显，其中服务业与高技术产业是外商投资重点行业，一定程度上促进了中国经济结构和贸易结构的转型升级，推动了中国的技术进步。高技术产业利用外资规模扩大、质量提高，成为促进外资增长、优化外资结构的亮点。同时，外商直接投资带来先进的生产技术、管理经验、市场网络等间接贸易效应，带动国内其他类型企业出口状况的改善。外商直接投资内含的研发投入、人才培养，实现了技术知识的外溢，带动了中国科技创新发展。

四、积极利用外资对扩大劳动就业的贡献

随着外资企业在中国数量的增加，外商投资企业带来的城镇就业人数由1985年的6万人增加到了2017年的1291万人。由于劳动力成本上升，2013年后外资企业就业人数出现下降。目前，博世集团在中国的员工数量约为6万人，分布于38个生产基地和23个技术中心；雀巢集团在中国拥有约5万名员工，运营着该企业在中国的33家工厂；荷兰皇家飞利浦公司在中国的员工数量超过8000人。外资企业通过产业链的延伸为中国增加

了更多就业机会，仅美国苹果公司产业链的就业人口就高达500万。①1989～2017年外资企业城镇就业情况如图9－3所示。

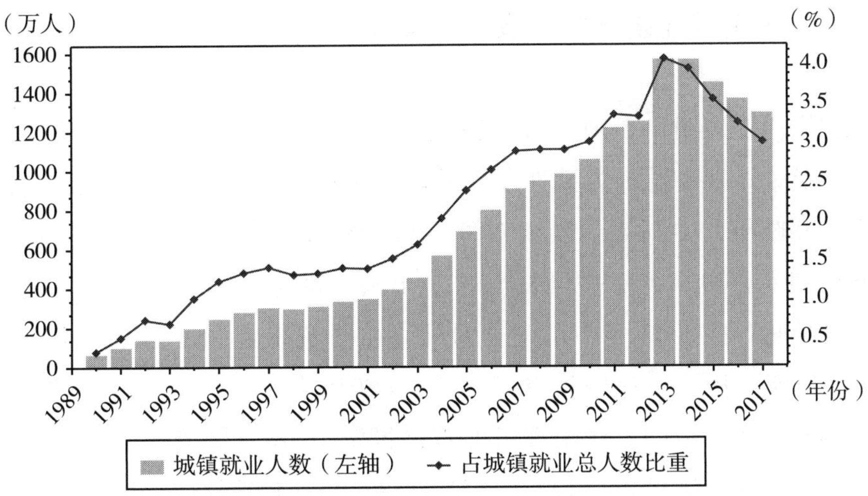

图9－3　1989～2017年外商投资企业城镇就业人数及其占城镇就业总人数比重

资料来源：Wind资讯。

五、积极利用外资增加财政收入

外商投资企业在增加财政收入等方面发挥了重要作用。1979年以来，外资企业税收贡献逐年增长。2000～2017年，外商投资企业税收占全国税收收入的平均比重近22%。2017年，全国税收收入为155739亿元，同比增长10.8%。其中，外商投资企业缴纳税收29185亿元，同比增长13.7%，高于全国税收收入增幅2.9个百分点；占全国税收收入的比重为18.7%，较上年提高0.4个百分点。

第三节　改革开放后对外投资的发展

改革开放以来，中国对外投资和经济合作经历了由小到大、由弱到

① 焦东华：《〈外商投资法〉表决通过：外资给中国带来了什么?》，中国发展高层论坛网站，2019年3月23日。

强、由区域到全球的发展过程。

一、中国对外投资的规模不断攀升

改革开放初期，中国只有少数国有企业在海外开办代表处或设立企业，属于对外直接投资尝试性发展阶段。据联合国贸易和发展会议统计，1982～2000 年，中国累计实现对外直接投资 278 亿美元，年均投资额仅 14.6 亿美元。2000 年，中国提出“走出去”战略，对外直接投资进入快速发展时期。自 2002 年中国建立对外直接投资统计制度以来，中国对外直接投资流量持续快速增长 14 年，截至 2016 年，年均增速高达 35.8%。2002～2018 年，中国累计实现对外直接投资 1.28 万亿美元。2017 年，中国对外直接投资虽呈负增长，但仍以 1582.9 亿美元位列全球第三位，继续保持发展中国家首位。截至 2017 年底，中国 2.55 万家境内投资者在国（境）外共设立对外直接投资企业 3.92 万家，分布在全球 189 个国家（地区），境外企业资产总额达 6 万亿美元，对外直接投资存量达 18090.4 亿美元。对外投资形式逐步优化，由单一的绿地投资向兼并、收购、参股等多种方式扩展，企业跨国并购日趋活跃。

对外经济合作蓬勃发展。中国的对外经济合作始于 20 世纪 70 年代末，加入世界贸易组织后，中国在外承揽业务的规模快速扩大。2002～2017 年，对外承包工程累计签订合同额 1.98 万亿美元，完成营业额 1.34 万亿美元，年均增速均超过 20%。2018 年对外承包工程完成营业额 11186 亿元，比上年下降 1.7%。其中，对“一带一路”沿线国家（地区）完成营业额 893 亿美元，增长 4.4%，占对外承包工程完成营业额比重为 52.8%。对外劳务合作派出各类劳务人员 49 万人。对外承包工程企业的国际竞争力大幅提升。“中巴经济走廊”中能源、交通、电力等领域重大项目推进落地，埃塞俄比亚首个国家工业园正式运营，吉布提多哈雷多功能港口项目顺利完工，在“一带一路”倡议下，中国为沿线国家（地区）带来越来越多的重大项目，有力地促进了当地经济社会发展，增加就业、改善民生。

境外经贸合作区建设取得积极进展。截至 2018 年末，通过确认考核的合作区入区企业共计933家，累计投资209.6亿美元，上缴东道国税费22.8亿美元，创造就业岗位14.7万个，实现互利共赢。其中，2018年新增投资25亿美元，上缴东道国税费5.9亿美元。

国际产能合作积极推进。国际产能合作顺应开放型经济发展的客观规律，是中国与各国（地区）共建“一带一路”的重要抓手。中国企业在传统基建、传统劳动密集型产业、优势产能富余产业以及高端装备制造产业等领域开展了广泛的国际产能合作。2015~2017年，中国流向装备制造业的对外投资为351亿美元，占制造业对外投资的51.6%。中国装备制造在“走出去”的过程中涌现了中国高铁、中国核电等亮丽的国家名片。

二、中国对外投资的主体多元化

2017年末，中国对外直接投资企业为25529家。其中，有限责任公司10577家，占比41.4%，是当年中国对外投资最大、最活跃的主体；私营企业6570家，位列第二，占比25.7%；股份有限公司2790家，占比10.9%，位居第三；包括港澳台资企业在内的外商投资企业2134家，占比8.4%；国有企业1422家，占比5.6%，比重较上年增加0.4个百分点；个体经营企业646家，占比2.5%；股份合作企业465家，占比1.8%；集体企业94家，占比0.4%；其他企业831家，占比3.3%。[①]

三、中国对外投资结构不断优化

对外投资产业结构不断优化。中国对外直接投资行业分布从初期主要集中在采矿业、制造业，到目前已覆盖全部国民经济行业门类，投资结构由资源获取型向技术引领和构建全球价值链转变。2017年末，中国对外直接投资近八成流向第三产业，主要包括租赁和商务服务、金融业等。2017年中国对外直接投资流向第三产业1262.7亿美元，占当年中国对外直接

① 商务部，《中国外商投资报告2018》，商务部官方网站，2018年9月9日。

投资总额的比重达79.8%；流向第二产业295.1亿美元，占比18.6%；流向第一产业（农、林、牧、渔）25.1亿美元，占比1.6%（见图9－4）。企业通过对外投资正在加快形成面向全球的贸易、金融、生产、服务和创新网络。2017年制造业对外直接投资流量的295.1亿美元，同比增长1.6%，占当年流量总额的18.6%，较上年提升了3.8个百分点，主要流向化学原料和化学制品制造、汽车制造、计算机/通信及其他电子设备制造、医药制造、铁路/船舶、航空航天和其他运输设备制造等领域，实体经济和新兴产业对外投资表现更加突出。①

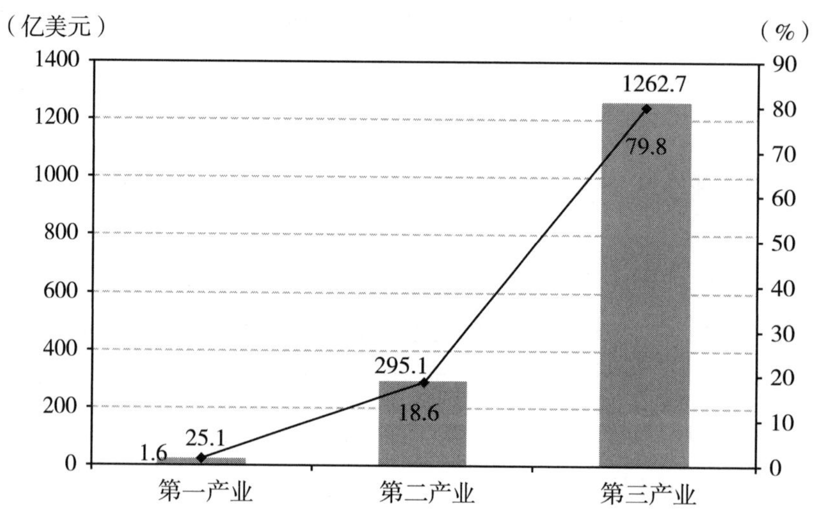

图9－4　2017年中国对外直接投资三次产业分布

四、"一带一路"成为中国对外投资的重点

2013年下半年习近平提出"一带一路"倡议以来，中国秉持共商共建共享的总原则，取得了重大的成就。"一带一路"倡议经过多年的实践，已从理念、愿景转化为现实行动，取得了重大进展。目前，中国已与100多个国家和国际组织签署了"一带一路"方面的合作协议，2017年在北京成功举办的首届"一带一路"国际合作高峰论坛达成的279项成果中，已有265项完成或转为常态工作，落实率达95%。中欧班列累计开行数量

① 商务部，《中国外商投资报告2018》，商务部官方网站，2018年9月9日。

突破1万列，到达欧洲15个国家43个城市。截至2018年，中国同“一带一路”相关国家的货物贸易额累计超过5万亿美元，对外直接投资超过600亿美元，为当地创造20多万个就业岗位，中国对外投资成为拉动全球对外直接投资增长的重要引擎。

“一带一路”投资合作不断深化，加快向高质量发展。2018年，中国与“一带一路”沿线国家（地区）的贸易额达到1.3万亿美元，同比增长16.3%，高于外贸整体增速3.7个百分点；促进中欧班列全年开行6363列，运送货物54万标箱；对沿线国家（地区）直接投资162.7亿美元，在沿线国家（地区）对外承包工程完成额为893.3亿美元；与日本、西班牙、荷兰、比利时四个国家签署第三方市场的合作协议。

五、区域布局日益广泛

对外投资伙伴多元，区域广泛。截至2017年底，中国2.55万家境内投资者在国（境）外共设立对外直接投资企业3.92万家，分布在全球189个国家（地区），境外企业资产总额达6万亿美元，对外直接投资存量达18090.4亿美元。区域分布上，2017年，中国对亚洲投资1100.4亿美元，占比69.5%；对拉丁美洲投资207.2亿美元，占比15.3%；对欧洲投资184.6亿美元，占比11.7%；对北美洲投资65.0亿美元，占比4.1%；对非洲投资41.1亿美元，占比2.6%；对大洋洲投资51.1亿美元，占比3.2%。

六、国家政策引领不断加强

近年来，中国不断加强政策引领，推动对外投资合作高质量发展；同时，加强对外投资合作的监管和服务，规范企业海外经营行为，提升企业国际化经营水平，指导企业增强境外风险防范应对能力，保护企业海外合法权益。中国对外投资合作以“一带一路”为引领，坚持互利共赢，树立中国投资形象，打造中国投资品牌。2018年全年，相关主管部门共备案或核准对外投资企业8786家，中国协议投资额为1266.8亿美元。其中，备案或核准非金融类对外投资企业8739家，中国协议投资额为1191.2亿美元；备案或核准金融类对外投资企业47家，中国协议投资额为75.6亿美元。

2017年以来，中国改革创新对外直接投资管理方式，强化监管服务，营造良好环境，有效防范风险，出台多项境外投资规范引导措施，加快推动中国从投资大国向投资强国的转变。主要规范引导措施包括五个方面：一是加强制度建设，将促进、服务、监管和保障纳入法制化轨道。印发《关于规范企业海外经营行为的若干意见》《关于改进境外企业和对外投资安全工作的若干意见》《关于进一步引导和规范境外投资方向的指导意见》等政策文件。二是深化对外投资领域的“放管服”改革。商务部等部门制定《对外投资备案（核准）报告暂行办法》，推动实现信息统一归口、分类分级管理、违规联合惩戒；商务部制定《对外投资合作“双随机一公开”监管工作细则（试行）》，加大事中事后监管力度。三是加快推进业务创新，制订对外投资合作改革发展工作方案和对外投资创新行动计划，印发商务部《2017年对外投资合作工作要点》和《境外经济贸易合作区发展布局指引（2016—2025年）》。四是完善双边投资合作机制，与有关国家签署投资合作协议17项、双边经贸合作中长期发展规划3项。五是强化服务保障，建成“走出去”公共服务服务平台；发布《对外直接投资年度统计公报》《对外投资合作国别（地区）指南》《中国对外投资发展报告》等。

对外投资方式不断创新。2018年以来，中国对外投资方式创新显现，主要包括绿地投资、收购并购、联合投资、实物投资、股权置换、返程投资等形式，跨境并购依然是中国对外投资的主要手段。《世界投资报告2018》数据显示，2010~2017年中国跨境并购规模整体持续增长，跨境并购保持活跃状态。2017年，在全球对外直接投资额继续下降、全球跨境并购额大幅回落的背景下，中国跨境并购投资表现良好，占全球跨境并购总额比重较上年进一步增大。2018年上半年，中国对全球41个国家（地区）的16个行业大类实施了140起并购，实际交易总额为261.1亿美元，主要并购行业在制造业和采矿业。

第四节 对改革开放后对外投资的评价

对外投资和经济合作是中国与世界各国经济深度融合、实现互利共赢的桥梁。中国对外直接投资从无到有，实现了巨大飞跃，成为世界资本输出大国。

一、跻身世界资本输出大国

对外直接投资从无到有，跻身资本输出大国行列。2002 年，中国对外直接投资流量居全球第 26 位，对外直接投资存量居全球第 25 位；2017 年，中国对外直接投资流量居全球第 3 位，对外直接投资存量居全球第 2 位（见表 9－6）。

表 9－6　2002～2017 年中国对外直接投资流量与存量

年份	流量			存量	
	金额（亿美元）	全球位次	同比（%）	金额（亿美元）	全球位次
2002	27	26	—	299	25
2003	28.5	21	5.6	332	25
2004	55	20	93	448	27
2005	122.6	17	122.9	572	24
2006	211.6	13	43.8	906.3	23
2007	265.1	17	25.3	1179.1	22
2008	559.1	12	110.9	1839.7	18
2009	565.3	5	1.1	2457.5	16
2010	688.1	5	21.7	3172.1	17
2011	746.5	6	8.5	4247.8	13
2012	878	3	17.6	5319.4	13
2013	1078.4	3	22.8	6604.8	11
2014	1231.2	3	14.2	8826.4	8
2015	1456.7	2	18.3	10978.6	8
2016	1961.5	2	34.7	13573.9	6
2017	1582.9	3	－19.3	18090.4	2

资料来源：商务部、国家统计局、国家外汇管理局，《2017 年度中国对外直接投资统计公报》，商务部官方网站，2018 年 9 月 28 日。

二、从对外投资大国向对外投资强国转变

当前，中国正积极提升对外投资的质量效益，加快从对外投资大国向对外投资强国转变，服务业特别是新兴服务业对推动中国产业转型升级、推动经济高质量发展具有重大意义，随着中国企业国际化经营水平的逐步提升，中国服务企业在全球的投资活动将更趋活跃，中国对外投资结构将进一步优化。2018 年，中国对外投资主要流向租赁和商务服务业、制造业、批发和零售业、采矿业，占比分别为 37%、15.6%、8.8%、7.7%；流向第三产业的对外直接投资为 842.5 亿美元，同比增长 3.6%，占比为 69.9%；房地产业、体育和娱乐业对外投资没有新增项目，非理性投资继续得到有效遏制。

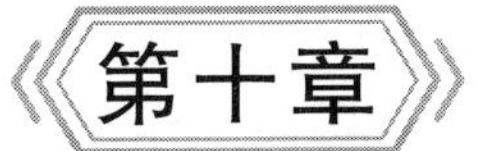

未来中国对外经济贸易发展面临国际格局大调整

新中国成立70年来，国际环境经历过三次大的格局调整。第一次是第二次世界大战结束后出现的世界贸易投资自由化、便利化发展时期（1950～1973年）；第二次是20世纪90年代至2007年的现代经济全球化和信息技术革命发展时期；第三次是2008年国际金融危机爆发进入“百年未有之大变局”和中美战略博弈时期。由于历史和现实的原因，中国错失了第一次格局调整伴随的重要战略机遇期，把握住了第二次格局调整出现的重要战略机遇期，正在面对第三次格局调整中危和机同生并存的复杂局面，中国发展仍处于并将长期处于重要战略机遇期，要不断探索化危为机、转危为安的应对策略。

第一节　中国对外经济贸易发展面对一个历史上最复杂的国际形势

一、世界处于百年未有之大变局

（一）百年前曾经发生过世界政治经济大变局

1820年，中国、欧洲、美国经济占世界经济总规模的比重分别为

32.9%、26.6%、1.8%。[①] 当时的美国是典型的新兴经济体；德国的工业化进程也比英国落后了100年，被称为野蛮的农奴国家。[②] 然而，1870～1913年发生了人类社会第一次基于规则的经济全球化和以内燃机、电动机为代表的第二次工业革命。英国作为当时的世界霸权国家忙于海外扩张，严重忽视了对第二次工业革命的技术和产业投资，导致了英国综合国力由盛而衰。而美国和德国把握住了这个发展的机遇期，迅速实现了由弱而强的经济崛起。综合国力和全球影响力地位的改变，导致了大国政治经济冲突明显加剧，最终引发了贸易战、经济大萧条、孤立主义甚至爆发了世界大战，造成了20世纪二三十年代世界经济的混乱、无序和冲突失控。

（二）当前世界处于百年未有之大变局

今天的世界经济政治大变局，也同样伴随着2008年国际金融危机以来世界经济政治格局和国际秩序的大调整，主要的焦点是大国政治经济冲突再次明显加剧，尤其是中美关系成为全球不稳定、不确定性的一个重要因素。2018年以来，美国单方面挑起贸易战，是希望在这场世界大变局中继续保持美国第一。同样，中国也希望在这场世界大变局中不忘初心、牢记使命，始终把握正确的前行方向，实现中华民族复兴大业。因此，中美两个大国以及相关全球的根本利益存在着合作和冲突两个可能性。

显然，中美之间的战略误判以及非理性对抗的制度性、系统性风险都在持续上升。中国面对的严峻形势是，美国两党（民主党和共和党）、政府、商界、智库正在形成新的反华共识，并影响社会各界。无论是中美全面脱钩，还是美国全面推卸责任，都是把两国关系推向冲突和对抗的危险境地。

随之而来的是，大国关系进入战略疑虑增大的敏感时期。前行的道路，一条是通向"修昔底德陷阱"，即守成大国与新兴大国之间由于战略猜疑而陷入你输我赢的零和博弈；另一条是大国之间经过长期较量最终不得不从非理性对抗转向理性对话与合作。为了构建大国之间的合作基础，

① ［英］安格斯·麦迪森：《中国经济的长期表现》，伍晓鹰、马德斌译，上海人民出版社2008年版。

② ［美］阿瑟·刘易斯：《增长与波动》，梁小民译，华夏出版社1987年版。

中国将始终如一地推动改革开放、法治和现代化建设，并加强中美之间的多层次沟通、对话与协调；中国将在更高层次上继续推动不冲突不对抗、相互尊重、互利共赢的新型大国关系建设，用实际行动构建斗而不破、开放包容、平等合作的互信基础；中国将寻求与大国之间开展全方位合作，推动基于自由、公平和包容规则基础之上的国际治理新格局。

因此，在可以预见的未来，中美关系从冲突走向合作的发展之路，将是一个长期曲折的、伴随着世界经济格局和国际秩序分化、充满矛盾冲突和对抗的风险之路，同时也是中美从零和博弈的全面对抗走向超越零和博弈的全面合作的机遇之路，大国关系正在进入历史上最复杂、最严峻、最困难的转折时期。

二、全球经济治理存在系统性制度风险

从当前看，全球经济治理滞后，难以适应世界经济新变化。过去几十年的经济全球化造就了相互依存的“地球村”，却没有建立起与时俱进的全球化治理体系。习近平指出，目前全球治理供给不足。这种失衡被形象地称为“全球治理赤字”。如何消除这种赤字，是全球治理的第一大难题。全球治理长期由少数发达国家主导，不能体现广大发展中国家的诉求与全球经济格局的变化。如何推动全球治理民主化，是全球治理的第二大难题。如何解决“发展缺位”问题，是全球治理的第三大难题。目前，这三大难题不但没有得到缓解，反而越来越趋于严重了。美国作为世界第一经济大国，在推卸本应担当的全球治理的主要责任，如先后退出了 TPP、应对气候变化的《巴黎协定》、联合国教科文组织、万国邮政联盟、伊朗核问题全面协议、联合国人权理事会、中导条约等。下一步，美国是否会退出世界贸易组织，将成为一项影响世界政治经济走向的重大不稳定性、不确定性事件。美国如果退出世界贸易组织，将彻底改变第二次世界大战后美国领导下建立起来的国际经济秩序和组织构架。那么，国际经济新秩序和重组后的组织机制架构会是什么样的格局？美国会扮演什么角色及对全球经济治理体系会产生什么影响？如果美国不退出世界贸易组织，美国主导下的世界贸易组织现代化改革是否会以“非市场经济导向”为借口，形

成一道把中国排除在外的诸边规则墙?① 那么，中国应当采取什么样的应对策略?

三、世界经济前景面临很大不确定性

当前的国际环境再次处于新一轮格局调整的时期，在大国政治经济对抗呈现长期化、不确定、复杂化特征面前，世界经济贸易投资以及产业发展前景将变得更加不稳定。世界经济站在了一个十字路口，继续前行需要国际社会齐心协力，反对贸易保护主义，继续推进经济全球化；四分五裂则必然会陷入长期混乱。全球系统性风险持续上升，大国政治经济冲突明显加剧，也将长时期考验和影响中华民族的复兴进程。

从2019年6月底在大阪举行的二十国集团领导人第十四次峰会可以看到，二十国集团领导人中间弥漫着一种普遍的焦虑情绪，这种情绪也广泛存在于不同国家（地区）、不同阶层和不同年龄段。其原因主要是全球不稳定、不确定性因素在显著增加，已经日益严重影响到人们的生产和生活。大国领导人们在发问，世界经济向何处去？习近平指出，国际金融危机发生10年后，世界经济再次来到十字路口。他反复告诫大国领导人们要避免因一时短视而犯下不可挽回的历史性错误，要避免落入冲突对抗的陷阱。大国领导人们的焦虑主要表现在以下几个方面。

一是世界经济缺少增长动力。当前世界正处于新旧动能转换的时期。依靠金融、房地产、军工和要素投入增长支撑的模式已达到增长极限，而

---

① 2018年9月25日，美日欧发表了关于贸易的三方联合声明，涉及世界贸易组织改革、国际新贸易秩序及其他影响贸易的相关议题，旨在建立以美日欧为核心的国际贸易新秩序、新体系。在联合声明中，美日欧一致同意推动世界贸易组织改革；一致对第三国不以市场为导向的政策和做法表达了关切；一致同意建立条件公平、对等互利的全球贸易体系，并改变贸易规则和执法程序，从体制上解决非市场化的贸易导向问题；一致认为第三国通过银行贷款等方式进行工业补贴，造成产能过剩和不公平竞争；一致认为第三国国有企业在政府隐性担保的庇护下进行双重定价，严重扭曲了市场行为；一致对商业间谍和有害技术转让表示反对，并承诺采取有效手段制止有害技术转让。随后，2018年10月24日至25日，日本、澳大利亚等12个世界贸易组织成员方贸易部长与欧盟代表在加拿大首都渥太华开会，讨论如何加强世界贸易组织现代化的改革议题。会后发表联合声明《明确和坚决支持以规则为基础的多边贸易制度》，并从争端解决机制、重振世界贸易组织谈判职能、加强贸易政策透明度三方面对拟议中的新一轮世界贸易组织改革提出建议主张。这次会议中美两国没有参加，一定意义上代表了世界贸易组织成员对推动世界贸易组织改革的意愿和意见取向。

依靠创新、技术进步和结构性改革促进生产率增长的模式又举步维艰。在这种形势下，如果大国采取零和博弈策略发动贸易战对外转嫁矛盾，搞世界贸易、投资和技术保护主义，其结果不仅是最坏的双输选择，而且将拖累整个世界经济。

二是世界经济缺少平衡机制。近现代历史上的全球化浪潮从来都走不远，仅仅前行几十年就会陷入衰退、停滞或倒退。其中一个重要原因，就是全球化的三个推动力都指向效率增进，却没有有效推动世界平衡、协调和可持续发展的作用力。当经济全球化发展出现系统性失衡时，长期积累的各种矛盾就会引发世界危机、冲突和动荡。引发全球性失衡的主角往往是全球霸权国家和富人阶层，而为全球性失衡付出代价的往往是发展中国家和新兴经济体、穷人阶层。

三是世界经济缺少包容合作。当前，涉及全球公共产品供给的合作机制，如联合国推动的《2030 年可持续发展议程》、应对全球气候变化的《巴黎协议》等，出现了越来越明显的分歧。同时，大国不愿意承担全球责任，搞以邻为壑、零和博弈，会最终导致世界分裂。

四是区域贸易安排冲击多边贸易体制。一方面，排他性的大型区域贸易协定正在大行其道；另一方面，多边贸易规则体系也在倒退。

五是全球产业链、价值链和供应链格局面临大变局。在全球保护主义甚嚣尘上的背景下，正常进口的中间产品、零部件和技术随时可能面对断供；直接投资获得的产业配套随时可能出现撤资、禁令和脱钩；人员跨境交流解决技术问题随时可能出现签证控制、资讯监管和交流禁止；相互依存的产业链、供应链和价值链不得不寻求备胎、自主和内向合作。国际上“大三角”分工格局（即欧美国家为世界主要消费市场，东亚国家为世界主要生产基地，中东、拉丁美洲、非洲等为世界主要能源原材料输出地）正在出现相互交叉、错位、融合的新趋势。

第二节 经济全球化的发展前景

经济全球化是一个人类社会自然演进的生态体系，表现为各国之间的经济联系、跨境人员往来、商品和服务跨境提供、货币和金融跨境流动日益自由化、便利化和高端化的过程。现代的经济全球化已经表现为贸易和投资全球化、生产全球化、金融全球化、科技全球化等不同层面的开放和交融趋势。在历史上，经济全球化进程往往呈现复杂、曲折、反复的特性，逆全球化是全球化前行必不可少的调整时期。事实上，历史上的风险期和开放期也往往是重合的，“双刃剑”是全球化的本质特征。

一、经济全球化发展的历史和类型

在人类社会的历史长河中，曾出现过三种类型的全球化。

第一种是基于自然的全球化。跨境交往往往是人类的自然天性，在第一次工业革命以前很久的一个时期，曾出现过不同版本的地理大发现、古代丝绸之路等标志性跨境交往活动。无论是历史还是现实，我们都能够看到人类迁移生活和工作所在地的足迹，这是人类社会的自然属性。

第二种是基于规则的全球化。在西方规则主导下的世界秩序曾发生过三次不同形式的全球化，形成了三个开放期[①]：1870～1913 年是人类社会第一次基于西方规则的开放期，在英国的推动下，1870 年创立了国际金本位制度/自由贸易制度，发生了第二次产业革命和创新浪潮，美国和德国成为这次开放的最大受益者。1950～1973 年是第二次世界大战结束后的又一次开放期，在美国的推动下，创立了布雷顿森林体系、关税及贸易总协定和世界贸易组织，推动了贸易和投资自由化，日本和“东亚四小龙”成为开放的最大受益者。1990 年以来，世界格局大调整进入了第三次开放期，随着苏联解体、新自由主义在美英回归、东亚与拉美发展模式之争偏向了开放的外向型经济模式，中国和印度成为这一轮开放的最大受益者。这三次开放期带来了三次兴盛期，谁把握住开放期的兴盛机遇，谁就进入了增长和发展的快车道；同时，这三次开放期也带来三次风险和矛盾凸显期，防范和化解开放风险，成功消除长期积累的开放矛盾，是获取全球化

① 国内外学者一致认同的是人类社会第一次经济全球化发生在 1870～1913 年；争论最大的是第二次，即 1950～1973 年是社会主义和资本主义两大世界经济阵营相互隔离和对立的时期；第三次则是 1990 年以来的现代经济全球化时期。

红利的重要前提条件。

第三种是基于包容共享的经济全球化。2008 年国际金融危机爆发，国际社会开始反思和探索全球化发展的方向和路径。其中一个方向是以二十国集团（G20）为平台开始推动重塑经济全球化，完善现有国际秩序和规则体系。二十国集团成员涵盖面广、代表性强，其 GDP 占全球经济的 90%，贸易额占全球的 80%。二十国集团的成立为国际社会齐心协力应对经济危机、推动全球治理机制改革带来了新动力和新契机，全球治理开始从“西方治理”向“西方和非西方共同治理”转变。

二、经济全球化发展的动力和风险

经济全球化发展的内在动力主要包括三大驱动力，即开放驱动、市场驱动、创新驱动。开放驱动是经济全球化的本质特征。传统意义上的开放主要表现在国际通商层面上，如降低关税、取消非关税措施、推动贸易投资便利化等。现代意义上的开放则扩展到边境后措施，要求国内经济政策与国际通行规则对接，如竞争政策、产业政策、劳工政策、环境政策、国有企业等。市场驱动是指市场竞争机制在全球资源配置中起主导作用，进而改善和增进全球经济福利。创新驱动则是全球化的第一动力和重要引擎。历史上，全球化总会伴生新科技革命，如何对待科技创新成为参与方获取全球化损益的决定性因素。这三大驱动力的共同指向是改善效率。问题是，经济全球化是如何改善公平的呢？如果经济全球化缺少改善公平和不平衡矛盾的体制机制，无法改变全球贫富差距日益扩大的趋势，那么它在制度层面上就存在内在的不稳定性。

历史上，经济全球化的内在矛盾最终往往会推向世界大战或局部战争、石油或大宗商品危机、国际货币体系破产或世界贸易体系受困、地缘政治和经济冲突加剧，表现为世界性货币危机、银行危机、金融危机和经济危机高频率发生的时期。目前经济全球化的发展，无论在深度、广度还是在发展速度上，都超过了历史上任何一个时期。然而，经济全球化造就了一个相互依赖的“地球村”，却没有建立起合理有效的全球治理机制。尤其当全球化开始步入金融市场一体化阶段时，开放的系统性金融风险、科技和产业泡沫风险迅速上升，对各国经济带来了更大的不稳定、不确定性影响。与此同时，高度一体化联系的全球化，使各国股市、期市、债市、汇市、房市以及汇率、利率、税率、资产价格、大宗商品价格之间呈现越来越明显的相关性和趋同性，进而形成更大的内外冲击叠加的风险。

另外，逆全球化浪潮兴起，世界各种错综复杂的风险裸露和传递渠道经过保护主义、民粹主义、孤立主义的进一步放大和扩散，更加大了内外冲击和系统性风险。一是全球公共产品供给能力被削弱。1990 年以来，全球开放尤其是金融开放、金融市场化和金融深化，导致金融业的空前繁荣和实体经济的逐步衰败，最终使市场经济基础最成熟的主要经济体陷入了产业空心化、经济虚拟化、资本泡沫化困境。一旦泡沫破灭，为全球创造贸易投资开放、基础设施建设、绿色低碳等公共产品的供给能力势必被大大削弱。二是全球创新推动经济增长的潜力被削弱。1990 年以来，信息技术革命带来了全球综合物流革命和供应链管理浪潮。但同时，世界经济也经历了 1990～2001 年信息技术泡沫的兴起和破灭、2002～2008 年金融和房地产泡沫的兴起和破灭，从而严重打击了积极参与全球工序分工体系的经济体和产业。三是全球不同宗教、不同社会制度、不同种族之间的包容性联系被削弱。二十国集团峰会的领导人面对着各自内部的不稳定性问题，往往无暇顾及二十国集团肩负的全球治理、危机应对以及提升全球经济长期稳定性制度建设问题。

三、经济全球化面临方向性选择

大国关系的变化也引申出三个关于全球化的基本问题。一是 1870 年以来基于西方规则的全球化到了一个历史的新拐点。仅依靠开放经济驱动、市场机制驱动、科技创新驱动的全球化，已经难以为继。全球不公平、不协调、不平衡、不可持续的矛盾已经累积到非解决不可的境地。二是 1945 年以来美国作为领导或推动全球化的重要力量，不再愿意让其他国家“搭便车”，不再愿意承担更多公共产品供给的责任，不再愿意推动国际主义责任和义务。三是 1990 年以来新兴市场和发展中国家正在一步步地走近世界舞台的中央。然而，全球化治理架构并没有合理体现它们的利益和意志，全球化并没有朝着更加开放包容、平衡协调、合作共享的方向发展，而是以邻为壑、保护主义、霸凌主义盛行。

当前，无论是贸易全球化、市场全球化、生产全球化，还是金融全球化、科技全球化、治理全球化，都处于十字路口，是继续前进还是倒退，世界各国仍有很大的分歧。美国不愿意继续承担其霸权大国应负的责任，而是采用贸易保护主义手段，迫使其他国家进一步让渡本国的经济主权和全球化利益，以“公平”的自由贸易的名义，维护美国第一的核心利益。与此不同，中国支持以包容共享规则为基础的经济全球化，构建人类命运共同体。在推动基于自由贸易的经济全球化、推动基于公平贸易的经济全球化，以及推动基于包容共享贸易的经济全球化之间，存在着明显的价值取向和核心利益的差异和对立。

一是推动基于自由贸易的经济全球化政策取向存在内在的制度缺陷，必须改革。一方面，基于传统自由贸易规则的经济全球化形成效率指向的开放驱动、市场驱动和创新驱动的增长动能，进而带来世界经济的兴盛期和开放期重合，却无法解决经济全球化的红利如何在主要参与方之间及内部公平分配的问题；无法解决世界经济失衡以及主要国家宏观经济政策调整可能带来的负外溢效应影响和冲击问题；无法解决“地球村”内部和平与发展、合作与共享的全球治理问题，最终陷入了经济全球化的周期律，即每隔 30～40 年就会陷入危机、萧条、滞胀甚至地缘政治冲突引发战争。另一方面，多边贸易规则体系是经济全球化的基石。然而，当世界贸易组织主导的多边贸易框架进入发展回合时，即聚焦自由贸易促进经济发展、联合国 2030 年可持续发展议程实施、撒哈拉以南沙漠最不发达国家工业化问题时，就会陷入困境，国际社会对此也无能为力。

二是推动基于公平贸易的经济全球化政策取向被视为贸易保护主义行为。

三是推动基于包容共享贸易的经济全球化政策取向主要是突出发展主题的地位和作用。包括强调创新在推动世界经济发展中的作用，促进绿色经济、普惠经济和共享经济的发展，继续推动全球贸易和投资开放，落实联合国 2030 年可持续发展议程，帮助撒哈拉以南非洲实施工业化发展战略等。中国通过举行中国国际进口博览会扩大进口，为世界经济增长创造需求；推动全球基础设施互联互通和国际产能合作，促进世界经济再平衡；推动高质量共建“一带一路”，共商共建共享一个基于发展和国际合作的开放型世界经济，建设人类命运共同体。

这三个主张都有各自的合理内核，也都有各自的局限性。如何形成合力共同推动基于自由、公平、包容的全球治理改革，将决定国际新秩序的未来架构。

四、积极参与经济全球化，赢得发展的强大动力

通过上述分析，可以初步得出以下三个结论。

一是对外开放，主动趋福避祸、化弊为利是赢得开放红利的基础条件。国际环境无论是全球化还是逆全球化、科技革命驱动还是劳动生产率减速、主要经济伙伴是竞争态势还是开放合作，都是福祸相依、有利有弊，关键看如何趋福避祸、化弊为利。主动开放就要做好风险防范的准备，被动开放就要做好应对最坏情况的准备。

二是对外开放都会经历传统与现代文明的激烈冲撞。中国在成为世界经济大国的进程中，必然会经历与域内守成大国之间竞争与合作的复杂博弈，经历与域外守成大国之间政治经济文化的全面冲突和较量，经历与周边中小经济体之间的利益交换和责任担当。逆全球化、全球劳动生产率减速、大国经济政治冲突风险加剧的国际环境，正在孕育着国际经济新格局、新秩序、新体系形成和发展的机遇。中国能否获得发展的重要战略机遇期，重要的不是对手是否强大，而是能否做好自己的事，转危为机。

三是中华文明能否顺应世界大势实现复兴大业将是一场躲不过的“大考”。我们比历史上任何时期都更接近、更有信心和能力实现中华民族伟大复兴的目标。从新中国成立前30年的“站起来”，到改革开放40年的“富起来”，再到未来30年的“强起来”，发展模式路径依赖的锁定效应如何取得突破是一个大挑战。在成为负责任大国、开放型经济大国、包容型发展大国的进程中，如何在中美、中欧、中日、中俄、中印之间构建战略

互信并形成责任、利益和命运共同体；在维护“和平的国际环境和稳定的国际秩序”的方针下，如何在高质量共建“一带一路”过程中形成先进适用技术、先进适用标准和先进适用规则，并且能够与西方基于规则的经济体系形成融合对接，都考验着“中国智慧”。

第十一章

中国对外经济贸易发展的前景和展望

第一节 在大国博弈中推动对外经济贸易发展

一、在百年未有之大变局中保持好战略定力

习近平指出，当今世界正处于大发展大变革大调整时期，我们要具备战略眼光，树立全球视野，既要有风险忧患意识，又要有历史机遇意识，努力在这场百年未有之大变局中把握航向。[①] 为此，从全局、战略和前瞻的高度统筹谋划应对之策、掌控大国之间的分歧和矛盾，牢牢把握中美关系基于合作的发展大方向，牢牢把握建设开放型世界经济的战略机遇期，牢牢把握构建人类命运共同体的最大公约数，为推进世界和平、发展与合作作出重大贡献。

二、辩证看待中国发展所处重要战略机遇期的新内涵

经济全球化是一把“双刃剑”，既为全球发展提供强劲动能，也带来了一些新情况、新挑战。一方面，世界经济的兴盛期与开放期往往是重合

① 习近平:《推动共建“一带一路”走深走实造福人民》，新华网，2018 年 8 月 27 日。

的；另一方面，世界经济的风险期与开放期也往往是重合的。这种双向重合，意味着世界经济的开放期往往是黄金增长期，搭上这个开放期就更容易进入增长的快车道。同时，开放期也往往是风险和矛盾的凸显期。经济全球化时期往往伴随着货币危机、银行危机、金融危机、经济危机更频繁地发生，各种矛盾积累和激化到一定程度，最终会爆发社会危机、地缘政治冲突和军事冲突。

在百年未有之大变局下，全球化进入新拐点，系统性风险将显著大于机遇。在这种情况下，中国发展的外部环境还是不是重要战略机遇期？2018 年底召开的中央经济工作会议做出了重要判断，指出要辨证看待国际环境和国内条件变化，大变局中危和机同生并存，要善于化危为机、转危为安，中国发展仍处于并将长期处于重要战略机遇期。

三、妥善应对中美经贸关系变化

中国和美国作为世界上两个经济和贸易大国，两国贸易政策的对峙将引发全球经济、贸易、投资等全面深度调整。那么，中美关系走向如何？中美如何走向互信合作？习近平提出："中美需要在加强对话、增加互信、发展合作、管控分歧的过程中，不断推进新型大国关系。"① 因此，中美建立超越零和博弈的新型大国关系，合作推进经济全球化发展，是中国赢得自己发展的战略机遇期之关键。

目前，美国已经把中国定义为自己战略上的竞争对手。② 这是历史上从未出现过的。两个差异最大的大国，其政治经济关系正在进入零和博弈的冲突和对抗状况。在当今的国际格局中，作为守成大国的美国面对新兴的中国，主要采用了两种对策：一方面，采取各种手段遏制中国；另一方面，降低本国所承担的国际事务成本，这在一定程度上将会减少全球公共产品供给。对此，中国的回应是构建中美新型大国关系，积极提供全球公共产品供给。中国希望全面深化改革和扩大对外开放，通过推动负面清单

① 习近平：《同奥巴马总统共同会见记者时的讲话》，载于《人民日报》2013 年 6 月 9 日。

② 2017 年 12 月 19 日，美国政府公布了首份国家安全战略报告。将中国定义为"修正主义"国家，并将中国定位为美国"战略上的竞争对手"。

管理、准入前国民待遇、服务贸易开放，来推动经济全球化向前发展，这符合中美双方的共同利益。但在制度层面上，中美之间缺乏战略互信。中国认为，"和而不同"的开放包容共享才是国际关系的正道。因此，增进战略互信、减少共同利益重大决策的不确定性，是中美两国合作努力的正确方向之一。

首先，中国保证国家实力和国际地位是建立中美新型大国关系的基础。美国学者埃尔文（Elvin，2008）指出，在历史上，中国作为大国能够长期生存并成长壮大之道，就在于保持了较高的经济增长速度和科技创新能力，足以抵御外来侵略危险，保证本国在世界中的地位。同样地，经济增长和科技创新依然是当今中国保证国家实力地位的最佳策略。

其次，中国要求建立尊重本国社会制度、具体国情、文化和价值观以及利益诉求的国际新秩序。中国必须向世界证明，中国有意愿并有能力提供公平透明、规范专业的国际社会新秩序。这意味着，实现符合中国利益的国际秩序将需要时间、大量专业化人才、取得和美国未来而非当下之两国集团（G2）关系的共识。

最后，中国应当承担大国责任。中美两国作为全球负责任大国，建立超越零和博弈的战略互信与全面合作关系是唯一正确的理性选择。把中国"和而不同"的开放包容共享文化，以及美国基于规则的民主法制精神与人类社会不同文明智慧交融在一起，将为解决未来全球化治理提供一个新解。这是一个更长远的目标。为应对美国挑起的贸易摩擦，中国必须做好趋福避祸的全面准备：一是坚持深化金融改革服务实体经济转型的大方向，大力发展基于有效监管的多层次资本市场体系，防范和化解美国单方面挑起的贸易摩擦可能带来的金融、货币和国际收支领域的系统性和结构性风险；二是坚持关键核心技术创新、加快推动新旧动能转变的大方向，"坚持走中国特色自主创新道路，坚持创新是第一动力，坚持抓创新就是抓发展、谋创新就是谋未来"①，有效应对和化解美国单方面挑起的贸易摩擦从科技、创新和高技术产业方面遏制中国的战略企图；三是坚持推动体

① 习近平：《在中国科学院第十九次院士大会、中国工程院第十四次院士大会上的讲话》，新华网，2018 年5 月28 日。

制改革、法治建设和治理能力现代化的大方向，为企业创造更好的营商环境、投资环境和市场环境，形成市场机制、政府作用、社会参与和谐发力的合力，在全方位开放的过程中全面提升中国的综合实力。

第二节　推动全球经济治理改革

习近平指出："这个世界，各国相互联系、相互依存的程度空前加深，人类生活在同一个地球村里，生活在历史和现实交汇的同一个时空里，越来越成为你中有我、我中有你的命运共同体。"[①] 然而，面对百年未有之大变局，世界经济有可能会面对一个长期的动荡时期。世界经济走出长期困境的根本出路之一，是从大局出发，不断完善全球经济治理体系。

一、中国的全球经济治理观

习近平提出了以平等为基础、以开放为导向、以合作为动力、以共享为目标的全球经济治理观。[②]

一是全球经济治理应该以平等为基础。习近平指出："全球经济治理体系必须反映世界经济格局的深刻变化，增加新兴市场国家和发展中国家的代表性和发言权。"[③] 当前，全球经济治理存在"平等"与"对等"两种截然不同的观念和政策。一种是坚持"平等"的倡议和行动，如许多新兴市场学者认为，"一带一路"是一个以平等为基础、主导共商共建共享的倡议，它从中国倡议变成我们的共同倡议。另一种是坚持"对等"的倡议和行动，如要求新兴市场采取"对等"的负面清单管理和市场准入措施；要求重新谈判联合国气候变化公约确定的"共同但有区别的责任"的原则。

① 习近平：《顺应时代前进潮流　促进世界和平发展——在莫斯科国际关系学院的演讲》，中国政府网，2013年3月24日。

② 习近平：《中国发展新起点　全球增长新蓝图——在二十国集团工商峰会开幕式上的主旨演讲》，新华网，2016年9月3日。

③ 习近平接受金砖国家媒体联合采访时的讲话，中国网，2013年3月20日。

二是全球经济治理应该以开放为导向。不搞排他性的区域性或双边诸边贸易安排，防止治理机制封闭化和规则碎片化。事实上，党的十八大以来，中国经历了三种开放治理观的较量和演进。第一种是基于世界贸易组织等多边规则体系推动的开放治理架构；第二种是基于跨太平洋伙伴关系协定（TPP）、跨大西洋贸易与投资伙伴协议（TTIP）、国际服务贸易协定（TISA）等排他性区域或诸边规则推动的开放治理架构；第三种是基于电子世界贸易平台（eWTP）一类微观交易网络规则推动的开放治理架构。目前最大的挑战是自由贸易与公平贸易之间的较量、妥协和变化。公平贸易隐含着的结论是双边贸易不平衡是保护主义和不公平竞争的结果，认为贸易逆差是“好伙伴”、顺差是“坏伙伴”。全球化必然导致贸易不平衡。

三是全球经济治理应该以合作为动力。习近平指出，全球治理的重点，是共同构建公正高效的全球金融治理格局，维护世界经济稳定大局；共同构建开放透明的全球贸易和投资治理格局，巩固多边贸易体制，释放全球经贸投资合作潜力；共同构建绿色低碳的全球能源治理格局，推动全球绿色发展合作；共同构建包容联动的全球发展治理格局，以落实联合国2030年可持续发展议程为目标，共同增进全人类福祉。其核心词是合作。然而，目前存在两种截然不同的合作观。一种观点认为，大国间关系只有零和博弈；另一种观点则认为大国间关系可以超越零和博弈，构建新型合作关系。中国积极践行后者，以合作而不是对抗推动全球治理改革。

四是全球经济治理应该以共享为目标。提倡所有人参与、所有人受益，寻求利益共享，实现共赢目标。传统全球治理有三个问题没有解决好，即公平（全球差距日益扩大）、创新（科技、金融、房地产泡沫侵蚀了创新动力）、发展（撒哈拉以南非洲和最不发达国家的工业化）问题。“一带一路”将成为完善全球治理体系改革的主动作为和最佳实践。当前全球产能严重过剩，而“一带一路”沿线严重短缺；全球流动性严重过剩，而“一带一路”沿线严重短缺；全球经济福利严重过剩，而“一带一路”沿线严重短缺。如何把全球严重过剩的产能、流动性和经济福利通过国际合作，转移到严重短缺的“一带一路”沿线相关国家（地区），实现共商共建共享，是促进全球贸易发展和增长的重要方面。产能合作是指把中国的技术、资金、管理与沿线市场需求、劳动力、资源等要素结合起来，依托项目群、产业链、经济区，在贸易、投资、技术、标准等方面形成利益共享、风险共担、理念相同的共同体，这是一个重大的制度创新，将有助于形成优势互补、合作互动、互利共赢的人类命运共同体。

二、中国积极推动全球治理向更加公正合理的方向发展

（一）推动国际秩序向更加公正合理的方向发展

第一，推进国际秩序更加开放有效。基于规则的全球化，即西方主导的全球经济贸易规则体系曾有序推进跨境活动的蓬勃发展。然而，基于规则的全球化需要与基于开放包容的全球化相结合，现代新型全球化正在逐步替代传统标准意义上的全球化，因此，要逐步建立基于规则多极、开放包容、创新驱动、绿色低碳的全球治理新体系。

第二，推进基于规则的国际秩序与时俱进转型发展。“二战”以后，国际社会基于对《凡尔赛和约》的反思，建立了联合国、国际货币基金组织、世界银行、关税及贸易总协定、世界贸易组织等一系列国际治理组织，制定了能够确保经营好世界和平、合作和发展的国际秩序和开放型经济规则体系，形成了世界历史上少见的高水平开放期。然而，20 世纪中叶的多边规则要适用于 21 世纪的全球现实必须与时俱进转型发展，但这不应成为守成大国与新兴大国冲突为主、脱钩分裂的理由。

第三，推进基于和平发展规则的国际秩序创新发展。2008 年爆发的国际金融危机严重冲击了基于市场机制、法治体制、西方规则的国际秩序体系，充分暴露了传统国际经济秩序的内在制度缺陷。以二十国集团为平台的全球治理新机制开始重塑全球化，即引入“和而不同”的包容的中国智慧、共商共建共享的中国方案，以及平等、开放、合作、共享的中国治理观，进一步补充和完善现有的基于西方规则的国际秩序和规则体系；既反映发达国家的利益诉求，也平衡、公正、合理地反映新兴市场和发展中国家的利益诉求，真正构建基于和平、合作和发展规则的，尊重不同社会和政治制度、不同宗教和文化、不同发展阶段和具体国情的，不对抗不冲突、相互尊重、互利共赢的全球新型合作伙伴关系；解决全球化中收入分

配差距扩大，一部分人受益、一部分人受损的不平衡发展问题。

党的十八大以来，尤其是党的十九大以来，习近平全面系统地阐述了国际新秩序要“建立平等相待、互商互谅的伙伴关系，营造公道正义、共建共享的安全格局，谋求开放创新、包容互惠的发展前景，促进和而不同、兼收并蓄的文明交流，构筑尊崇自然、绿色发展的生态体系”①，形成了“五位一体”打造人类命运共同体的总布局和总路径。

（二）建立增强国际宏观经济政策协调的机制

第一，建立国际财政、货币政策协调机制。作为全球负责任大国，中国主动参与正式非正式、双边诸边多边的国际宏观经济政策协调活动，逐步形成机制性安排，把宏观政策调整的外溢影响降到最低限度。推动国际宏观经济政策协调，需要从全球视野、世界责任、中国能力相匹配的角度，逐步建立全方位、多层次、宽领域的国际宏观经济政策协调机制框架。在借鉴国际经验和重视国际合作的基础上，解决好中国有效参与国际宏观经济政策协调的定位、目标、重点、机制和保障体系等重大问题，推动建立一个“战略清晰、内外统筹、平台多元、决策科学、配合高效、保障有力”的国际宏观经济政策协调新机制。这既关系到中国近期实现“第一个百年目标”的国际制度环境，也关系到中期实现“第二个百年目标”的世界大国地位，还将关系到更长远的中华民族全面复兴大业。

第二，建立国际贸易、投资、产业和其他结构性政策协调机制。贸易、投资和产业政策之间的协调，一是在逆全球化的背景下坚持反对贸易保护主义，敢于公开主张推进自由贸易而不是公平贸易，推进平等而不是对等，推进透明合理的投资审查而不是投资障碍。二是在不平衡发展的背景下坚持机会平等和结果平等，无论是市场准入还是参与竞争都坚持公平公正公开。三是在全球经济低速增长的背景下推动低碳绿色发展。中国下一步的目标包括推动低碳能源体系、能源立法与政策、标准制定、定价方式和治理机制的全方位国际合作和政策协调，确保实现应对全球气候变化的各国家自主贡献；为最不发达国家的项目提供融资保障；在多边论坛深

① 习近平：《携手构建合作共赢新伙伴　同心打造人类命运共同体》，新华网，2015年9月28日。

化数据共享和透明度的合作。

（三）提升全球公共产品和公共服务供给的能力

习近平在联合国日内瓦总部的演讲中指出："让和平的薪火代代相传，让发展的动力源源不断，让文明的光芒熠熠生辉，是各国人民的期待，也是我们这一代政治家应有的担当。中国方案是：构建人类命运共同体，实现共赢共享。"

构建人类命运共同体，首要因素是大国担当。目前，美国、欧盟、中国是全球最大的经济体，三者之间的关系如何发展直接影响到人类命运共同体的未来。中国作为负责任新兴大国的担当，是中国向世界提供的一项重要公共产品。中国作为全球治理的参与者、贡献者和引领者，希望通过构建命运共同体，建设一个公平、公正、合理的国际秩序和美丽家园，以改造并替代"失序和碎片化的世界"。中美关系的基础是构建超越零和博弈的新型大国关系，增加战略互信，减少战略猜疑，真正做到不对抗不冲突、相互尊重、互利共赢。习近平指出，中美在全球治理领域有着广泛共同利益，应该共同推动完善全球治理体系。这不仅有利于双方发挥各自优势、加强合作，也有利于双方合作推动解决人类面临的重大挑战。[①] 中欧无论在经济政治关系还是在战略安全关系上都不是对手，而是全面战略合作伙伴关系。"由于美国正放弃支持并引领更加开放的全球市场，全球化对收入差距的负面影响也在全球引起了深刻的关切。在此紧要关头，中欧更应思考如何全面深化双边经济关系，增加贸易和投资，促进双方在气候变化、能源环境、全球治理等领域的合作，增进科技创新、基础设施、金融服务以及人员交流等方面的协作"。[②]

构建人类命运共同体，第二位因素是继续推动全球经济开放。历史上的兴盛期和开放期往往是重合的。这个重合就是全球化时期，然而，当前的全球化有两种前途：一个是光明的前途，即继续改善和改进全球化治理体系，推进全球贸易和投资开放，努力使全球化向公平、创新、良治的方

---

① 《习近平接受〈华尔街日报〉采访》，新华网，2015 年 9 月 22 日。

② 中国国际经济交流中心、欧盟布鲁盖尔研究所、英国皇家国际事务研究所、香港中文大学全球经济及金融研究所：《中国—欧盟经济关系 2025：共建未来》，人民网国际频道，2017 年 9 月 22 日。

向发展；另一个是黑暗的前途，即全球化陷入间歇期，最坏的情景可能出现像20世纪20～30年代，或70～80年代的情景。在这种背景下，高质量共建“一带一路”，推动包容性的新型全球化向前发展，责任重大。一是需要建立“基于公平”的共商共建共享合作机制。处理好包容性、共享性、公平性发展问题，推进绿色、开放、普惠、包容、共享的跨境贸易、投资、金融、产业合作。二是需要制定“基于创新”的增长蓝图。解决好实体与虚拟、金融和创新、资源开发和非资源产业、人力和社会资本与物质资本之间的平衡发展问题。三是需要建立“基于发展”的战略支点，统筹协调好增长与发展之间的关系，实现有增长有发展有共享的创新、协调、绿色、开放、共享发展。

构建人类命运共同体，第三位因素是继续推动全球经济强劲、平衡、可持续和包容发展。如二十国集团领导人杭州峰会就留下了深刻的“中国治理观”的印记，包括“六个首次”：首次全面阐释中国的全球经济治理观；首次把创新作为核心成果；首次把发展议题置于全球宏观政策协调的突出位置；首次形成全球多边投资规则框架；首次发布气候变化问题主席声明；首次把“绿色金融”列入二十国集团议程。中国推动全球经济发展计划之一，是“一带一路”倡议。“一带一路”涉及亚欧非大陆上很多发展中国家，一些国家经济陷入了“低水平发展陷阱”，即始终无法突破贫困的恶性循环，进入经济起飞阶段；另一些国家则长期无法突破“中等收入陷阱”，即无法摆脱长期发展“瓶颈”进入现代化发展阶段。“一带一路”的基础设施互联互通和产能合作将为沿线相关国家经济发展提供新动力。

构建人类命运共同体，第四位因素是赢得民心。如“一带一路”的“五通”是最能够赢得民心的工程。其中，修铁路、修港口重要，修学校、修医院同样重要，但最重要的是形成平等、公正、规范、绿色、共享的机制和文化。如“和而不同”，强调的是尊重不同文化、宗教、制度和发展阶段的差异，包容是合作的基础。“一带一路”建设，需要平衡好基于规则和基于发展之间的关系。西方对“一带一路”批评最多的就是“基于发展”而不是“基于规则”，“一带一路”是没有基于西方制定的现有标准、规则和政策体系的最佳实践。事实上，“一带一路”最重要的制度保障，就是要探索基于中国智慧的最佳实践，建立“基于发展规则”的先进适用型标准、规则和政策体系。这是中国参与全球治理的基本着力点之一。

总之，中国在积极参与和大力推动全球治理改革的过程中发挥着更重要的作用。不管全球治理体系如何变革，中国都要积极参与，发挥建设性作用，推动国际秩序朝着更加公正合理的方向发展，为世界和平稳定提供制度保障。展望未来，中国将在进一步完善国际秩序、构建国际宏观政策协调机制、提升全球公共产品供给能力建设等方面迈出更坚实的步伐，努力将“地球村”打造成人类命运共同体——地球人的美丽家园。

第三节 中国对外经济贸易发展的前景和展望

一、新时代更要坚持扩大对外开放的基本国情不动摇

第一，开放带来进步、封闭必然落后，这既是中国近现代历史刻骨铭心的集体记忆，也是新中国成立70年经验教训的深刻总结，更是40年对外开放理论和实践的不断求索。正因为坚持扩大对外开放这一基本国策不动摇，把握住经济全球化发展的历史性机遇，中国对外经济贸易才发展成为推动整个经济社会发展的重要引擎。未来，在百年未有之大变局下，重新认识中国发展所处的重要战略机遇期的新内涵，辩证看待大变局中危和机同生并存的现实，善于化危为机、转危为安，是推动对外经济贸易高质量发展的重要基础条件。

第二，扩大对外开放、推动对外经济贸易发展的本质，是全面深化改革。从创办经济特区到加入世界贸易组织，再到高质量共建“一带一路”，一条主线是通过扩大对外开放，逐步实现从商品和要素流动型开放转向制度型开放，推动体制创新促进高质量发展，建设现代化经济体系，充分激发科技创新的活力。制度型开放的重点是实现规则现代化、规制现代化和法治现代化。经验证明，没有体制变革和社会进步的对外开放最终会被动挨打。

第三，扩大对外开放、推动对外经济贸易发展的意义，是形成科学、

技术、人才和创新转型发展的生态体系，培育知识积累、技术进步和创新驱动的内生动力源。通过扩大对外开放在中国经济与世界经济之间搭建互联互通的桥梁和纽带，形成对外开放的人员和信息交流、商品和服务交换、资金和技术交易的网络，促进知识积累、技术进步和创新发展，形成对外经济贸易促进经济内生增长的动力机制。

第四，扩大对外开放、推动对外经济贸易发展是一个动态渐进的过程。北京、天津、河北从各自为战到协同发展，再到雄安新区和首都副中心的打造；长三角地区从高速增长到推动区域高质量、一体化发展，再到上海自由贸易试验区临港新片区的打造；广东从“三来一补”到参与粤港澳大湾区建设，再到深圳中国特色社会主义先行示范区的新一轮先行先试；四川、重庆从“蜀道难，难于上青天”到打造西部综合交通枢纽，再到中欧班列的蓉新欧、渝新欧、西新欧的开通，合力构建陆海新通道；海南从边陲海岛到建设最大的经济特区，再到打造中国特色自由贸易港，这些都证明条条大道都会通向成功发展的阳光大道。

第五，扩大对外开放、推动对外经济贸易发展的动力机制来源于危机、挑战和压力。无论是对外开放初期的“三来一补”驱动加工贸易发展，还是邓小平南方谈话驱动三重人民币汇率并轨；无论是应对亚洲金融危机推动国企脱困、基础设施建设、银行改革，还是加入世界贸易组织应对外来冲击，都是通过扩大对外开放主动引入外部竞争压力，促进了经济贸易转型发展。因此，当前百年未有之大变局也可能带来促进对外经济贸易转型发展的历史性机遇。

第六，扩大对外开放、推动对外经济贸易发展所带来的机遇是开放全方位合作和国际竞争。在扩大对外开放的激励下，对外经济贸易发展从依靠要素禀赋转变为依靠要素创造，开放带来了要素禀赋不具备的新理念、新要素和新要素组合方式；从开放竞争到共享合作，开放中逐步形成基于共享的利益共同体、责任共同体和命运共同体；从中国特色到全球交融，中国是全球120多个国家第一大贸易伙伴，下一步，促进形成强大的国内市场，形成全方位开放新格局，争取成为世界最重要的商品和服务进口国，并成为全球动力源和活力策源地。

第七，扩大对外开放、推动对外经济贸易发展带来的最重要的影响是取得了“干中学”的学习效应。在积极参与经济全球化、融入世界的“干中学”过程中，中国始终坚持实践出真知，从“三来一补”到自主知识产权，从开发区、综合保税区、高新区到自由贸易园区、先行示范区、创新集聚区，遵循的都是先试点、后推广，从实践中来、到实践中去，鼓励大胆闯、大胆试，逐步形成了内生增长动力。由于坚持学习是时间的函数、是经验积累的结果、是理论与实践相结合的产物，因此，在实践中探索出来一条中国特色社会主义发展道路。

第八，扩大对外开放、推动对外经济贸易发展的重点，是要巩固和增强中国的“世界工厂”制造中心地位。中国作为世界唯一拥有联合国产业分类中全部工业门类的国家，220 多种主要工业品产量常年领先。提升产业基础能力，如提升产业的基础零部件、关键材料、先进工艺、底层技术、质量标准、新型基础设施水平，对成为制造强国至关重要。其中，重点是改善新型基础设施条件，打造人工智能、工业互联网、物联网等新业态发展的生态系统，提升新型基础设施与农业、制造业、生产性服务业的融合程度，加快推动新旧动能转换、新旧结构转换、新旧模式转换进程。提升产业链水平，重点是实现从代工贴牌转向自主知识产权、自主品牌和自主营销渠道，从劳动力等要素驱动转向科技创新驱动，从全球产业链低端提升到中高端，提升企业满足新需求痛点的能力。

第九，扩大对外开放、推动对外经济贸易发展的手段，是要造就融入全球产业链、供应链、价值链的开放合作体系。全球“三链”的发展有三个重要推动力：一是经济全球化推动了贸易投资自由化便利化；二是信息技术革命推动了综合物流革命和全球供应链管理革命；三是全球经济贸易合作推动了国际工序分工体系的发展。中国通过对外开放融入了经济全球化、信息技术革命和全球经济贸易合作大潮中，构建了保护主义难以解构的利益共同体，在逆全球化条件下，成为继续推动全球化前行的重要力量。

二、在作为全球负责任大国的同时有能力维护自身的核心利益

当前，中国对外经济贸易发展正进入新时代的转折期。中国将成为全

球负责任大国、全球开放型经济强国、全球包容性发展大国。一是如何做好全球负责任大国。历史上，基于西方规则的全球化三次陷入危机、动乱或战争。其根本原因是，全球化的三大驱动力，开放、市场和创新都仅仅指向效率，缺少能够实现公平、平衡、安全和协调的治理机制、治理主体和治理能力。在公平、平衡、安全和协调方面的全球治理中有所担当，是中国下一步努力的一个方向。二是做好全球开放型经济大国。在全球重大需求和供给、要素投入和产出关系等方面，中国要逐步赢得话语权、定价权、规则权和逆周期的调节权，并在权力、责任和义务方面有所担当。三是做好全球包容性发展大国。“和而不同”的开放包容，是中华民族的传统文化，即尊重不同的制度、文化、宗教和发展阶段的经济体和合作伙伴，创造一个公平参与开放型世界经济发展机会、公平分享开放型世界经济发展成果、公平决定开放型世界经济治理模式的国际环境，是构建人类命运共同体的理想和行动。

中国在扩大对外开放进程中有三个值得重视和需要处理好的问题。

一是在推动规则等制度型开放与国际高标准规则衔接的同时，如何保持好“中国特色”。首先，推动规则等制度型开放与国际高标准规则、标准和制度相衔接，实现规则现代化；其次，推动规制、治理和法治与国际高标准规制、治理和综合管理相衔接，实现治理能力现代化；最后，推动法治与国际高标准法治相衔接，实现法治现代化。在这个制度现代化过程中要保持好“中国特色”，需要从中国的历史文化、具体国情和发展阶段出发推动制度型开放。在对外经济贸易领域，与国际高标准规则相衔接是非常重要的关键一环。市场经济是法治经济，在实践中已经形成了一套标准的规范和规则，这是需要我们学习、遵循的国际通行规则和标准。另外，保持中国特色在对外经济贸易领域也是非常重要的。这涉及在维护国际规则和秩序、履行国际责任基础上如何维护国家利益、履行国家使命和实施国家战略的问题。中国作为一个负责任大国，对外负责任和对内负责任是一致的，担当好国内责任本身就是对外负责任的表现。

二是在引入外来竞争压力以及引进先进技术、设备和人才的同时，如何保障关键技术设备和人力资源自主可控。在当前中美大国博弈过程中，美国将华为等一大批中国企业列入实体清单，其长臂管辖原则形成了一个全方位制裁链。在这种情况下，不仅仅是技术、产品、服务，甚至是技术生态系统的自主可控都会成为一个亟须解决的现实问题。自主可控有三种类型：第一种是强自主可控，即底层技术和生态系统都是独立来源。这种类型往往是安全、军事和敏感领域的安全要求。第二种是中自主可控，即关键技术和产品、服务是基于国际开源系统开发和发展起来的，同时有很强的自主技术研发能力，形成一定的不可替代的核心竞争优势。这种类型多数是在民用领域，往往有较高的技术门槛，其风险和可控在中间位置。如果自身实力有很强的不可替代的竞争优势，则是中强自主可控水平，供应商很难做出断供的决策；如果自身实力强但不是不可替代的优势，则风险依然很大。第三种是弱自主可控，即技术、产品或服务是基于国外授权或提供源代码。风险是一旦断供，转产有困难，企业就会陷入困境。

三是在扩大金融、能源、粮食、科技、信息、生物等重要领域对外开放的同时，如何确保国家安全和其他安全。在百年未有之大变局下，经济全球化到了下半场，全球系统性风险显著大于过去，什么情况都可能发生。对此，必须要对任何一项对外开放措施作安全和风险评估，评估未来最坏的场景可能是什么，是否有预案或准备？评估是否建立了严格的安全和合规制度，确保安全和防范风险？评估竞争对手的举动，是否会带来风险和安全隐患？

三、新一轮对外经济贸易转型发展

习近平指出，“当前，中国处于近代以来最好的发展时期，世界处于百年未有之大变局，两者同步交织、相互激荡”①。从国际环境变化来看，一是世界经济重心东移导致西方经济主导权下降；二是美国要改变国际格局和秩序；三是世界经济增长动能转换举步维艰；四是全球化系统性风险显著上升；五是全球新科技革命和产业革命未改变劳动生产率增长减速的趋势；六是全球贸易争端、新科技革命改变了全球生产格局；七是中美科技战将成为大国博弈的重点；八是地缘政治冲突将进入多事之秋。在这种

① 《习近平外交思想引领中国特色大国外交开创新局面》，新华网，2018 年 6 月 25 日。

国际环境变化中，我们更要保持历史耐心、战略定力和底线思维，尊重常识、规律和基本逻辑，把自己的事情做好。

中国努力推动对外经济贸易高质量发展，构建国际一流的对外经济贸易企业和现代产业体系、国际一流的创新链和跨境创新网络、国际一流的现代金融和直接融资体系、国际一流的大学和人力资源、国际一流的综合物流网络和全球供应链体系，提升营商环境、投资环境和开放环境效率和便利化水平，形成全面开放新格局。一是打造高水平开放型经济新高地。努力建成贸易投资便利、高端产业集聚、金融服务完善、监管安全高效、辐射带动作用突出的高标准高质量的自由贸易园区。二是打造规则等制度型开放新体制。经过三年至五年改革探索，对标国际先进规则，形成更多有国际竞争力的制度创新成果，推动经济发展质量变革、效率变革、动力变革。三是打造科学、技术、人才和创新资源集聚区。形成全方位开放的创新生态系统，形成具有国际影响力的自主创新先导区、现代产业示范区和对外开放合作重要平台。四是打造全球三链综合枢纽和战略支点的跨境网络。推动全方位高水平对外开放，加快“一带一路”交汇点建设，形成“走出去”高质量共建全球生产体系的新格局。五是打造有全球影响力和国际竞争力的支撑体系和生态环境。构建一批更国际化的功能型平台，集聚一批世界一流企业总部经济，打造全球高端资源要素配置的核心功能。

习近平指出，“一个国家要发展，明确目标和路径很重要。我们的目标就是实现中华民族伟大复兴的中国梦。创新发展、新旧动能转换，是我们能否过坎的关键”①。让我们共同努力推动经济高质量发展，建设现代化经济体系，为实现中华民族复兴大业而奋斗。

---

① 《深情似海　厚望如山——习近平总书记在山东考察回访记》，载于《大众日报》2018 年 6 月 15 日。

中国对外经济贸易大事记

（1949～2019 年）

1949 年

10 月 25 日，海关总署成立。

1957 年

4 月 25 日，第一届中国出口商品交易会在广州举行。以后每年在广州举办春、秋季两次出口商品交易会。2007 年起改称中国进出口商品交易会。

1964 年

8 月 17 日，中共中央、国务院批转国家经济委员会党组《关于试办工业、交通托拉斯的意见的报告》，批准在全国试办 12 个托拉斯。

1978 年

12 月 18 日，改革开放启动。中国共产党第十一届中央委员会第三次全体会议召开，拉开中国改革开放的大幕。

1979 年

7 月，中国第一个对外开放的工业区——招商局蛇口工业区正式成立，中央决定在深圳、珠海、汕头和厦门试办经济特区。

1980 年

9 月 2 日，国务院批转国家经济委员会《关于扩大企业自主权试点工作情况和今后意见的报告》，要求从 1981 年起把扩大企业自主权的工作在国营工业企业中全面推开。

9 月 10 日，第五届全国人民代表大会第三次会议通过《中华人民共和国中外合资经营企业所得税法》《中华人民共和国个人所得税法》。

1981 年

10 月 17 日，中共中央、国务院作出《关于广开门路，搞活经济，解决城镇就业问题的若干决定》。指出，在社会主义公有制经济占优势的根本前提下，实行多种经济形式和多种经营方式长期并存，是我党的一项战略决策。

1982 年

1 月 1 日，中共中央批转《全国农村工作会议纪要》，标志着家庭联产承包责任制正式确立。

1984 年

5 月 4 日，中央决定进一步开放大连、秦皇岛、天津、烟台、青岛、连云港、南通、上海、宁波、温州、福州、广州、湛江、北海等 14 个沿海城市为开放城市。

10 月 20 日，中国共产党第十二届中央委员会第三次全体会议一致通过《中共中央关于经济体制改革的决定》，提出有计划的商品经济。

1985 年

2 月 18 日，国务院决定在长江三角洲、珠江三角洲和闽南厦漳泉三角地区开辟沿海经济开放区。

1986 年

4 月 12 日，第六届全国人民代表大会第四次会议通过《中华人民共和国外资企业法》。

10 月 11 日，国务院发布《关于鼓励外商投资的规定》。

12 月 5 日，国务院作出《关于深化企业改革增强企业活力的若干规定》，全民所有制企业改革启动。

1988 年

3 月 18 日，国务院发出《关于扩大沿海经济开放区范围的通知》，决定新划入沿海开放区 140 个市、县。此后国务院又相继决定开放了一批沿江、沿边、内陆和省会城市，形成了多层次、多渠道、全方位的对外开放格局。

3 月 25 日，第七届全国人民代表大会第一次会议通过宪法修正案，"允许私营经济在法律规定的范围内存在和发展"；通过《中华人民共和国中外合作经营企业法》等；决定设立海南省、建立海南经济特区。

6 月 25 日，国务院颁布《中华人民共和国私营企业暂行条例》，确认私营经济是社会主义公有制经济的补充，国家保护私营企业的合法权益。

1990年

11月26日，上海证券交易所正式成立。

12月19日，上海证券交易所正式开业。

1991年

3月6日，国务院发出《关于批准国家高新技术产业开发区和有关政策规定的通知》，决定继1988年批准北京市新技术产业开发试验区之后，再选定武汉东湖新技术开发区等26个开发区作为国家高新技术产业开发区。

7月3日，深圳证券交易所正式开业。

1992年

10月11日，国务院批复设立上海市浦东新区，上海浦东新区成为继深圳经济特区之后中国对外开放的又一个"领头羊"。

10月12日，中国共产党第十四次全国代表大会召开，确立社会主义市场经济体制改革目标。

1993年

11月11日，中国共产党第十四届中央委员会第三次全体会议通过了《中共中央关于建立社会主义市场经济体制若干问题的决定》，明确提出建立现代企业制度。

1994年

1月11日，国务院作出《关于进一步深化对外贸易体制改革的决定》。

1995年

9月25～28日，中国共产党第十四届中央委员会第五次全体会议提出"两个根本性转变"目标。一是经济体制从传统的计划经济体制向社会主义市场经济体制转变；二是经济增长方式从粗放型向集约型转变。标志着中国经济建设将朝着深化体制改革、提高质量的方向发展。

1996年

12月1日，外汇管理体制改革取得重大进展。中国开始接受国际货币基金组织协定第八条款，实行人民币经常项目下的可兑换。提前达到国际货币基金组织协定第八条款的要求，标志着中国外汇管理体制改革取得重大进展。

1997年

7月，在国际游资攻击及资本恐慌性出逃等因素影响下，亚洲金融危机爆发。12月6日，中共中央、国务院发出《关于深化金融改革，整顿金融秩序，防范金融风险的通知》。

9月12～18日，中国共产党第十五次全国代表大会举行。大会通过报告《高举邓小平理论伟大旗帜，把建设有中国特色社会主义事业全面推向二十一世纪》，明确公有制为主体、多种所有制经济共同发展是中国社会主义初级阶段的一项基本经济制度。

12月24日，江泽民在会见全国外资工作会议代表时指出，"引进来"和"走出去"，是我们对外开放基本国策两个紧密联系、相互促进的方面，缺一不可。

1999年

3月5～15日，第九届全国人民代表大会第二次会议举行。会议明确非公有制经济是社会主义市场经济的重要组成部分。

9月22日，中国共产党第十五届中央委员会第四次全体会议通过《关于国有企业改革和发展若干重大问题的决定》。指出，要从战略上调整国有经济布局，推进国有企业战略性改组，建立和完善现代企业制度，加强和改善企业管理，提高国有经济的控制力，使国有经济在关系国民经济命脉的重要行业和关键领域占支配地位。

2001年

12月11日，中国正式加入世界贸易组织，成为其第143个成员。

2002年

1月1日，国务院关税税则委员会公布实施新的关税税则，实施《中华人民共和国货物进出口管理条例》和《中华人民共和国技术进出口条例》。

2月1日，《中华人民共和国外资金融机构管理条例》和《中华人民共和国金融机构管理条例》正式实施。

2003年

10月14日，中国共产党第十六届中央委员会第三次全体会议通过《关于完善社会主义市场经济体制若干问题的决定》。指出，完善社会主义市场经济体制的主要任务是：完善公有制为主体、多种所有制经济共同发展的基本经济制度，建立有利于逐步改变城乡二元经济结构的体制，形成促进区域经济协调发展的机制，建设统一开放竞争有序的现代市场体系，完善宏观调控体系、行政管理体制和经济法律制度，健全就业、收入分配和社会保障制度，建立促进经济社会可持续发展的机制。

2004 年

1 月 31 日，国务院发布了《关于推进资本市场改革开放和稳定发展的若干意见》（简称“国九条”）。

6 月 1 日，《外商投资商业领域管理办法》正式实施。

7 月 1 日，《中华人民共和国对外贸易法》修订本和《对外贸易经营者备案登记办法》正式施行。

2004 年，国有商业银行进行股份制改革。中国银行股份有限公司和中国建设银行股份有限公司两家国有独资商业银行整体改制为国家控股的股份制商业银行。

2005 年

1 月 1 日，中国农产品关税降至 WTO 承诺的终点，由加入世界贸易组织前的 23.2% 降至 15.35%。中国加入世界贸易组织时所作的取消非关税措施的承诺全部兑现。

2 月 19 日，国务院印发《关于鼓励支持和引导个体私营等非公有制经济发展的若干意见》，从放宽非公有制经济市场准入、加大对非公有制经济的财税金融支持等方面提出 36 项政策措施。

4 月 29 日，股权分置改革试点启动。经国务院批准，中国证监会发布了《关于上市公司股权分置改革试点有关问题的通知》，宣布启动股权分置改革试点工作。

7 月 21 日，中国开始实行以市场供求为基础、参考一篮子货币进行调节、有管理的浮动汇率制度。人民币汇率形成更富弹性的汇率机制。

2006 年

12 月 11 日，《中华人民共和国外资银行管理条例》正式施行，对外资银行实行国民待遇。

2008 年

11 月 5 日，国务院召开常务会议，研究部署进一步扩大内需促进经济平稳较快增长的措施。

12月31日，国务院批复《珠江三角洲地区改革发展规划纲要（2008—2020年）》。

2009年

4月8日，国务院常务会议决定在上海市和广东省广州、深圳、珠海、东莞4城市开展跨境贸易人民币结算试点。

9月19日，国务院印发《关于进一步促进中小企业发展的若干意见》。

2010年

1月1日，中国完成向世界贸易组织承诺的全部关税减让义务。中国关税总水平为9.8%。其中，农产品平均税率为15.2%，工业品平均税率为8.9%。同日，中国—东盟自由贸易区正式全面启动。在此前后，中国还相继与智利、冰岛、瑞士、韩国、澳大利亚、格鲁吉亚等签署自由贸易协定。

4月30日，上海世界博览会举行开幕式。这是中国首次举办综合性世界博览会。

6月29日，海峡两岸关系协会与台湾海峡交流基金会在重庆签署《海峡两岸经济合作框架协议》。

10月10日，国务院作出《关于加快培育和发展战略性新兴产业的决定》。

2011年

8月，跨境贸易人民币结算境内地域范围扩大至全国。

2012年

4月19日，国务院印发《关于进一步支持小型微型企业健康发展的意见》。

7月2日，中共中央、国务院印发《关于深化科技体制改革加快国家创新体系建设的意见》。指出，促进科技与经济的紧密结合，建立企业主导产业技术研发创新的体制机制。

12月31日，国务院印发《关于推进海南国际旅游岛建设发展的若干意见》。

2013年

4月24日，国务院常务会议为适应职能转变新要求，决定先行取消和下放71项行政审批事项。

7月20日，全面取消贷款利率管制。

8月，习近平在北戴河主持会议研究河北发展问题时提出推动京津冀协同发展。

9月6日，在关闭国债期货18年后，国债期货重新登场。

9月7日、10月3日，习近平分别在哈萨克斯坦纳扎尔巴耶夫大学、印度尼西亚国会发表演讲，先后提出共同建设“丝绸之路经济带”与“21世纪海上丝绸之路”，即“一带一路”倡议。

9月29日，中国（上海）自由贸易试验区正式挂牌成立。

11月9日，中国共产党第十八届中央委员会第三次全体会议通过了《中共中央关于全面深化改革若干重大问题的决定》，目标是通过一系列重大的体制改革让中国社会全面地向“市场化”转型，并建立起有中国特色的现代化国家治理体系。

12月4日，4G牌照正式发放，启动新一轮信息消费。

12月8日，存款利率有限放开。

2014年

2月26日，习近平主持召开座谈会，专题听取京津冀协同发展工作汇报，明确提出实现京津冀协同发展是一个重大国家战略。

10月24日，21个首批意向创始成员国的财长和授权代表在北京签约，共同决定成立亚洲基础设施投资银行。

11月8日，宣布中国出资成立丝路基金。

11月11日，亚洲太平洋经济合作组织第二十二次领导人非正式会议举行，决定启动亚太自由贸易区（FTAAP）进程。

11月17日，上海与香港股票市场交易互联互通机制“沪港通”正式启动。2016年12月、2017年7月又相继启动“深港通”“债券通”。

12月2日，中共中央、国务院印发《丝绸之路经济带和21世纪海上丝绸之路建设战略规划》。

2015年

1月6日，国务院印发《关于促进云计算创新发展培育信息产业新业态的意见》。3月7日，国务院批复设立中国（杭州）跨境电子商务综合试验区。5月4日，国务院印发《关于大力发展电子商务加快培育经济新动力的意见》。

3月13日，中共中央、国务院印发《关于深化体制机制改革加快实施创新驱动发展战略的若干意见》。

3月28日，经国务院授权，国家发展改革委、外交部、商务部联合发布《推动共建丝绸之路经济带和21世纪海上丝绸之路的愿景与行动》。

5月8日，《中国制造2025》出台。

6月9日，中共中央、国务院印发《京津冀协同发展规划纲要》。

7月1日，国务院印发《关于积极推进“互联网+”行动的指导意见》，标志着这一新兴产业模式正式成为国家行动计划。

8月11日，中国人民银行决定改革完善人民币兑美元汇率中间价报价机制，明确中间价报价参考前一天收盘价。

8月24日，中共中央、国务院印发《关于深化国有企业改革的指导意见》，新一轮国企改革拉开大幕。

8月31日，国务院印发《促进大数据发展行动纲要》。

12月17日，国务院《关于加快实施自由贸易区战略的若干意见》正式公布。

12月25日，亚洲基础设施投资银行正式成立。

2016年

1月15日，国务院批复在天津等12个城市设立跨境电子商务综合试验区。

1月18日，中共中央、国务院印发《国家创新驱动发展战略纲要》。

2月，形成“收盘汇率+一篮子货币汇率变化”的人民币兑美元汇率中间价形成机制。

5月1日，中国全面推开营业税改征增值税试点（简称“营改增”）。

7月5日，中共中央、国务院印发《关于深化投融资体制改革的意见》，新一轮投融资体制改革全面展开。

8月，自由贸易区不断扩围。中国决定在上海、广东、天津、福建自由贸易试验区建设取得成效的基础上，在辽宁省、浙江省、河南省、湖北省、重庆市、四川省、陕西省新设立7个自由贸易试验区。

9月25日，国务院印发《关于加快推进“互联网＋政务服务”工作的指导意见》。

10月8日，商务部发布《外商投资企业设立及变更备案管理暂行办法》，外资审批改备案。

11月27日，正式印发《中共中央 国务院关于完善产权保护制度依法保护产权的意见》。

2017年

1月12日，国务院发出《关于扩大对外开放积极利用外资若干措施的通知》。

4月1日，中共中央、国务院印发通知，决定设立河北雄安新区。

5月14日，首届“一带一路”国际合作高峰论坛于北京举行。

7月1日，习近平出席在香港举行的《深化粤港澳合作推进大湾区建设框架协议》签署仪式，建设粤港澳大湾区成为国家战略。

7月10日，实施《自由贸易试验区外商投资准入特别管理措施（负面清单）（2017年版）》。

7月14日，时隔5年，全国金融工作会议再次召开。会议决定设立国务院金融稳定发展委员会。

8月22日，国务院印发《关于促进外资增长若干措施的通知》，强调深化供给侧结构性改革，推进简政放权、放管结合、优化服务改革，进一步提升中国外商投资环境法治化、国际化、便利化水平，促进外资增长，提高利用外资质量。

2018年

4月11日，海南自由贸易试验区获批成立。党中央决定支持海南全岛建设自由贸易试验区。

6月10日，国务院发出《关于积极有效利用外资推动经济高质量发展若干措施的通知》。

7月，国务院批复在北京等22个城市设立跨境电子商务综合试验区。

11月5日，首届中国国际进口博览会在国家会展中心（上海）举行。

12月，中国联通、中国电信以及中国移动三大运营商陆续发布公告称，公司已获工业和信息化部批准，可开展第五代移动通信（5G）系统试验。

2019 年

1 月 1 日，《中华人民共和国电子商务法》开始施行。

2 月 18 日，中共中央、国务院印发《粤港澳大湾区发展规划纲要》。

3 月 15 日，第十三届全国人民代表大会第二次会议表决通过了《中华人民共和国外商投资法》。自 2020 年 1 月 1 日起施行。

4 月 25 日，第二届“一带一路”国际合作高峰论坛在北京举行。

5 月 31 日，中华人民共和国商务部新闻发言人高峰称，中国将建立不可靠实体清单制度。

6 月 2 日，国务院新闻办公室发布《关于中美经贸磋商的中方立场》白皮书。

6 月 30 日，国家发展改革委、商务部发布《外商投资准入特别管理措施（负面清单）（2019 年版）》，清单条目由 48 条减至 40 条。

参考文献

[1] 阿萨尔·林德贝克：《转型期中国的经济社会互动关系》，载于《比较》2007 年第 33 卷第 3 期。

[2] [英] 安格斯·麦迪森：《世界经济千年统计》，伍晓鹰、施发启译，北京大学出版社 2009 年版。

[3] [英] 安格斯·麦迪森：《中国经济的长期表现》，伍晓鹰、马德斌译，上海人民出版社 2008 年版。

[4] 陈东林：《20 世纪 50～70 年代中国的对外经济引进》，载于《上海行政学院学报》2004 年第 6 期。

[5] [美] 道格拉斯·C. 诺思：《制度、制度变迁与经济绩效》，杭行译，上海三联书店 1994 年版。

[6]《邓小平思想年谱（1975—1979）》，中央文献出版社 1998 年版。

[7] 福山：《政治秩序的起源》，广西师范大学出版社 2015 年版。

[8] 官力：《从中美缓和到实行"一条线"的战略》，载于《中共中央党校学报》2002 年第 6 卷第 2 期。

[9] 黄忻：《实施市场多元化战略 推动外经贸稳定发展》，载于《中国经贸画报》2000 年第 6 期。

[10] [美] 霍利斯·钱纳里、莫尔塞斯·塞尔昆：《发展的格局（1950～1970）》，李小青译，中国财政经济出版社 1989 年版。

[11] 焦东华：《〈外商投资法〉表决通过：外资给中国带来了什么?》，中国发展高层论坛网站，2019 年 3 月 23 日。

[12] 肯伍德等：《国际经济的成长》，经济科学出版社 1996 年版。

[13] 李钢、李俊：《迈向贸易强国——中国外经贸战略的深化与升级》，人民出版社 2006 年版。

[14] 李坤望：《改革开放三十年来中国对外贸易发展评述》，载于《经

济社会体制比较》2008 年第 4 期。

［15］李正华：《1978 年国务院务虚会研究》，载于《当代中国史研究》2010 年第 2 期。

［16］林毅夫：《李约瑟之谜、韦伯之问和中国的奇迹》，载于《北京大学学报》（哲学社会科学版）2007 年第 44 卷第 4 期。

［17］［美］刘易斯：《增长与波动》，梁小民译，华夏出版社 1987 年版。

［18］隆国强：《构建开放型经济新体制：中国对外开放 40 年》，广东经济出版社 2017 年版。

［19］卢峰：《纵论开放经济与全球化》，北京大学出版社 2015 年版。

［20］逯新红：《一带一路战略推动人民币国际化落地生根》，载于《金融与经济》2015 年第 8 期。

［21］逯新红：《客观看待国际汇率变动》，载于《中国金融》2015 年第 21 期。

［22］逯新红：《人民币国际影响力增强 国际化进程加速》，载于《金融与经济》2016 年第 1 期。

［23］逯新红：《抓住机遇 稳步推进人民币国际化》，载于《宏观经济管理》2015 年第 12 期。

［24］逯新红、劳成名：《2018，全球化的新内涵》，载于《金融博览（财富）》2018 年第 3 期。

［25］［美］罗伯特·海尔布、罗纳等：《现代化理论研究》，俞新天等译，华夏出版社 1989 年版。

［26］［美］马丁·沃尔夫：《全球化为什么可行》，中信出版社 2003 年版。

［27］［美］杰拉尔德·迈耶、达德利·西尔斯：《发展经济学的先驱》，经济科学出版社 1988 年版。

［28］毛其淋：《改革开放 30 年我国外贸出口与经济增长：基于外贸体制改革的视角》，载于《兰州商学院学报》2009 年第 6 期。

［29］倪沙：《改革开放 40 年来中国对外贸易发展研究》，载于《现代财经》（天津财经大学学报）2018 年第 12 期。

［30］商务部国际贸易经济合作研究院：《迈向贸易强国之路——40 年改

革开放浪潮下的中国对外贸易》，中国商务出版社 2018 年版。

［31］世界银行：《1987 年世界发展报告》，中国财政经济出版社 1987 年版。

［32］孙玉琴：《中国对外贸易通史》，对外经济贸易大学出版社 2018 年版。

［33］王梦奎：《中国改革 30 年》，中国发展出版社 2009 年版。

［34］吴于廑：《吴于廑学术论著自选集》，首都师范大学出版社 1995 年版。

［35］［美］西蒙·库兹涅茨：《各国的经济增长》，常勋译，商务印书馆 1985 年版。

［36］杨坚白等：《新中国经济的变迁和分析》，江苏人民出版社 1992 年版。

［37］杨胜明：《经济全球化与外贸体制建设》，江苏人民出版社 2000 年版。

［38］张建平、师求恩：《中国对外贸易概论》，机械工业出版社 2014 年版。

［39］张培刚：《新发展经济学》，河南人民出版社 2001 年版。

［40］张燕生：《内向发展和对外开放》，收录于杨坚白等：《新中国经济的变迁和分析》，江苏人民出版社 1992 年版。

［41］张燕生、刘旭、平新乔：《中美贸易顺差结构分析与对策》，中国财政经济出版社 2006 年版。

［42］张燕生、逯新红：《2017～2018 年全球经济形势分析与展望》，收录于《国际经济分析与展望（2017～2018）》，社会科学文献出版社 2018 年版。

［43］张燕生、逯新红：《2017～2018 年世界经济企稳向好 要重视防范和化解不确定性风险》，载于《全球化》2018 年第 3 期。

［44］张燕生、王海峰、杨坤峰：《“一带一路”是多彩之路：机遇和前景》，收录于《CCIEE 报告》，2017 年 4 月。

［45］赵德馨：《中华人民共和国经济史（1949—1966）》，河南人民出版社 1988 年版。

[46] 中共中央文献研究室：《陈云年谱》下卷，中央文献出版社2000年版。

[47] Bbagwati, Jagdisb N., "Export-promoting Trade Strategy Issues and Evidence", The World Bank Research Observer, 1988.

[48] Krueger, Anne., *Political Economy of Policy Reform in Developing Countries*, MIT Press, Cambridge, MA and London, 1993.

[49] Romer, Paul M., "Endogenous Technological Change", *JPE*, 1990, 98 (5): 71-102.

[50] Zhang Shuguang, Zhang Yansheng, Wang Zhongxin, "Measuring the Costs of Protection in China", Institute for International Economics, Washington, DC, November 1998.

[51] Zhi Wang and Shang-jin Wei, "The Rising Sophistication of China's Exports: Assessing the Roles of Processing Trade, Foreign Invested Firms, Human Capital, and Government Policies", Paper Prepared for the NBER Project on the Evolving Role of China in the World Trade, 2007.